Hofgang im Handstand

Uwe Woitzig

HOFGANG IM HANDSTAND

Mein Weg in die Freiheit

INTEGRAL

Verlagsgruppe Random House FSC-DEU-0100
Das für dieses Buch verwendete FSC®-zertifizierte Papier
EOS liefert Salzer, St. Pölten.

Integral Verlag
Integral ist ein Verlag der Verlagsgruppe Random House GmbH.

ISBN 978-3-7787-9224-7

Erste Auflage 2011
Copyright © 2011 by Integral Verlag, München,
in der Verlagsgruppe Random House GmbH
Alle Rechte sind vorbehalten. Printed in Germany.
Einbandgestaltung: Guter Punkt, München
Gesetzt aus der Minion Pro von EDV-Fotosatz Huber/
Verlagsservice G. Pfeifer, Germering
Druck und Bindung: GGP Media GmbH, Pößneck

INHALTSVERZEICHNIS

VORWORT

Das Leben hält für jeden von uns eine Reihe von Schicksalsschlägen bereit. Dieses Buch will zeigen, wie man Schicksalsschläge als Chance nutzen kann, als eine Chance, das freie fröhliche Kind, das in uns allen ist, wieder zum Leben zu erwecken.

Zwei elementare Katastrophen sind es, die den Menschen seit jeher schicksalhaft heimgesucht haben: Krankheit und Krieg. Beide haben den Menschen immer wieder dazu veranlasst, notwendige Fragen zu stellen, nach dem Lebenssinn, nach der Bedeutung der Freiheit, nach dem, »was die Welt im Innersten zusammenhält«.

Es gibt noch eine dritte elementare Katastrophe: das Gefängnis.

»Ein Leben ohne Knast ist wie ein Schiff ohne Mast«, las ich mal auf einer Zellenwand. Das ist eine tiefsinnige Heiterkeit. Ein Schiff ohne Mast kann keine Segel hochziehen und liegt deshalb im Hafen fest. Erst der Mast erlaubt den Aufbruch in die Weiten des Ozeans.

Ins Gefängnis zu kommen ist wie ein kleiner Tod. Der Inhaftierte wird jäh aus seiner gewohnten Umgebung gerissen, sämtliche sozialen Bindungen werden gekappt, die regelmäßige Kommunikation mit seinen Bezugspersonen auf ein Minimum reduziert und überwacht. Er darf nur eine Stunde pro Monat Besuch haben und nur gelegentlich unter Aufsicht telefonieren. Er hat keinen Zugang zum Internet und seine Post wird gelesen, sodass ein Brief innerhalb Deutschlands wegen der überlasteten Postkontrolle bis zu drei Wochen unterwegs sein kann. Der Gefangene wird in eine ungefähr acht Quadratmeter große Zelle gesperrt. Wenn er Glück hat und das Gefängnis nicht hoffnungslos überfüllt ist, bekommt er eine Einzelzelle. Ansonsten muss er die acht Quadratmeter mit einem ihm wildfremden Menschen teilen, der vielleicht rülpst, furzt, laut halluziniert (weil er auf Drogenentzug ist) oder sonstige üble Eigenschaften besitzt. Das gesamte Privatleben des Gefangenen wird auf diese winzige Fläche reduziert, sein gewohnter Lebensrhythmus zerstört. Er muss sich einem rigiden Tagesablauf anpassen, der mit dem Wecken um sechs Uhr beginnt, damit die dreiundzwanzig Stunden, die ein Untersuchungshäftling in seiner Zelle eingesperrt ist, auch ja voll ausgekostet werden. Jede seiner Bewegungen außerhalb dieses Raumes wird kontrolliert und gesteuert, er darf im wahrsten Sinne des Wortes keinen eigenen Schritt mehr machen, ohne dass ihn ein Beamter begleitet und überwacht.

Doch kann man diese Gefängnissituation nicht in gewisser Weise auch im Alltag des Durchschnittsmenschen wiederfinden?

Der Knast ist ein exaktes Spiegelbild der Gesellschaft, alle Schichten sind vertreten. Wie in der sogenannten Freiheit gibt es da wenig Berührungen der Schichten untereinander. Schon bald hat jeder seinen »Kreis« von Männern gefunden, in die nur »passende« Neuzugänge aufgenommen werden. Betrüger, Steuerhinterzieher und sonstige »white collar criminals« spielen in einer ganz anderen Liga als Dealer, Zuhälter und Bankräuber. Es gibt aber durchaus »Grenzüberschreitungen«. Letztendlich zählt nur die Persönlichkeit. Ist jemand authentisch, hat er nie ein Problem. Wichtig ist, dass man sich gegenseitig respektiert und jeden sein Ding machen lässt.

Da ich nie was mit Drogen zu tun hatte, geriet ich auch nie in den Strudel der Abhängigkeiten, Unterdrückungen und Gewalt, den es zweifellos gibt. Aber den gibt es in jeder Drogenszene, draußen auch, mit der ich ebenfalls nie etwas zu tun hatte.

In Haft war ich zweieinhalb Jahre, weil ich als einer der wenigen in Bayern die sogenannte Halbstrafe bekommen habe, unter anderem wegen der »Schadenswiedergutmachung«. Davon sechszehn Monate im offenen Vollzug und Freigang. Also effektiv eingesperrt hinter Mauern war ich die vierzehn Monate bis zur Verhandlung.

Wir leben in einer Zeit der untergehenden Egomanen und zusammenbrechenden Strukturen. Erdbeben, Tsunamis und sonstige Umweltkatastrophen gehören inzwischen zum medialen Alltag und nach dem Zusammenbruch des Kommunismus steht jetzt auch der Kapitalismus vor dem Kollaps. Die Lebensentwürfe aller sind betroffen und müssen täglich überprüft und den sich verändernden Lebensumständen angepasst werden. Nix ist mehr fix, die einzige Sicherheit ist die Unsicherheit.

In Afrika werden gerade reihenweise Diktatoren gestürzt, ermordet oder verhaftet und ins Gefängnis geworfen. Ob zu Recht sei dahingestellt, auf jeden Fall sind es unglaubliche Abstürze, die diese machtgewohnten Männer erleben, die teilweise jahrzehntelang ihr Land beherrschten und deren Wille Befehl war.

Aus eigener Erfahrung weiß ich genau, was in einem Menschen vorgeht, wenn er von der einen Sekunde zur anderen alles verliert, was er sich materiell und geistig angeeignet und aufgebaut hat. Wenn sein Lebenskonstrukt zusammenbricht und er sämtliche Prägungen, Ideale und Ziele seines Lebens plötzlich infrage stellen muss und er verzweifelt, ratlos und verwirrt wie einst Sokrates erkennen muss, dass er jetzt weiß, dass er nichts weiß.

Eine Verhaftung ist ein massiver Eingriff in das Leben aller dadurch Betroffenen, deren gewohntes Leben völlig auf den Kopf gestellt wird. Aber sie ist auch eine Riesenchance, wenn man es im Sinne des freudschen Über-Ichs versteht, das sich selbst bestraft, um ein schuldhaftes Verhalten zu kompensieren und wieder eine ausgeglichene Lebensbilanz zu haben. Und um sich eine Chance für einen radikalen Kurswechsel zu schaffen.

Ich habe dieses Buch aus der Sicht eines Mannes geschrieben, der vorher jahrelang nur auf der Sonnenseite des Lebens zwischen den Schönen, Mächtigen und Reichen dieser Welt unterwegs war und der eines Tages im Knast landete. Mein Anliegen war es, zu beschreiben, wie ich zu verkraften lernte, dass mir mein aufgeblasenes Ego und mein Leben in der Talmi-Welt des internationalen Jetsets um die Ohren geflogen war, und wie ich ähnlich wie der Graf von Monte Christo schließlich die ungeahnte große Chance ergriffen habe, die ein Leben im Knast bietet: meinen persönlichen »Schatz«, meinen Weg zur inneren Freiheit zu finden.

Unter einer Regierung, die jemanden ungerechterweise einkerkert, kann der wahre Ort für einen aufrechten Mann auch ein Gefängnis sein, sagte Henry D. Thoreau, ein amerikanischer Philosoph und Mystiker des 19. Jahrhunderts. Das kann auch für jemanden gelten, der berechtigterweise hinter Gittern sitzt.

Im Internet habe ich folgenden humoristischen Vergleich von Büroarbeit und Gefängnis gefunden:

1. *Gefängnis*: Du verbringst die meiste Zeit in einer zwei mal vier Meter großen Zelle.
   Büro: Du verbringst die meiste Zeit an einem Platz von zwei mal zwei Meter.
2. *Gefängnis*: Du bekommst drei Mahlzeiten umsonst pro Tag.
   Büro: Du bekommst nur eine kurze Pause für eine einzige Mahlzeit und musst auch noch für sie bezahlen.
3. *Gefängnis*: Bei gutem Betragen bekommst du Urlaub.
   Büro: Für gutes Betragen wirst du mit mehr Arbeit bestraft.
4. *Gefängnis*: Der Wächter schließt und öffnet alle Türen für dich.
   Büro: Du musst eine ID tragen und alle Türen selbst öffnen.
5. *Gefängnis*: Du kannst fernsehen und Spiele spielen.
   Büro: Du wirst sofort gekündigt, wenn du fernsiehst oder Spiele spielst.

6. *Gefängnis*: Du hast eine eigene Toilette.
   Büro: Du musst die Toilette mit vielen teilen.
7. *Gefängnis*: Freunde und Verwandte dürfen dich besuchen.
   Büro: Du darfst nicht einmal mit deiner Familie reden.
8. *Gefängnis*: Es ist alles durch Steuergelder bezahlt und du brauchst nicht einmal für Unterkunft und Essen zu arbeiten.
   Büro: Du musst für die Spesen selbst aufkommen und dann zieht man dir vom Lohn noch Steuern ab, mit denen man für die Gefangenen aufkommt.
9. *Gefängnis*: Dort hast du Wachpersonal.
   Büro: Hier nennt man sie »Manager«.

Die große Frage ist, wie gehe ich mit dieser Situation um, und wie schaffe ich es, meine Freiheit zu erlangen und zu erhalten? Die Antwort lautet: durch eine Veränderung der Sichtweise. Der gesamte Sinn eines Ereignisablaufs hängt von dem Erklärungsprinzip ab, das ihm der Beobachter sozusagen überstülpt.

Eine Laborratte erklärt einer anderen Ratte das Verhalten des Versuchsleiters:

»Ich habe diesen Mann so trainiert, dass er mir jedes Mal Futter gibt, wenn ich diesen kleinen Hebel drücke.«

Dasselbe Ereignis hat für die Ratte eine vollkommen andere Gesetzmäßigkeit und Kausalität als für den Versuchsleiter. Genauso sollte ein Mensch denken, der sich in seinem virtuellen oder echten Gefängnis befindet und keinen Ausweg mehr sieht. Ein real Inhaftierter könnte sich bewusst machen, dass der Knast nicht die Gesellschaft vor ihm, sondern ihn vor der Gesellschaft schützt.

Schwieriger ist es bei denen, die unbewusst im Hamsterrad und in ihren selbst erzeugten Abhängigkeiten leben. Sie sehen keine Notwendigkeit, etwas zu verändern, solange der Kühlschrank voll ist, das Auto aufgetankt und der Fernseher flimmert. Die ab und zu auftretende Unzufriedenheit mit dem eigenen Leben wird durch die Anschaffung eines neuen Spielzeugs kompensiert, und damit herrscht wieder trügerische Ruhe, weil der bekannte Trott weitergeht. Bis das Schicksal sich meldet und die ganze liebgewonnene Ordnung über den Haufen wirft. Irgendwann passiert es.

Das Leben ist kein Wunschkonzert und kein Freizeitpark. Es ist nicht starr, sondern fließend. »Alles ist im Fluss«, sagt der griechische Philosoph Heraklit. Unsere sogenannte Wirklichkeit verändert sich, unentwegt, sie bleibt niemals die gleiche, nicht eine Stunde lang. Sie ist lediglich das Ergebnis unserer individuellen Prägung durch Umwelt und Erziehung, die in der Regel auf einer diktatorischen Moral beruht.

Der Glaube, dass es nur eine Wirklichkeit gibt, ist eine gefährliche Selbsttäuschung. Vielmehr gibt es zahllose Wirklichkeitsauffassungen, die sehr widersprüchlich sein können, die alle das Ergebnis von subjektiver Einschätzung sind und nicht der Widerschein ewiger, objektiver Wahrheiten.

Wir alle, in unserem virtuellen wie im realen Gefängnis, erleben unsere eigene Wirklichkeit und entwickeln unsere eigenen Methoden, mit der ständigen Fremdbestimmung umzugehen. Die einfacher Gestrickten arrangieren sich durch kleine Witzchen und ständigem unterwürfigem Lächeln mit ihren Vorgesetzten oder den sie bewachenden Beamten. Die Klugen sehen in den Managern die Leute, die ihnen Verantwortung abnehmen und ihnen zu ihrem Lohn verhelfen, ebenso wie sie im Knast die »Wachtl«, wie sie karikierend despektierlich im bayrischen Jargon heißen, als ihr Servicepersonal ansehen und distanziert, aber höflich mit ihnen umgehen. Die Weisen aber sehen sowohl die Vorgesetzten als auch die Justizbeamten als bloße »Werkzeuge des Schicksals«. Sie sind Knopfdrücker, dazu da, um den virtuellen oder realen Gefangenen an seinen empfindlichsten Stellen zu treffen und sein Ego zu dämpfen und zu zertrümmern.

Auf der physischen Ebene gibt es im üblichen, durchschnittlichen Alltag wie im Knast als Umwelt nur einen eintönigen Tagesablauf, wobei es in letzterem noch weitere Einschränkungen des Lebens durch routiniert agierendes Wachpersonal, Gitter und weiße Mauern gibt. Tabula rasa, wenn man so will. Dies führt zu einer Orientierungslosigkeit, die manche mit der Zeit resignieren lässt. Sie werden zu Knastleichen, die wie Zombies herumschleichen, sehr leise sprechen, gespenstisch bleich sind und nie an die frische Luft gehen. Einige fangen an, ununterbrochen ihren Körper zu beobachten. Sie empfinden schon den kleinsten Pickel als lebensgefährliche Bedrohung und gehen pausenlos mit irgendwelchen Beschwerden zum Gefängnisarzt, der ihr wichtigster und einziger Vertrauter ist. Nicht wenige bringen sich in ihrer Zelle um. Die Selbstmordrate im Knast wird verschwiegen, aber sie ist nicht unerheblich. Andere fangen an, ihre Körper zu trainieren und alle möglichen Sportarten zu treiben, um ihr angeschlagenes Ego mithilfe ihres befriedigten Narzissmus wieder zu stabilisieren. Wieder andere beschaffen sich Drogen und fliehen vor der Realität mithilfe von Rauschmitteln aller Art.

All diese Verhaltensstrukturen lassen sich eins zu eins auf das Leben in der sogenannten Freiheit übertragen. Alle so agierenden und vor der Realität fliehenden Menschen übersehen und verpassen eine Riesenchance. Wer sie hingegen nutzt, hat die Gelegenheit, die weißen Flächen seiner Existenz mit einer Energie, die aus dem wahren Selbst kommt, neu zu beschreiben. Sich ein ganz neues, originäres Weltbild zu schaffen. Innen wie außen.

Jedes Gefängnis bietet einem darin Lebenden die Möglichkeit der Entwicklung zu einem psychisch stabilen Menschen mit Selbstvertrauen, der Bereitschaft, Entscheidungen zu treffen, der Fähigkeit, Verantwortung zu übernehmen, der Lust an der Herausforderung und am Erfolg. Ein Nelson Mandela hat auf diese Weise seine Gefängniszeit genutzt, weil er etwas besaß, das man

»Resilienz« nennt. Der Begriff stammt ursprünglich aus der Werkstoffphysik und bezeichnet dort die Eigenschaft eines elastischen Materials, wie etwa Gummi, nach einer Phase großer Spannung wieder unversehrt in die alte Form »zurückzuspringen«.

Auch der im Alltag verhaftete Mensch besitzt diese psychische Widerstandsfähigkeit. Er kann jederzeit, in jeder Phase seines Lebens, die spirituellen und magischen Fähigkeiten, die in jedem von uns existieren, zum Leben erwecken und so die Türen seines inneren Gefängnisses öffnen. Wie ein Phönix aus der Asche, gestärkt an Körper, Seele und Geist, selbst-bewusst – das heißt, sich seines Selbst bewusst – wieder aufstehen aus den Trümmern eines dahindämmernden Lebens, um – ein Bild wieder aufgreifend – den Mast zu setzen, den Anker zu lichten und den alten Hafen mit den durch die Familie, Schulen und Universitäten erzeugten Programmierungen und den angenommenen roboterhaften Verhaltensautomatismen zu verlassen.

Um von nun an authentisch, das heißt natürlich und gelöst, zu leben. Und dadurch nicht nur die Früchte der bedingungslosen Liebe zu pflücken, sondern auch das Glück des inneren Gleichmuts und der individuellen Freiheit erfahren zu können.

Die in diesem Buch erzählte Geschichte möchte dazu ermutigen, den ersten Schritt dieser Reise in die Freiheit zu wagen.

VOM STAATSEMPFANG ZUM HOFGANG

Wie man damit umgeht, wenn das Ego in einem See versenkt wird

Die wahre Lebenskunst lässt sich in einem Satz zusammenfassen: »Nimm alles, was dir widerfährt, dankbar an.« Aus dieser Haltung wächst dir eine Kraft zu, die deinem Leben eine positive Qualität gibt. Alle Ereignisse, mögen sie auch auf den ersten Blick widrig erscheinen, zeigen über kurz oder lang positive Auswirkungen.

Ich saß auf der harten Holzbank in einer ehemals weiß gestrichenen Wartezelle der JVA Stadelheim, deren schmutzige Wände mit Obszönitäten vollgekritzelt waren. Der quadratische Raum hatte kein Fenster und wurde von einer durch einen Gitterkäfig geschützten Neonröhre in ein grelles Licht getaucht. Auf meinem Schoß hielt ich meine mir soeben ausgehändigte Habe, die aus einem Plastikkorb mit Decken, Bettzeug, Knastkleidung, Geschirr, Besteck und einer Anstaltsordnung bestand, und betrachtete mit leerem Blick die anderen Neuankömmlinge in Bayerns größter Justizvollzugsanstalt, die wie ich heute hier eingeliefert worden waren. Ich fühlte mich, als sei ich von einem unendlichen Strudel durch ein dunkles Loch gezogen worden, und dachte zurück an die Geschehnisse der letzten Wochen.

Aristoteles Onassis pflegte zu sagen, dass »ein wirklich erfolgreicher Mann immer einen braunen Teint, immer einen leeren Schreibtisch und immer Zeit hat«. Diese Kriterien erfüllt jeder Penner dieser Welt, aber natürlich meinte der gute Ari die großen Lenker und Gestalter aus Wirtschaft und Politik. Ich gehörte zwar nicht zu den Rockefellers, Rothschilds und Onassis dieser Welt, doch immerhin hatte ich es mit meinen fünfunddreißig Jahren zum geschäftsführenden Gesellschafter eines Brokerhauses gebracht, das etwa zweihundert Millionen D-Mark verwaltete und Büros in New York, Chicago, Monte Carlo, München und Athen besaß. Ich steuerte als Mehrheitsgesellschafter die Geschicke einer feinen bayerischen Privatbank mit einer Bilanzsumme von sechshundert Millionen D-Mark und lenkte als Mitgesellschafter einen vom Sohn des bayerischen Ministerpräsidenten gegründeten Privatfernsehsender.

Außerdem hatten einflussreiche Freunde mich zum Vizepräsidenten der European Heritage Foundation gemacht, einer Tochter der überaus mächtigen American Heritage Foundation, die direkten Einfluss auf die Wahl des US-Präsidenten nimmt. Gesellschaftlich und finanziell bewegte ich mich daher in den oberen Ligen dieser Welt. Meine politischen Verbindungen reichten bis in die höchsten Parteikreise und ich besaß exzellente internationale Geschäftsbeziehungen. Zu meinen Geschäftspartnern gehörten prominente Künstler, Politiker, Akademiker, Wirtschaftstycoone und griechische Reeder.

Dank der freundschaftlichen Beziehungen zu Letzteren saß ich an einem lauen Sommerabend auf einer der Steinbänke im Amphitheater am Fuß der Akropolis. Anlässlich des Staatsbesuches von Bundespräsident Richard von Weizsäcker in Athen hatte mich mein griechischer Partner unserer gemeinsamen Firma in Monte Carlo, Anastase Sarantakos, einer der reichsten Männer Griechenlands, zu dem Staatsempfang des hohen Gastes mitgenommen, über dessen Niveau ich mich nur wundern konnte.

Das Programm des Empfangs begann mit einer Aufführung der Wuppertaler Choreographin Pina Bausch. Bei dem Anblick der in weiße Sackkleider gehüllten knochigen Tänzerinnen, die sich zu atonaler Musik spastisch bewegten, schauderte es mich.

Als hätte er meine Gedanken gelesen, raunte mir der rechts neben mir sitzende Anastase ins Ohr:

»Mein Gott, Uwe, wo haben sie denn in eurem Land mit den schönsten Frauen der Welt diese schrecklichen Gestalten gefunden?«

»Unser Staat hat wie viele seiner Bürger fürchterliche Angst, man könne ihm Reichtum, Überfluss und Verschwendung vorwerfen. Nur beim Bestrafen und im Krieg ist er sehr großzügig«, pflichtete ich ihm bei. Ich hatte keine Ahnung, welche prophetischen Worte ich gerade gesprochen hatte.

Meine links von mir sitzende Frau Viktoria, die meine Worte gehört hatte, lächelte mich an. Verheiratet war ich selbstverständlich auch, und zwar – wie die *Münchner Abendzeitung* später schreiben würde – mit »der bildschönen Tochter einer der angesehensten Unternehmerfamilien Bayerns, die ihm (damit war ich gemeint) mit der Hochzeit den Ritterschlag zum Eintritt in die Gesellschaft erteilt hatte.« Diese Prinzessin des Großbürgertums also saß neben mir in einem schwarz-weiß getupften Seidenkleid, das ihren kurvenreichen Körper mit den makellosen Brüsten sinnlich umschmeichelte. Ihre vollen Lippen verzogen sich zu einem spöttischen Lächeln. Leise flüsterte sie mir ins Ohr: »Ich finde das auch peinlich, dass sich Deutschland in diesem Land der Kultur und Sinnesfreude so verklemmt und pseudomodern präsentiert.«

Nach der Aufführung spazierten wir weiter den Hügel hinab zu dem kleinen Kolosseum unterhalb der Akropolis, in dessen rundem Innenhof mit seinen Arkaden zur Sättigung der Staatsgäste ein original bayerisches Buffet aufgebaut worden war. Als sie das erblickten, schauten mich meine griechischen Geschäftsfreunde feixend an. Sie waren alle Hunderte von Millionen schwere Reeder oder Eigentümer von international tätigen Konzernen. Außerdem Stammgäste in den feinsten Gourmettempeln der Welt und Chefs von einigen der besten Köche dieses Planeten, die sie privat bekochten. Sie kannten meine ebenso erlesenen Essgewohnheiten.

»Darf ich dir einen Teller zusammenstellen, Uwe?«, fragte mich ein Reeder mit vierundzwanzig Tankern, einer eigenen Flugzeugflotte bestehend aus einer umgebauten Boeing 737, einem Learjet und einem Hubschrauber sowie einem riesigen Geschäftshaus in der Mitte von Athen in seinem perfektem Deutsch spöttisch. »Am besten etwas von diesem vorzüglichen fetten Schweinebraten und dazu ein paar saftige Schweinswürste mit Speckkraut?«

Natürlich wusste er, dass ich Vegetarier war.

»Wie immer folge ich dem Beispiel des großen Gourmets und werde nur das nehmen, was du selbst zu essen gedenkst«, antwortete ich lächelnd.

»Dann wirst du hungern müssen, bis wir hier wegkommen«, flüsterte er mir zu, denn in diesem Augenblick traten der deutsche Außenminister und der Innenminister in Begleitung des griechischen Ministerpräsidenten zu uns. Ich wurde ihnen vorgestellt und wir fingen an, uns über meine geschäftlichen Aktivitäten in Griechenland und in der Welt zu unterhalten.

Nichts existiert wirklich, sondern alles ist im Fluss und verändert sich. Es gibt keinen Stillstand, weil ständig alles neu geboren wird, sich im Wachstum oder Vergehen befindet. In dem Augenblick, wo etwas seinen Höhepunkt erreicht hat, beginnt der Verfall. Nach dem Gesetz des »wie im Großen, so im Kleinen« analog zum Universum, das auf dem Zenit seiner Ausdehnung anfängt, sich wieder zusammenzuziehen. Selbstverständlich galt diese Wahrheit auch für mich. Aber ich ahnte noch nicht, dass dieser Staatsempfang der Höhepunkt meines Geschäftslebens gewesen war und gleichzeitig der Beginn des Zusammenbruchs meiner geschäftlich und bürgerlich normierten Existenz begonnen hatte.

Ungefähr zwei Wochen nach dem Staatsempfang flog ich mit Anastase und unseren beiden monegassischen Direktoren nach Chicago, um dort mit einem der größten und angesehensten Brokerhäuser einen Kooperationsvertrag zu unterzeichnen, der uns nicht nur zu ihrem »European Representative Partner« machte, sondern in dem sich mein griechischer Kompagnon auch verpflichtete, innerhalb eines Jahres mindestens hundert Millionen Dollar bei uns zu investieren.

Die Verhandlungen über den gut vorbereiteten Vertragsinhalt verliefen schnell und unkompliziert und nach wenigen Stunden waren wir uns einig. Dann gab es eine erfreuliche Überraschung: Wegen der Bedeutung des Vertrages auch für ihre Firma hatte das Brokerhaus für den Abend eine Vierzig-Meter-Yacht gechartert, auf der wir den Vertrag feierlich unterzeichnen würden, um dann bei Sonnenuntergang auf dem Lake Michigan zu kreuzen.

Als ich nach dem Meeting in mein Hotelzimmer im exklusiven Union League Club zurückkam, rief ich meinen Partner in München an, um ihm von dem Erfolg zu berichten.

»Das ist toll«, erwiderte er leise, »aber du kannst es vergessen. Ich habe heute Mittag einen Wechsel über zwei Millionen unterzeichnet und meine Firmenanteile verpfändet. Unsere drei größten Kunden sind ins Büro gekommen und haben mich massiv unter Druck gesetzt. Entweder der Wechsel oder Anzeige bei der Staatsanwaltschaft. Ich wusste nicht mehr ein noch aus, also habe ich unterschrieben. Der Laden gehört uns nicht mehr ...«

Ich sagte nichts und legte auf. Ich wusste, das war das Ende.

Zwei Stunden später unterzeichneten wir auf der Yacht den Vertrag. Anschließend genossen wir Köstlichkeiten von einem reichhaltigen Buffet im Kreise des Vorstands und der schönsten weiblichen Angestellten des Brokerhauses. Alle waren bester Stimmung, es wurde gelacht, geflirtet und getrunken, und wir gratulierten uns immer wieder gegenseitig zu dem Vertrag, der uns allen ein sagenhaftes Einkommen garantierte. Ich ließ mir nichts anmerken, war charmant und geistreich wie immer und spielte perfekt meine Rolle als strahlender Inhaber eines internationalen Finanzhauses, der gerade den Deal seines Lebens gemacht hatte. Doch als der tiefblaue Himmel über dem See sich zum Sonnenuntergang in ein prächtiges Farbenfeuerwerk verwandelte, nahm ich mir ein Glas Champagner und stellte mich allein an den Bug der Yacht.

Die Sonne versank blutrot hinter der Skyline von Chicago, das luxuriöse Boot schaukelte leise auf den Wellen, Musik und die fröhlichen Stimmen der anderen Passagiere drangen an mein Ohr. Ich leerte in kleinen Schlucken genießerisch mein Glas und dachte lächelnd: »Was für ein wundervoller Abgang!«

Statt Verzweiflung und Trauer fühlte ich Erleichterung. Schon längst war mir bewusst geworden, dass ich zwar äußeren Wohlstand und gesellschaftliches Ansehen erlangt hatte, doch im selben Maße sich innere Armut und Leere entwickelt hatte.

An einem Samstagnachmittag, an dem ich im Basement meines Grünwalder Achthundert-Quadratmeter-Hauses schwimmen wollte, stellte ich fest, dass in meinem Swimmingpool die Gegenstromanlage defekt war. Ich kroch in den Servicetunnel des Pools und wechselte die ausgefallene Sicherung aus. Zusammengekauert in dem Gang kniend und an dem Sicherungskasten herumfummelnd begriff ich. Durch eine Blechwand von den Wassermassen des Pools getrennt, wurde mir bewusst, dass auch meine Sicherungen durchgebrannt waren und die Jagd nach Geld und Ansehen die Barriere war, die mich von meinen Emotionen trennte und mich innerlich erstarren ließ. Auch meine Gegenstromanlage war ausgefallen.

An Vorzeichen hatte es nicht gefehlt. Eines Nachts wachte ich schweißgebadet durch einen merkwürdigen Traum auf. Mit vielen anderen Menschen hatte ich mich in einem Teerloch befunden. Wir waren alle von Kopf bis Fuß mit dem klebrigen Zeug bedeckt, unfähig, schnell von einem Platz zum anderen zu wechseln, weil die schwarze Masse so zäh und dickflüssig war und unsere Bewegungsfreiheit auf ein Minimum reduzierte. Dieser Traum symbolisierte den inneren Zustand, den ich nach den ersten fünfunddreißig Jahren meines Lebens erreicht hatte.

Versonnen hielt ich das kunstvoll geschliffene Champagnerglas gegen die untergehende Sonne und beobachtete fasziniert, wie sich in seiner Oberfläche das Sonnenlicht in die Farben des Spektrums brach und sich ein Feuerwerk des bunten Lichts entfaltete. Auch du müsstest geschliffen werden, damit das in dir vorhandene Feuerwerk endlich gezündet werden kann. Aber wie sollte das geschehen?, fragte ich mich und seufzte leise. Einem plötzlichen Impuls folgend warf ich das Kristallglas in hohem Bogen in die Fluten des Lake Michigan.

Am nächsten Tag flogen wir zurück nach Europa. Weil Anastase und die beiden Monegassen über Nizza nach Monte Carlo reisten und ich direkt nach München flog, verabschiedeten wir uns am Flughafen O'Hare mit herzlichen Umarmungen. Nur ich wusste, dass wir uns nie wieder sehen würden.

Trotzdem fühlte ich beim Abschied statt Trauer eine große Erleichterung, als sei ein ungeheurer Ballast von mir genommen worden, und ich freute mich auf den Flug in der ersten Klasse der Boeing 747 der Lufthansa wie nie zuvor. Während mir die Stewardess einen eisgekühlten Begrüßungschampagner servierte, ließ sich eine braungebrannte Blondine in den freien Sitz neben mir fallen und nickte mir kurz zu.

Nach dem Start des Flugzeugs wurde das Menü mit erlesenem Kaviar eröffnet. Dazu reichte mir die servil lächelnde Stewardess fein zerschnittenes Eigelb und gewürfeltes Eiweiß, klein gehackte

Zwiebeln und Crème fraîche. Ich spülte alles mit einem eiskalten Wodka hinunter und beugte mich zu meiner Nachbarin hinüber.

»Sind Sie Mitglied im High-Miles-Club?«

Sie schaute mich verdutzt an und fragte irritiert zurück: »Nein, was ist das?«

Ich grinste dreist und dachte: Entweder bekommst du jetzt eine geknallt oder es wird ein aufregender Flug.

»In den High-Miles-Club wird man aufgenommen, wenn man über den Wolken Sex gehabt hat.«

Sie lachte schallend. Und während uns der Rest des Abendessens serviert wurde, überlegten wir sehr angeregt, wie wir am geschicktesten das nötige Aufnahmeritual vollziehen könnten. Schließlich warteten wir ungeduldig darauf, dass endlich das Licht in der Kabine zum Schlafen abgedunkelt wurde. Als es soweit war, ließen wir uns zwei Wolldecken geben und brachten unsere Sitze in Liegeposition. Ich stieg zu ihr hinüber, legte mich neben sie und wir breiteten die Decken über uns. In dieser Nacht wurde meine Nachbarin gleich mehrfach in den High-Miles-Club aufgenommen und von mir beim Frühstück zum Premium-Mitglied ernannt.

Nach der Landung in München am nächsten Morgen verabschiedeten wir uns mit zärtlichen Küssen. Ich lief lächelnd zum Parkhaus und stieg in meinen dunkelblauen Mercedes 500 SEC. Der Wagen startete mit dem leisen Brummen der vielen PS unter der Haube. Ich fuhr direkt zu unserem Bogenhausener Bürohaus.

Als ich das Radio einschaltete, schallte mir der Hit von Boney M. »I'm born again, I feel free« entgegen. Ich sang aus vollem Halse mit.

Alles im Universum schwingt wie das Pendel von Pol zu Pol. Im Zyklus eines Lebens bilden sich diese Schwingungen des Pendels durch Geburt, Leben, Zerfall und Tod ab. Auch die Gezeiten und die Jahreszeiten sind Beispiele für dieses Gesetz. Die beiden Pole auf unserer geistigen Ebene sind das wahre Selbst und das Ego. Solange wir uns des Prinzips der Polarität und des Rhythmus nicht bewusst sind, schwingt das Pendel völlig unbeeinflusst und frei zwischen dem Höheren und dem Niederen hin und her. Das spiegelt sich bei den unbewussten Menschen im ständigen Wechsel zwischen Depression und Euphorie wider.

Ein Meister aber macht sich von der Bewegung des Pendels frei. Er befindet sich am oberen Ende, der Aufhängung des Pendels, und schaut gelassen zu, wie sich das untere Ende zwischen Krise und Glück hin- und herbewegt. Als bewusster Beobachter fragt er sich lediglich, was ihn diese Situation lehren wird. Sein wahres Selbst bleibt dabei teilnahmslos und hält sich vollkommen zurück, um nicht durch zu viel Anteilnahme die anstehende neue Erkenntnis zu verwässern. Denn wie jeder Naturwissenschaftler weiß, beeinflusst der Beobachter das Experiment durch seine Anwesenheit.

In unserem Office angekommen, begab ich mich sofort zu meinem Partner. Wir besprachen ohne Umschweife die Modalitäten unserer bevorstehenden Flucht. Es war vollkommen klar, dass wir den Bettel hinschmeißen würden. In einer Firma zu arbeiten, die uns nicht mehr gehörte, dazu verspürten wir beide keinerlei Lust.

Den Nachmittag verbrachten wir damit, so viel Geld wie möglich von unseren Brokerkonten in den USA auf unsere Banken nach München zu transferieren. Wir wollten zwei Fliegen mit einer Klappe schlagen: zum einen uns die Taschen füllen, um uns für unsere fast zehnjährige Maloche zu belohnen, und zum anderen der undankbaren, gierigen und blasierten Münchner Schickeria, die fast komplett zu unseren Kunden gehörte, einen gehörigen Tritt in den Arsch versetzen, indem wir ihre Kohle stahlen. Denn diese Leute hatten es wahrlich nicht besser verdient. Ich dachte zum Beispiel an jenen Kunden, der nach Erhalt seines Jahreskontoauszugs ganz entsetzt um einen dringenden Termin mit mir gebeten hatte.

»Uwe, das ist eine Katastrophe, wir haben sechs Prozent verloren«, hatte er kreidebleich gestammelt. Ich war fassungslos, denn sein Kontoauszug wies einen Ertrag von sechsundzwanzig Prozent aus.

»Wieso das denn?«, fragte ich ihn völlig verwirrt.

»Ganz einfach, im letzten Jahr haben wir zweiunddreißig Prozent Profit gemacht, diesmal nur sechsundzwanzig, deshalb habe ich sechs Prozent verloren, ist doch klar, oder?«

So viel dreiste Dummheit gehörte einfach bestraft. Außerdem dachten wir biblisch. Auge um Auge, Zahn um Zahn. Ihr nehmt uns die Firma, wir nehmen euch euer Geld!

Als die Transfers veranlasst waren, beschlossen wir, dass wir so viel Geld gar nicht brauchen würden, um irgendwo auf der Welt ein neues Leben anzufangen. Ein gutes Polster für einen Neustart, mehr wollten wir nicht. Wir hatten schließlich bereits erlebt, dass uns das viele Geld, über das wir beliebig verfügen konnten, träge, boshaft, misstrauisch und unlustig hatte werden lassen. Das wollten wir ändern. Aber nicht nur deshalb suchten wir aus unserer Kundenliste alle bedürftigen und nicht so betuchten Anleger heraus und überwiesen ihnen ihre Einlagen plus einer angemessenen Verzinsung. Wir wollten auch ein bisschen Robin Hood spielen.

Am Abend konfrontierte ich meine völlig ahnungslose Frau, die zur Feier meiner Rückkehr aus Chicago ein festliches Abendessen auf der Terrasse unseres Grünwalder Hauses hergerichtet hatte, mit der Tatsache, dass ich alles stehen und liegen und mein Firmenimperium zusammenbrechen lassen würde. Sie schaute mich fassungslos an. Dann fragte sie mich, ob ihr sehr vermögender Vater mir nicht helfen könne. Aber zum einen verbot mir das mein Stolz und zum anderen wollte und konnte ich wegen des Verlustes der Geschäftsanteile nicht mehr weitermachen. Außerdem genoss ich viel zu sehr das wunderbare Gefühl aus dem Hamsterrad entkommen zu sein. Ich sah daher meine Frau an und schüttelte den Kopf. Daraufhin rief Viktoria ihre Cousine an und bat sie, zu uns zu kommen. Erika kam und Viktoria erzählte ihr alles.

»Natürlich gehst du mit ihm, das ist doch wohl selbstverständlich«, sagte Erika spontan. Viktoria nickte, aber ich bemerkte ein leichtes Zögern. Ich umarmte die beiden. Wir vereinbarten, dass Viktoria am nächsten Tag unsere Sachen packen sollte, während ich alles Geld von den Konten abheben und in eine Louis-Vuitton-Reisetasche stopfen würde.

Aber als ich am nächsten Abend mit der gut gefüllten Tasche nach Hause kam, saß Viktoria sturzbetrunken im Wohnzimmer, umgeben von offenen, leeren Koffern.

»Ich habe die beiden Flaschen Château Lafite aus deinem Geburtsjahr aus dem Weinkeller geholt und ausgetrunken. Die kriegen sie nicht!«, lallte sie und fiel in einen tiefen Schlaf. Daraufhin packte ich die ganze Nacht selbst.

Am Morgen verstaute ich unser Gepäck in meinem Range Rover und wir fuhren zum Flughafen. Ich parkte das Auto im Parkhaus und lud die Koffer aus. Dann schloss ich ab, tätschelte den Wagen und warf sämtliche Schlüssel – von meinem Haus, meinen Autos, meinen Wohnungen und meinen Büros – in einen Gully. Da ich keine Ahnung hatte, wohin die Reise gehen sollte, wollte ich unser Ziel dem Zufall überlassen, indem wir dreimal hintereinander die erste Maschine auf der Anzeigentafel des jeweiligen Flughafens nehmen würden.

Die erste Maschine an diesem Morgen flog nach Zürich. Dort nahmen wir ebenfalls den ersten Flieger und landeten in London. Von da ging es nach Edinburgh weiter, wo wir uns von einem Taxi zu einem Landhotel am Stadtrand fahren ließen, das uns der Fahrer empfohlen hatte.

Während in München die Bombe hochging und unsere Angestellten und Kunden die Staatsanwaltschaft und Polizei einschalteten, schlief ich erschöpft in den Armen meiner Frau ein. Als ich gegen Mittag des nächsten Tages wach wurde, war das Erste, was ich sah, Viktorias tränengefüllte Augen. Sie sah mich mit dem Blick eines verwundeten Tieres an und mir wurde klar, dass ich sie zurück zu ihren Eltern schicken musste. Die ganze Geschichte ging sie in Wirklichkeit nichts an. Es war unverantwortlich, sie bei mir zu haben und in Gefahr zu bringen. Trotzdem war ich tief enttäuscht, dass sie sofort bereitwillig zustimmte, als ich ihr den Vorschlag machte, sie solle nach München zurückkehren.

»Kommt die Not zur Tür herein, fliegt die Liebe zum Fenster raus«, dachte ich verbittert. Und wie war das mit »in guten und in schlechten Tagen«?

Unseren letzten gemeinsamen Tag in Edinburgh verbrachten wir wie in Trance. Wir liefen in der Princess Street wie Puppen nebeneinander her, planlos von Restaurant zu Restaurant und Geschäft zu Geschäft schlendernd, ohne die Schönheit Edinburghs und die Menschen um uns herum wahrzunehmen und ohne miteinander zu reden. Nur einmal, als ich mir einen Burberry-Trenchcoat kaufen wollte, fuhr Viktoria mich an: »Hast du immer noch nicht genug von dem teuren Scheiß? Den brauchst du jetzt wirklich nicht mehr!«

Ich sagte nichts, verzichtete aber auf den Kauf des Mantels.

Müde und erschöpft gingen wir früh ins Bett. Wieder schlief ich tief und fest. So viel zu dem Spruch: »Ein gutes Gewissen ist ein sanftes Ruhekissen.« Auch ein durchdrehender Verstand, der den ganzen Tag auf Hochtouren läuft, hindert einen nicht an einem gesunden Tiefschlaf. Viktoria hatte dafür nicht das geringste Verständnis und weckte mich am nächsten Morgen durch heftiges Rütteln an meiner Schulter.

»Du schläfst wie ein Murmeltier. Das scheint dir ja alles nicht das Geringste auszumachen«, herrschte sie mich an. Im Gegensatz zu mir hatte sie die ganze Nacht kein Auge zugemacht.

Wieder sagte ich nichts, sondern zog sie zu mir. Wir liebten uns ein letztes Mal. Dann stiegen wir aus dem Bett, zogen uns an und fuhren mit dem Taxi zum Bahnhof Waverley. Von dort ging ein Zug nach London, von wo aus Viktoria weiter nach Paris fahren und dort im Ritz einchecken sollte. Vom Hotel aus würde sie ihre Mutter anrufen und sich von ihr abholen lassen. Die Abfahrt des Zuges war um sieben Uhr morgens. Es war kühl und der Bahnsteig lag in dichtem Nebel. Wir klammerten uns steif und frierend aneinander. Keiner von uns wusste, was er sagen sollte.

»Wie in Casablanca, findest du nicht?«, brach Viktoria irgendwann das Schweigen und lächelte mich zaghaft an. Ich sah sie an. Eine Eiseskälte breitete sich in mir aus und ich zitterte am ganzen Körper. Zum ersten Mal in meinem Leben würde ich allein, auf mich gestellt sein, ohne ein Dach über dem Kopf zu haben und das in einem mir unbekannten Land. Das einzig Positive war der Inhalt der Reisetasche, die ich mit auf den Bahnsteig genommen und zwischen meinen Beinen abgestellt hatte, doch das war ein schwacher Trost. Ich war vollkommen verzweifelt, weil meine von der Gesellschaft erhaltene Identität gerade zerplatzte, ich allein war und nicht mehr wusste, wer ich war. Ich konnte noch nicht akzeptieren, dass Alleinsein die Natur des Menschen ist und hatte Angst davor. Viktoria bemerkte mein Zittern.

»Du frierst ja«, stellte sie teilnahmsvoll fest und drückte mich an sich. Ich nahm ihr Gesicht in meine Hände und küsste sie sanft.

»Ich habe gerade darüber nachgedacht, dass wir im Gegensatz zu Bogart und Bergmann eine Zukunft haben. Ich weiß zwar momentan noch nicht welche, aber ich weiß, es wird sich alles klären. Und dann fangen wir irgendwo auf der Welt ganz von vorne an.«

Sie sah mich mit Tränen in den Augen zweifelnd an und schwieg. Auch mir verschlug es die Sprache. So warteten wir wortlos, aber immer noch eng umschlungen auf den Zug. Die Zeit verstrich quälend langsam. Als der National Express endlich einfuhr, stieg ich mit ein und verstaute Viktorias Gepäck in ihrem Abteil.

»Ein langer Abschied bedeutet, dass man sich lange nicht mehr sieht«, sagte ich leise. Wir küssten uns. Ich stieg aus und verließ, ohne mich umzublicken, den Bahnhof.

Mit feuchten Augen ließ ich mich von einem Taxi zum Hotel zurückbringen und setzte mich in die geschäftige Halle. Gäste kamen an und checkten ein, Männer warteten zeitungslesend auf ihre Frauen, andere waren in Geschäftsgespräche vertieft. Gepäckdiener schleppten Koffer und Kellner servierten Getränke. Alles schien so normal zu sein wie immer. Nur ich fühlte mich anders. Als sei ich zwar in dieser Welt, aber nicht von dieser Welt. Ich passte nicht mehr in die Normalität des Alltags. Über Nacht war mein ganzes bürgerliches Leben beendet worden. Ich war jetzt ein Außenseiter der Gesellschaft, deren Justizorgane mich jagten, um mich zu bestrafen. Mein Verstand setzte aus, als mir in diesem Augenblick die ganze Tragweite meiner Flucht bewusst wurde, und ein gnädiger grauer Schleier senkte sich über meinen Geist. Ich fiel in eine Art Dämmerzustand und nahm meine Umgebung nur noch durch einen dichten Nebel wahr, Geräusche drangen wie von einem Wattebausch gedämpft an mein Ohr, und alles um mich her schien sich in Zeitlupe zu bewegen. Ich hatte keine Ahnung, dass die Egozertrümmerungsmaschine in Betrieb genommen worden war, die mein aufgeblähtes Selbst zum Platzen bringen und mir den Feinschliff verpassen würde, den ich mir auf der Yacht in Chicago gewünscht hatte.

Die Hotelhalle wurde mit leiser Musik beschallt. Ich erkannte den Song »What goes up must come down«. Scheinbar absurde Fragen schossen durch mein Hirn: Wie kann ich mir wirklich sicher sein, dass die Welt in der Form existiert, wie ich sie wahrnehme? Wie kann ich wissen, ob mein Bewusstsein real ist und nicht nur ein physikalisches Produkt des Überlebenstriebes einer anpassungsfähigen DNA? Bilde ich mir nur ein zu existieren? Ist alles nur Schein, ein Traum Gottes, den die Hindus »Maya« nennen? Wenn ja, was ändert sich dann mit dem Tod, der ebenfalls nur eine Illusion ist? Angenommen das Universum dehnt sich aus und zieht sich wieder zusammen. Dann dehnt es sich erneut aus und kommt irgendwann wieder an den Punkt, an dem alle Faktoren dieselben sind wie zu Beginn meines jetzigen Lebens. Würde ich dann dieses Leben noch einmal leben? Daraus ergibt sich die Frage nach der tatsächlichen Existenz des Zufalls. Angenommen es gäbe im kleinsten Quantenmaßstab auf jede physikalische Aktion nur eine mögliche Reaktion, so hieße das, dass von dem Moment an, da das Universum in Bewegung geriet, seine Entwicklung bis in alle Ewigkeit vorherbestimmt wäre. Rein theoretisch könnte man den Verlauf jedes einzelnen Lebens ausrechnen, wenn man einen Computer hätte, der alle Faktoren des Universums verarbeiten kann. Wenn dem so wäre, wäre es auch nicht unwahrscheinlich, dass das Universum immer wieder demselben Bewegungsmuster von Ausdehnung und Kontraktion folgt. Das hieße dann, dass mein Leben immer und immer wieder in identischen Bahnen verläuft, bis in alle Ewigkeit.

Ist das der gnadenlose Sinn des Lebens? Bis in alle Ewigkeit zu existieren? Gefangen zu sein wie Bill Murray in dem Film *Und ewig grüßt das Murmeltier*, in dem er ein und denselben Tag immer wieder erleben muss? Heißt das, dass ich schon unendlich oft verzweifelt in dieser Hotelhalle saß? Ein wahrlich tröstender Gedanke! Mein verwirrter und überforderter Verstand schaltete sich ab. Vor meinem geistigen Auge lief plötzlich ein Film ab, der mir zeigte, was mich letztendlich hierher geführt hatte:

Ursächlich für den Zusammenbruch unseres kleinen Imperiums war die »Lücke« gewesen, als die wir intern die Differenz zwischen unserem tatsächlich vorhandenen und in den Kontoauszügen ausgewiesenen Geld bezeichneten. Sie entstand, während ich einen Urlaub auf St. Martin in der Karibik verbrachte.

Mein Partner kam in der Zeit meiner Abwesenheit auf die verhängnisvolle Idee, auf einen steigenden Goldkurs zu spekulieren und kaufte hundert Call-Optionen. Die Margin waren lächerliche fünfundzwanzigtausend US-Dollar. Seine Entscheidung sollte mich irgendwann Kopf und Kragen kosten, mein Leben bestimmen und mich neun Jahre lang intensiv beschäftigen. Der Goldpreis fiel und er kaufte nach, um zu »averagen«, das heißt, seinen Einstiegskurs zu verbessern. Der Preis fiel weiter, er kaufte erneut. Der Goldkurs befand sich in einem absoluten Downtrend und er wusste sich nicht anders zu helfen, als immer wieder nachzukaufen. Bis er auf tausend Optionen saß, die einen offenen Verlust von circa siebenhunderttausend US-Dollar aufwiesen. Das waren bei dem damaligen Dollarkurs etwa 2,5 Millionen D-Mark. Ich kam aus dem Urlaub zurück und er war in seinen gegangen. Ohne mich zu informieren. Was hätte er mir auch sagen sollen?

Als ich am ersten Morgen nach meiner Rückkehr gut gelaunt ins Büro kam, verband mich meine Chefsekretärin mit unserem Brokerhaus, das schon zigmal angerufen hatte. Die Telefonistin wusste Bescheid und stellte mich sofort zum Chef durch.

»Sie haben einen open loss von siebenhunderttausend US-Dollar auf Ihren Goldoptionen und einen margin call von dreihunderttausend Dollar. Wie wollen Sie das lösen?«, brüllte er mich ohne Begrüßung an.

Ich war fassungslos. Dann ließ ich mir die Situation erklären und rastete aus vor Wut. Das einzige Mal in meinem Leben nahm ich den erstbesten Gegenstand und knallte ihn gegen die Wand. Ein bayerischer Löwe aus Nymphenburger Porzellan wurde atomisiert. Das beruhigte mich etwas. Wir verabredeten uns zum Mittagessen, um eine Lösung zu besprechen.

Den Rest des Vormittags versuchte ich vergeblich, meinen Partner zu erreichen, der irgendwo in Afrika war. Also fasste ich einen Entschluss. Alle Goldpositionen mussten sofort liquidiert werden. Wir hatten nur noch dreihunderttausend Dollar an Kundengeldern, die konnte ich nicht auch noch riskieren. Mein Partner hatte während meiner Abwesenheit zwei Drittel unserer Einlagen verzockt, die wir mühsam im Laufe von fast drei Jahren eingesammelt hatten. Wenn wir die Verluste bei den Kunden verbuchen würden, war die Firma bankrott. Sie würden auch noch ihr restliches Geld abziehen und wir könnten entweder ganz von vorne anfangen oder zusperren. Genau das sagte ich meinem Partner wutschnaubend, als er mir nach seinem Urlaub gebräunt und gelassen gegenübersaß.

»Du musst dich nicht so aufregen. Wir verbuchen die Verluste einfach nicht auf die Kunden, sondern auf die Firma. Ich verbürge mich für sie. Meine Eltern haben eine Glasfabrik in Niederbayern und ich bin ihr einziger Erbe. Sobald sie mir das Werk überschrieben haben, zahle ich die siebenhunderttausend ein«, sagte er ruhig.

Völlig verblüfft sah ich ihn an. Das war natürlich die Lösung. Nur zu gern glaubte ich ihm seine Geschichte. Aufgeben und Hinschmeißen gehörte sowieso nicht zu meinem Programm.

Ich wurde aus meiner tiefen Versunkenheit gerissen, als ein Kellner an meinen Tisch trat und mich nach meinen Wünschen fragte. Ich zuckte erschrocken zusammen. Mechanisch bestellte ich einen Kaffee. Und versank wieder in Selbstmitleid. Allein auf mich gestellt, von meiner Frau und allen Freunden getrennt, gejagt von der Polizei und vermutlich einigen Privatdetektiven und Gläubigern, saß ich dumpf brütend in meinem Sessel, nippte an meinem Kaffee und hatte nicht die geringste Ahnung, wie es weitergehen würde. Sollte ich etwa die nächsten fünfzehn Jahre durch die Welt zigeunern? Wie sollte meine Ehe weitergehen? Warum hatte Viktoria am Bahnhof kein Sterbenswörtchen zu meiner Bemerkung über unsere Zukunft gesagt? Was genau dachte sie? Zum ersten Mal schienen Viktorias Gedanken das Wichtigste auf der Welt für mich zu sein. Ich musste sie auf jeden Fall noch einmal sehen und befragen. Abrupt sprang ich auf, rannte ohne zu zahlen aus dem Hotel und ließ mich in ein wartendes Taxi fallen. »Zum Flughafen, schnell!«, rief ich dem Fahrer zu. Viktorias Zugfahrt dauerte fast fünfeinhalb Stunden. Wenn ich gleich einen Flieger nach London erwischte, könnte ich vor ihr am Bahnhof Waterloo ankommen. Ich musste einfach wissen, was in ihr vorging. Außerdem wollte ich ihr sagen, dass ich entschlossen war, nach Deutschland zurückzukehren und mich den Behörden zu stellen. Ich würde mich nur ein paar Wochen erholen. Der Stress der letzten Monate war heftig gewesen und hatte meine Psyche und auch meine Physis so geschwächt, dass ich mich nicht stark genug fühlte, die mich erwartenden Konfrontationen und eine eventuelle Verhaftung zu verkraften. Ich brauchte dringend einige Zeit zur Regeneration.

Der Gedanke an ein Wiedersehen mit Viktoria gab mir neuen Mut und ich nahm meine Umgebung wieder deutlicher wahr. Auf einmal beschlich mich ein ungutes Gefühl. Irgendetwas stimmte nicht. Ich blickte in dem Taxi umher. Plötzlich traf es mich wie ein Blitzschlag und mir gefror das Blut in den Adern: Die Louis-Vuitton-Tasche mit dem Geld fehlte. Fieberhaft überlegte ich. Dann fiel mir ein, dass ich sie auf dem Tisch in der Lobby abgestellt hatte, an den ich mir den Kaffee hatte servieren lassen. Vermutlich hatte ich sie bei meinem überstürzten Aufbruch dort stehen lassen. Mit seltsam belegter Stimme forderte ich den Taxifahrer auf, zum Hotel zurückzufahren. Er wendete und während der Fahrt zum Hotel lief mein Verstand Amok. Was sollte ich ohne einen Cent anstellen? Mein gesamtes Geld war in der Tasche. Ich konnte noch nicht einmal die Hotelrechnung der letzten Nacht bezahlen. Sie würden die Polizei rufen und das war's dann.

Aber als ich in die Hotelhalle stürzte, stand die Tasche immer noch neben meiner halbleeren Tasse Kaffee auf dem Tisch. Sie schien mich geradezu anzugrinsen. Meine Knie wurden weich. Ich wankte zu dem Tisch und setzte mich. Ich öffnete den Reißverschluss der Tasche einen Spaltbreit und warf einen Blick hinein. Sie war randvoll mit Banknoten gefüllt. Ich stieß hörbar Luft aus. Das war knapp gewesen! Mir fiel mein Lieblingswitz ein: Ein Holzfäller arbeitet in Kanada wie ein Verrückter. Er schiebt Überstunden und jedes Wochenende, wenn seine Kollegen Pause machen und in den Ort zum Abfeiern gehen, geht er in die Wälder und fällt Bäume. Nach einem Jahr knochenharter Arbeit duscht er an einem Freitagabend besonders gründlich. Dann zieht er sich zum Erstaunen seiner Kollegen fein an und geht mit ihnen in die kleine Stadt. Sie betreten einen Saloon mit Spielcasino. Der Holzfäller packt seinen gesamten Jahreslohn aus, immerhin fünfzigtausend Dollar, und setzt alles auf Rot. Schwarz gewinnt. Der Holzfäller zündet sich eine Zigarette an und murmelt: »Easy come, easy go – Wie gewonnen, so zerronnen.«

Je länger ich darüber nachdachte, desto weniger absurd erschien mir der Witz. Was sollte eigentlich diese teuflische Abhängigkeit von der Kohle? Ich dachte an die Teufels-Karte des Rider-Tarot, auf der Satan mit einer Kette an einen schwarzen Block, der das Materialistische symbolisiert, gekettet ist, und überlegte, ob die Alternative, das Geld verloren zu haben, nicht viel spannender gewesen wäre.

In diesem Augenblick, in der Lobby des schottischen Landhotels, schwor ich mir, nie wieder am »Rat Race« teilzunehmen, an der sinnlosen Jagd nach Geld, Besitz und Anerkennung. Sowohl Sicherheitsdenken als auch Gier nach materiellen Gütern, Ruhm und Ansehen würde es in meinem Leben nicht mehr geben. Ich würde mich wieder auf das konzentrieren, was bis zu der Firmengründung mein Leben bestimmt hatte: Freundschaft, Liebe, Emotionen und Sex. Und genau deshalb musste ich wissen, welche Rolle Viktoria künftig in meinem Leben spielen würde.

Ich winkte dem Kellner und zahlte den Kaffee. Diesmal nahm ich die Tasche mit und holte meine Koffer aus dem Zimmer. Ich checkte aus und rannte zurück zum Taxistand. Wir rasten zum Flughafen und ich schaffte es tatsächlich, sofort einen Flieger nach London zu bekommen. In Heathrow nahm ich mir ein Taxi zum Bahnhof Waterloo. Zwei Minuten vor der Einfahrt von Viktorias Zug stand ich mit meinem Gepäck am Bahnsteig. Als sie ausstieg und mich erblickte, lächelte sie. Dann sah sie mein Gepäck und runzelte die Stirn.

»Ich wusste, dass du kommst. Aber willst du jetzt etwa mitfahren nach Paris?«

Wieder registrierte ich diesen unterschwelligen vorwurfsvollen Ton und ich begann zu ahnen, was ich von ihr zu erwarten hatte. Aber wieder sagte ich nichts, sondern schüttelte nur den Kopf und drückte sie fest an mich. Bevor ich ihr von meinem Plan erzählen konnte, dass ich mich nur ein paar Wochen erholen und dann nach München kommen würde, löste sie sich von mir und sah mich ernst an.

»Kauf dir einen Hund!« Das reichte mir. Jetzt wusste ich, woran ich mit ihr war. Aber ich hatte das Gefühl, dass in mir etwas zerbrach, als ich ihre Worte hörte. Mir war es vollkommen fremd, einen Freund oder gar eine Lebenspartnerin im Stich zu lassen, denn ich war mit dem Gedankengut der Nibelungentreue erzogen worden, die mich sogar zu meinem chaotischen Mitgesellschafter hatte stehen lassen, egal, was er alles anstellte. Doch Viktoria hatte damit kein Problem. Sie war gedanklich bereits in den Kokon ihrer Familie zurückgekehrt und ich spielte keine Rolle mehr in ihrem Leben. Deshalb sollte ich mir einen Hund anschaffen, die einzige Liebe, die man sich kaufen könnte, wie sie immer zu sagen pflegte. Mir war klar, dass sie mich gerade freigegeben hatte. Doch wieder fühlte ich neben der tiefen Enttäuschung auch Erleichterung. »Vielleicht ist das eine gute Idee«, murmelte ich, wohlwissend, dass es vollkommen absurd sein würde, mit einem jungen Hund auf der Flucht zu sein.

Ich nahm schweigend ihren Arm und führte sie zu dem wartenden Zug. Wieder stieg ich mit ein und half ihr erneut, ihr Gepäck zu verstauen. Ich dachte daran, wie unsere Beziehung einst begonnen hatte – mit einer Schlafwagenfahrt von München nach Paris. Jetzt schloss sich ein Kreis. Lächelnd küsste ich sie zum Abschied leicht auf die Wange und stieg aus. Als der Zug anfuhr, öffnete Viktoria das Fenster und winkte. Ich winkte zurück. Diesmal blieb ich stehen und sah dem Zug nach, bis er den Bahnhof verlassen hatte.

Ich nahm meine Tasche und die beiden Koffer und ging zum Ausgang zurück. Mein neues Leben hatte begonnen. Es würde ab sofort nur noch im Hier und Jetzt stattfinden, da ich jederzeit verhaftet werden könnte. »We've got tonight, who needs tomorrow ...«

Ich war im wahrsten Sinne des Wortes vogelfrei. Aber ich besaß eine Tasche voller Kohle. Da ich kein Ziel hatte, beschloss ich, die Nacht in London zu bleiben. Ich traute mich nicht, wie üblich im Dorchester einzuchecken, da viele wussten, dass es mein Lieblingshotel in London war, und ließ mich daher zum Basil-Street-Hotel bringen. Ich checkte unter falschem Namen ein. Im Zimmer entdeckte ich neben dem Notizblock des Hotels einen Prospekt, in dem alle Schlosshotels Großbritanniens aufgelistet waren und in dem ein Fahrerservice mit Rolls-Royce angeboten wurde. Ich empfand das als Zeichen des Himmels, rief dort an und bestellte einen Rolls inklusive Fahrer für zunächst eine Woche. Die Telefonistin sagte, man würde mich am nächsten Morgen um neun Uhr abholen. Tatsächlich erschien zur angegebenen Zeit ein gelber Rolls-Royce Silver Shadow mit einem blonden Schotten am Steuer, der sich mir als Peter vorstellte, als er mir den Fond öffnete. Beim Anblick des Luxusautos lächelte ich zufrieden. Genauso hatte ich es mir vorgestellt. Analog zu der Geschichte *Der verschwundene Brief* von Edgar Allen Poe hatte ich mir nämlich überlegt, mich bei meiner Flucht möglichst auffällig zu benehmen und überall Aufmerksamkeit zu erregen. Wie Poe richtig schreibt, wird das Offensichtliche meistens übersehen. Der Rolls Royce war perfekt für diesen Plan. Ich war sicher, dass kein Polizist auf die Idee kommen würde, dass in einer solchen Nobelkutsche ein sich auf der Flucht befindlicher Millionenbetrüger säße. Mit einem Fahrer am Steuer würde ich nie kontrolliert werden, weil der für das Verhalten im Straßenverkehr verantwortlich war. Ich stieg ein und ließ mich ins Polster sinken. »Peter, ich möchte ganz langsam nach Inverness fahren und dabei so viele Schlosshotels wie möglich besuchen. Die Route überlass ich gern dir.«

Aus der Woche wurden zweieinhalb Monate. Peter, der ein ehemaliger Golfprofi war und Großbritannien kannte wie seine Westentasche, zeigte mir ein wunderschönes Schlosshotel nach dem anderen. Verblüfft stellte ich fest, wie fasziniert die Frauen von mir waren. Vielleicht, weil ich den Geruch des verletzten Tieres an mir hatte und an ihre Urinstinkte appellierte. Vermutlich spielten auch der Rolls-Royce und mein Fahrer eine nicht unwesentliche Rolle. Ich hatte jedenfalls jede Menge One-Night-Stands und kleinere Affären. Angst vor dem Alleinsein, vor Einsamkeit, kam da gar nicht auf. Doch mit jedem Tag wurde mir klarer, dass das nicht ewig so weitergehen konnte. Ich musste eine saubere Zäsur in meinem Leben machen, um wirklich neu anfangen zu können. Mit allen Konsequenzen. Als ich mir eines

Tages die *Süddeutsche Zeitung* kaufte und darin erneut einen Artikel über mich fand, der nichts mit der Realität zu tun hatte, gab das den Ausschlag. In diesem Moment entschloss ich mich, nach München zurückzukehren und den über mich ausgeschütteten Müll aufzuräumen.

Am Abend rief ich Viktoria an, die bei einer Tante wohnte, bei der sie sich vor den Journalisten versteckte, und bat sie, mir den besten Verteidiger in München zu besorgen. Der Hausanwalt ihres Familienunternehmens empfahl ihr Martin Amelung, oder »Martino«, wie ich ihn nennen sollte. Bei unserem nächsten Telefonat gab sie mir seine Nummer. Ohne zu zögern rief ich ihn an und verabredete mich mit ihm im Ritz in Paris, in dem ich für uns zwei Suiten buchte. Zwei Tage später ließ ich mich am frühen Morgen von Peter nach Heathrow bringen. Ich verabschiedete mich mit einem reichlichen Trinkgeld und einer herzlichen Umarmung von ihm. Als ich durch die Abflughalle ging, füllten sich meine Augen mit Tränen. Der stets gut gelaunte Schotte war mir ans Herz gewachsen und ich ertrug es kaum, schon wieder einem Freund den Rücken kehren zu müssen.

Doch für Sentimentalitäten blieb mir keine Zeit. Ich trat innerlich sehr angespannt an den Ticketschalter, um meinen unter falschem Namen gebuchten Flugschein abzuholen. Aber die Air-France-Angestellte wollte nicht, wie befürchtet, meinen Pass sehen, um ihn mit der Buchung zu vergleichen, sondern gab mir lächelnd meine Boarding-Card. Auch bei der Passkontrolle hatte ich Glück. Der Beamte sah meinen Ausweis nur flüchtig an und verzichtete darauf, ihn in seinem Computer zu überprüfen. So flog ich unbehelligt von London nach Paris. Am späten Nachmittag checkte ich im Ritz unter falschem Namen ein. Ich hinterließ eine Nachricht an der Rezeption für Martin »Martino« Amelung, dass ich gegenüber in Harry's New York Bar auf ihn warten würde.

Als er die Bar betrat, erkannte er mich aufgrund der vielen Zeitungsfotos sofort. Mein Bild war oft genug in den Münchner Gazetten zu sehen gewesen. Er begrüßte mich freundlich und bestellte sich einen Scotch. Wie er da so lässig mit seinem Whisky an die Bar gelehnt neben mir stand, erinnerte er mich an Clint Eastwood. »Nicht schlecht, mit Dirty Harry an deiner Seite in den Kampf zu ziehen«, dachte ich gut gelaunt. Doch die aufkeimende gute Stimmung sollte mir sofort vergehen.

»Der Staatsanwalt will sechs Jahre für Sie beantragen«, eröffnete Martino schonungslos unser Gespräch. Daraufhin trank ich erst mal einen gewaltigen Schluck von meinem Chieftain's-Whisky, um den Schock runterzuspülen.

»Ich soll sechs Jahre in den Knast? Sind Sie wahnsinnig? Wissen Sie, wie freiheitsliebend ich bin? Wenn ich an amerikanische Gefängnisfilme denke, ist das hundertprozentig nicht das Milieu, in dem ich zurecht kommen werde. Da steige ich sofort wieder ins nächste Flugzeug und verschwinde für den Rest meines Lebens nach Südamerika.«

Martino sah mich prüfend an.

»Zunächst einmal müssen Sie wissen, dass ein Urteil von sechs Jahren nicht bedeutet, dass Sie sechs Jahre lang in einer Zelle eingesperrt werden und nur eine Stunde am Tag zum Hofgang herausgelassen werden.«

»Hofgang?«, fragte ich verblüfft. »Was ist das denn?«

»Der steht Ihnen gesetzlich zu. Man muss Ihnen die Möglichkeit gewähren, jeden Tag eine Stunde an der frischen Luft sein zu können.«

»Das ist doch was«, erwiderte ich sarkastisch. »Die Gummibaumgießer dieser Welt haben keinen Anspruch auf eine Stunde Frischluft pro Tag.«

»Was meinen Sie?«, fragte Martino irritiert.

»Gummibaumgießer nenne ich die kleinen Angestellten. Sie beziehen nach einer Lehre mit achtzehn oder zwanzig Jahren ihr Büro und bringen einen kleinen Gummibaum mit. Den gießen sie, bis sie in Rente gehen. Dann schleppen sie ihren inzwischen zwei Meter großen Baum nach Hause und sterben dabei oder kurz danach an einem Herzinfarkt.«

Martino lächelte.

»Interessantes Bild. Aber jetzt zurück zu den Feinheiten des Strafvollzugs. Sie haben nicht nur Anspruch auf eine Stunde Hofgang täglich, sondern bei guter Führung gibt es auch einen erheblichen Straferlass. Als Ersttäter erhält man in Bayern automatisch das sogenannte Drittel, das heißt, sie müssen effektiv nur zwei Drittel der Strafe absitzen. Die sogenannte Halbstrafe ist in Bayern eher unüblich, aber durchaus möglich. Sie könnten sich nach der Verurteilung in ein anderes Bundesland verlegen lassen, in dem die Halbstrafe leichter zu bekommen ist. Das geht, wenn Sie dort soziale Bindungen haben, also wenn zum Beispiel Ihre Frau, Ihre Eltern und Geschwister dort wohnen.«

»Meine Mutter und mein Bruder leben in Nordrhein-Westfalen«, sagte ich.

»Das ist sehr gut, denn Nordrhein-Westfalen ist relativ liberal bei der Gewährung der Halbstrafe. Das bedeutet, dass Sie im günstigsten Fall nur drei Jahre absitzen müssen.«

»Selbst das ist zu viel. Ich ziehe Brasilien vor. In Rio zu leben, soll lustig sein, da war ich eh noch nie.«

»Moment. Es gibt auch außerdem Hafterleichterungen, etwa den ›offenen Vollzug‹. Das bedeutet, dass Sie in eine Anstalt verlegt werden, in der es wesentlich gelockerter zugeht, und achtzehn Monate vor der voraussichtlichen Haftentlassung Ausgänge und Urlaube erhalten. Neun Monate vor Haftende kommen Sie in den sogenannten Freigang. Das heißt, dass Sie ein Beschäftigungsverhältnis außerhalb der Anstalt annehmen und an drei Wochenenden im Monat je zwei Tage zusätzlichen Urlaub erhalten und von Freitagabend bis Sonntagabend nach Hause gehen können. Zusätzlich bekommen Sie noch einundzwanzig Tage Hafturlaub im Jahr, die Sie auf das ganze Jahr verteilen können. Dazu gibt es Sonderurlaube, Ausgänge und so weiter. Wenn Sie sich geschickt anstellen, werden Sie die wenigste Zeit in der Anstalt sein.«

»Das klingt schon deutlich besser«, stellte ich erleichtert fest. Wie überall schien auch hier nicht alles so heiß gegessen zu werden, wie es gekocht wurde. »Und es besteht doch gewiss noch eine realistische Chance, dieses für mich völlig absurde Strafmaß zu reduzieren, oder?«

»Davon gehe ich aus. Dazu müssen wir vor allem den Ihnen vorgeworfenen Schaden beziehungsweise die Vermögensgefährdung von angeblich sechshundert Millionen Mark deutlich reduzieren. Sehen Sie da Möglichkeiten?«

Die sah ich durchaus. Ich bestellte noch einen Whisky, den ich ebenfalls auf ex trank, und schilderte ihm dann zwei Stunden lang den komplexen Sachverhalt. Er hörte mir aufmerksam zu und unterbrach mich nur mit ein paar klugen Fragen.

»Damit können wir arbeiten«, meinte er, als ich geendet hatte. »Gehen Sie davon aus, dass wir das Strafmaß deutlich reduzieren werden. Ungeschoren werden Sie nicht davon kommen. Es wird vermutlich auf einen sogenannten Deal hinauslaufen.«

»Was ist das denn schon wieder?«

»Das bedeutet: do ut des. Ich gebe, damit du gibst. Sie legen ein Geständnis ab, um den Prozess abzukürzen. Dann reduziert die Staatsanwaltschaft ihren Strafantrag, die Verteidigung – also ich – stimmt nach Absprache mit Ihnen zu und das Gericht verkündet das Urteil gemäß Antrag der Staatsanwaltschaft. Keiner geht in Revision, und man erspart sich einen Haufen Arbeit und Kosten.«

»Interessant – und was hat das mit Gerechtigkeit zu tun?«

»Seien Sie nicht naiv! Rechtsprechung hat nichts mit Gerechtigkeit zu tun. Es ist schlicht pragmatisch.«

»Klingt nachvollziehbar. Also gut, rechnen wir mal. Angenommen ich bekäme vier Jahre. Das könnte letztendlich bedeuten, dass ich nur sechs Monate eingesperrt werde und dann in den

›offenen Vollzug‹ komme, weil ich voraussichtlich zur Halbstrafe nach zwei Jahren entlassen werde?«

Martino nickte. »Sie haben es begriffen. Im allerbesten Fall könnte es so laufen. Es hängt allerdings auch davon ab, wie lange die Kammer braucht, um sich in diesen komplexen Fall mit über zweitausend Akten einzuarbeiten.«

Noch ein Gedanke schoss mit durch den Kopf.

»Eine letzte Frage. Gibt es nicht sogar eine Chance, dem Knast zu entgehen? Denn schließlich ist bei mir als Haftgrund vermutlich Fluchtgefahr angegeben. Wenn ich jetzt freiwillig aus dem Ausland zurückkomme und mich stelle, dann fällt dieser Haftgrund doch weg, oder?«

»Theoretisch ja, in Ihrem Fall bin ich jedoch skeptisch. Natürlich werden wir bei der Eröffnung des Haftbefehls beantragen, den Haftbefehl gegen eine Kaution und sonstige Auflagen außer Vollzug zu setzen. Bei Ihnen ist jedoch so viel Medienrummel entstanden, dass Sie davon ausgehen müssen, zunächst einmal in Untersuchungshaft zu kommen.«

Ich schluckte. Als er mich fragend ansah, sagte ich: »Ich schlage vor, wir gehen erst einmal eine Kleinigkeit essen. Zu achtzig Prozent bin ich entschlossen, morgen Vormittag mit Ihnen nach München zu fliegen, um den Augiasstall auszumisten und mich dem Verfahren zu stellen. Bis wann müssen Sie Ihren Staatsanwalt anrufen, damit er dafür sorgen kann, dass der internationale Haftbefehl aufgehoben wird und ich nicht hier in Paris am Flughafen verhaftet werde.«

»Die Aufhebung hat er schon veranlasst. Er wartet nur auf meinen Anruf, in dem ich ihm mitteile, wann wir landen werden, um uns in Riem empfangen zu können.«

Ohne die geringste Ahnung zu haben, warum, hatte ich plötzlich ein verdammt gutes Gefühl. Mein Urvertrauen in die Existenz und die Gerechtigkeit des Universums signalisierten mir, dass die mir gemachten Vorwürfe sich relativieren würden. Vielleicht würde ich in der mir gänzlich unbekannten Welt des Gefängnisses sogar etwas finden, das ich bisher vergeblich gesucht hatte. Ich war im Jahr durchschnittlich über einhunderttausend Meilen zu den luxuriösesten Ressorts und exklusivsten Hotels dieser Erde geflogen. Dort hatte ich nie tiefes Glück, sondern nur perfekten Service in einem durchgestylten Ambiente gefunden, in dem die Gespräche seelenlos an der Oberfläche dahinplätscherten.

Der tiefschürfende Sucher in mir hatte jedes Mal rebelliert, wenn ich mich mit einer Dame aus dem Agnelli-Clan in Monte Carlo ebenso routiniert über ihre Schmuckkollektion wie mit einem griechischen Reeder über dessen Sonderausstattungen seines Rolls-Royce unterhielt ...

Ich sah Martino an. Ich wusste jetzt, was zu tun war.

»Wissen Sie was, ich erspare Ihnen die Ungewissheit. Rufen Sie diesen Staatsanwalt an und sagen Sie ihm, dass wir morgen früh kommen. Er soll mich aber auf keinen Fall im Ritz verhaften lassen.«

»Das versichere ich Ihnen«, meinte Martino. »Ich habe das mit dem Staatsanwalt abgesprochen. Er kennt Sie übrigens. Er hat mir erzählt, dass er mit Ihnen beim selben Repetitor war.«

Der Name ließ ein Gesicht aus meiner Erinnerung auftauchen. Tatsächlich, ich kannte den Staatsanwalt vom juristischen Repetitorium. Wir hatten damals nächtelang miteinander Karten gespielt und waren uns durchaus sympathisch gewesen.

»Ich glaube, das Rad des Schicksals fängt an, sich wieder nach oben zu drehen«, grinste ich. »Rufen Sie ihn an, und grüßen Sie ihn von mir.«

Kurz darauf saß ich allein in der Coco-Chanel-Suite des Ritz, in der die berühmte Modeschöpferin einen Teil ihres Lebens verbracht hatte. Das gold-grüne Ambiente mit den schweren Samtvorhängen und kostbaren Antiquitäten gaukelte mir eine trügerische Behaglichkeit vor. Insgeheim rechnete ich jeden Moment damit, dass die Tür aufging und zwei Polizisten mich verhaften würden. Doch dann beruhigte ich mich und dachte: »Der Mensch ist ein Sandkorn und muss sich anpassen. Wenn es so kommt, dann ist es eben so.« Um mich abzulenken, nahm ich mir ein Buch über William Turner und John Constable, das ich mir in einem Antiquariat in Edinburgh gekauft hatte, und fing an, zu lesen.

Als Constable sein neues Werk *Einweihung der Waterloo Bridge* zum ersten Mal der Öffentlichkeit präsentierte, erwartete er Lob und Ehrungen, denn es war ein großes Bild. Detailverliebt und farbenprächtig, zeigt es vorne links ein von Bäumen umwachsenes Gebäude an der Themse, auf der viele Boote fahren. Im Zentrum des Bildes ist die fahnengeschmückte Waterloo Bridge zu sehen, auf der sich die Menschen drängen. Viele sorgfältig aufeinander abgestimmte Rottöne verleihen dem Bild eine fröhliche Atmosphäre. Turner kam in die Ausstellung und sah sich das Bild lange an. Dann ging er, ohne ein Wort zu sagen. Er hatte ebenfalls gerade ein neues Bild fertiggestellt, im Stil der Holländer, drei Segelschiffe auf rauer See. Den Himmel, die Wogen des Meeres, die Schiffe hatte er in Variationen von Grau, dezentem Blau und Grün so genial gemalt, dass man beim Betrachten des Bildes meinte, die Feuchtigkeit der Gischt zu spüren. Aber als er nach dem Betrachten des Werkes von Constable nach Hause kam, malte er in das Zentrum des Bildes einen roten Farbklecks, dem er die Form einer Boje gab. Obwohl er ihn ins Meer platzierte, wurde dieser rote Fleck zur Sonne des Bildes, von der die gesamte Energie des Werkes ausging. Die Tate Gallery hängte sein Bild neben das von Constable. Als dieser das Bild sah, seufzte er und sagte: »Er hat mit diesem roten Farbtupfer die gesamte Komposition meines Bildes zerstört.«

In meinem Leben hatte dieser rote Farbpunkt bisher gefehlt. Vielleicht würde ich ihn in der unbekannten Welt finden, die ich morgen betreten würde. Mit diesem Gedanken ging ich zu Bett und schlief lächelnd ein.

GROUND ZERO

Wie man sich fühlt,
wenn man am Grund eines Sees sitzt

Deine Identität hast du von der Gesellschaft erhalten. Sie ist aber nur geborgt. Du weißt nicht, wer du wirklich bist. Du weißt nur, was die anderen sagen, wer du seist. In der Stille der Meditation werden alle diese Meinungen verschwinden. Du wirst nun lernen müssen, allein zu sein. Nichts und niemand kann dich vor diesem Alleinsein bewahren. Du kannst Gesellschaftsspiele betreiben, du kannst viele Illusionen um dich herum aufbauen: Lebensversicherungen, Bankkonten, Liebesaffären, Freundschaften, Familie. Es ist alles okay – solange du weißt, dass das alles Spielchen sind. Spiele diese Spiele, so gut du kannst, aber lass dich nicht täuschen: Du bist und bleibst allein. Alleinsein ist deine Natur, akzeptiere das. Alleinsein kann weder durch Liebesbeziehungen noch durch wahre Liebe abgeschafft werden.

Unsere Fahrt am nächsten Morgen zum Flughafen Charles de Gaulle, das Einchecken ins Flugzeug und der Flug waren ohne Probleme verlaufen. Ich freute mich auf mein Wiedersehen mit Viktoria, als wir zum Anflug auf München ansetzten. Doch die nun folgenden Ereignisse sollten jedes positive Gefühl bei mir ausmerzen.

»Wir warten am besten, bis alle ausgestiegen sind«, hatte Martino nach der Landung der Air-France-Maschine mit seiner leicht heiseren Stimme zu mir gesagt, und so verließen wir als Letzte das Flugzeug. Die vertrauten Gänge des Riemer Flughafens erschienen mir kalt und feindlich zu sein. Ich bekam in meinem leichten Savile-Row-Maßanzug eine Gänsehaut. Eine mir unbekannte Leere machte sich in mir breit, als wir die Ankunftshalle betraten. Ich sah, dass an jeder Passkontrollkabine zwei Polizisten standen, die alle gespannt jeden der ankommenden Passagiere musterten. Als einer von ihnen Martino und mich erblickte, griff er zu seinem Funkgerät und sprach hinein.

Ich meinte, irgendetwas sagen zu müssen.

»Richtig großer Bahnhof, was?«

Martino legte seine Hand auf meinen Arm.

»Was jetzt kommt, ist alles andere als angenehm. Aber ich werde bei Ihnen bleiben und besuche Sie sofort, wenn Sie nach Stadelheim gebracht worden sind«, murmelte er mir zu.

Ich schaute ihn verwundert an. Wovon redete er? In einem Glasbüro hinter der Passkontrolle sah ich jetzt Viktoria und meine Schwiegermutter. Bei ihnen standen drei mir unbekannte Männer und eine unscheinbar wirkende Frau mit kurzem Haar. Ich winkte Viktoria zu, doch sie winkte nicht zurück.

Wir erreichten die Passkontrolle. Einer der beiden Polizisten trat auf mich zu und fragte freundlich: »Sind Sie Herr Woitzig?«

Ich nickte.

»Dann kommen Sie bitte mit, Sie werden erwartet.«

Er geleitete uns zu dem Glasbüro, öffnete die Tür, ließ uns eintreten und stellte sich mit dem Rücken zu uns gewandt davor.

Ich ging auf meine Frau zu und umarmte sie.

»Mach dir keine Sorgen, ich kriege das in den Griff. Das ist bald alles aufgeklärt und dann machen wir uns ein herrliches Leben«, flüsterte ich ihr zu. Sie sah mich nur verständnislos an und sagte kein Wort.

»Wahrscheinlich hat sie Beruhigungstabletten genommen«, dachte ich.

Da trat zum ersten Mal die Oberkommissarin in mein Leben.

»So, das reicht jetzt«, drang ihre kalte Stimme an mein Ohr. »Herr Woitzig, Sie sind hiermit vorläufig festgenommen. Nehmen Sie ihn mit nach nebenan und durchsuchen Sie ihn!«, befahl sie den drei neben ihr stehenden Beamten.

Einer von ihnen nahm mich am Arm und sie führten mich in ein angrenzendes Büro. Während sie mich routiniert abtasteten, sah ich aus den Augenwinkeln, wie Martino zu meiner Frau und zu meiner Schwiegermutter trat und auf sie einredete. Ich hoffte, er würde sie beruhigen, doch ich sah, wie Viktoria ein Taschentuch aus ihrer Manteltasche zog und sich heftig die Nase schnäuzte.

»Leeren Sie bitte Ihre Taschen und legen Sie alle Gegenstände, die Sie mit sich führen, hier auf den Tisch. Dann drehen Sie sich bitte um und nehmen die Hände hoch«, befahl mir einer der Beamten. Ich gehorchte und leerte meine Taschen. Dann wurde ich noch einmal von Kopf bis Fuß abgetastet.

»Er ist sauber«, sagte der Beamte, der mich gescannt hatte.

»Müssen wir Ihnen Handschellen anlegen oder bleiben Sie vernünftig?«, fragte mich der zweite Beamte.

»Verzichten Sie auf die Handschellen. Ich möchte meiner Frau den Anblick ersparen, sie ist sowieso mit den Nerven fertig«, erwiderte ich.

»Entscheiden wird letztendlich die Frau Oberkommissarin«, meinte der dritte Beamte, »ich gehe sie mal fragen.«

Er ging ins Nebenzimmer und sprach kurz mit der kleinen Frau, die die ganze Zeit mit meiner Schwiegermutter geredet hatte. Ich sah, wie sie nickte. Der Beamte kam zurück und sagte: »Okay, keine Handschellen. Also, gehen wir!«

Sie umringten mich und führten mich zum Ausgang der Ankunftshalle, wo drei Polizeiautos abgestellt waren. Sie öffneten die linke Hintertür des in der Mitte geparkten Wagens und ließen mich einsteigen.

»Bitte rutschen Sie bis zur Mitte durch, wir müssen uns neben Sie setzen, weil die Frau Oberkommissarin auch noch mitfahren will.«

Ich folgte gehorsam und zwei Beamte pflanzten sich links und rechts von mir auf die Rückbank. Der dritte setzte sich ans Steuer. Nach ein paar Minuten kam die Oberkommissarin und ließ sich auf den Beifahrersitz fallen.

»Fahren wir zur Ettstraße.«

Der Fahrer ließ den Motor an. Auch die anderen beiden Polizeiwagen starteten. Im Dreierkonvoi verließen wir das Flughafengelände und bogen in die Zubringerautobahn von Riem nach München ein. Es war einer dieser klaren bayerischen Herbsttage. München wurde in warmes Sonnenlicht getaucht und die Blätter der Bäume am Straßenrand leuchteten in allen Farben des Regenbogens. Als wir am Prinzregententheater, dem Feinkosthaus Käfer, einem meiner Lieblingsrestaurants, und am Friedensengel vorbeifuhren und ich von dort über die Isar und die Dächer der Stadt hinwegblicken konnte, entschlüpfte mir ein »Mein Gott, wie schön München ist.«

»Es wird einige Zeit dauern, bis Sie diese Stadt wieder allein betreten werden«, meinte die Oberkommissarin bissig.

Ich zuckte zusammen. Diesen Ton hatte ich nicht erwartet. Erst viele Monate später, als ich wegen einer Vernehmung einmal in ihr Büro gebracht wurde, sollte ich begreifen, warum sie so schlecht auf mich zu sprechen war. Ihr etwa zwanzig Quadratmeter großes Zimmer war vollgestopft mit allen Akten, Disketten und Unterlagen, die sie anlässlich diverser Hausdurchsuchungen aus unserem tausendvierhundert Quadratmeter großen Bürohaus herausgeholt hatten. Sie war durch diese Akten tagtäglich derart beengt, dass sie kaum ihren Schreibtischstuhl bewegen konnte. Erst dann konnte ich ihren Zorn auf mich verstehen. Doch soweit war es jetzt noch lange nicht.

Nach einer ruhigen Fahrt erreichten wir das Polizeipräsidium in der Ettstraße. Wir stiegen aus. Ich wurde durch ein Labyrinth von linoleumbelegten, grün-weiß gestrichenen Gängen treppauf, treppab durch das riesige Gebäude geführt. Bis wir endlich an eine massive Holztür gelangten, über die in altdeutscher Schrift das Wort »Haftanstalt« an die Wand gepinselt war. Wieder fröstelte es mich. Einer der mich begleitenden Beamten drückte auf einen Klingelknopf. Die Tür öffnete sich. Mit sanftem Druck schob mich eine Hand auf meiner Schulter vorwärts. Ich betrat eine andere Welt.

In dem Augenblick, wo ich die Schwelle überschritt, verlor ich meine Selbstbestimmung. Von da an wurde ich höflich, aber bestimmt, sukzessive immer weiter entmündigt. Der grün gekleidete Justizbeamte, der die Tür aufgesperrt hatte, nahm mich in Empfang und dann ging es los.

»Bitte folgen Sie mir! Bitte geben Sie mir Ihren Gürtel und Ihre Schnürsenkel! Bitte setzen Sie sich auf den Stuhl! Bitte blicken Sie in die Kamera! Bitte geben Sie mir Ihren Zeigefinger! Bitte legen Sie Ihren Zeigefinger jetzt auf das Stempelkissen! Bitte gehen Sie in Ihren Haftraum!«

Diese ständige Kombination des Wortes »Bitte« mit unerbittlichen Befehlen machte mich verrückt. Ich hatte aus guten Gründen den Wehrdienst verweigert, weil ich mein Leben lang allergisch auf Anordnungen, Zwänge und Befehle reagiert hatte. Jetzt wurde ich im Verlauf von ein paar Minuten mehr bevormundet und gegängelt als in meinem gesamten bisherigen Leben. Ich hatte keine Ahnung, dass es um die brutale Zertrümmerung meines mächtig aufgeblähten Egos ging, die gerade begonnen hatte …

Ein Beamter führte mich nach Abschluss der polizeilichen Erkennungsmaßnahmen in einen Haftraum und schloss die Tür hinter mir. Ich hörte das metallische Klirren des Schlüssels, als er zusperrte. Dann war ich allein.

Ich sah mich fassungslos um. Die Zelle war etwa vierzig Quadratmeter groß und mit sechzehn Holzpritschen möbliert, die an den Wänden hochgeklappt waren. Eine verschissene Toilette ohne Klobrille befand sich direkt neben einem schwarzverdreckten Waschbecken, über dem ein rostiges Bleirohr aus der Wand ragte neben dem ein Druckknopf eingelassen war, der meine Neugier weckte. Ich drückte ihn, doch es kam kein Wasser. Später erfuhr ich, dass dazu ein Beamter erst einen Hahn auf der Flurseite der Zellenwand aufdrehen musste.

Unter der Decke gab es ein kleines Fenster mit Milchglasscheiben, das nur mit einem Klimmzug zu erreichen war. Das war mir zu mühsam. Ich fühlte mich unendlich erschöpft, klappte eine der Holzpritschen herunter und legte mich darauf. Mein müde gewordener Geist verabschiedete sich und ich schlief ein.

Irgendwann wurde ich durch Schlüsselgeräusche und das Knarzen der sich öffnenden Tür geweckt.

»Sie bekommen Gesellschaft, Herr Woitzig«, rief ein Beamter.

Ein mürrisch dreinblickender, gut aussehender Endzwanziger betrat die Zelle. Der Beamte schloss die Tür und ließ uns allein. Der Neuankömmling klappte eine der Liegen herunter, setzte sich und bot mir eine Zigarette an. Ich lehnte dankend ab. Unaufgefordert fing er an, mir seine Geschichte zu erzählen, die mich sofort in den Knastalltag und seine Erlebnisse mit der Exekutive katapultierte.

»Ich arbeite mit der Sonderfahndung zusammen«, begann er, »aber jetzt haben mich diese Trottel vom Einbruchsdezernat verhaftet. Dabei habe ich doch nur gemacht, was wir verabredet hatten …«

Ich verstand überhaupt nichts. Ich war auch viel zu sehr mit mir beschäftigt, als dass ich mir über diese nebulösen Aussagen Gedanken machte. Ich hätte es allerdings besser tun sollen. Wie ich nämlich ein paar Wochen später erfuhr, war seine Verhaftung eine inszenierte Geschichte. Die Kripo hatte meinen Zellengenossen als verdeckten Ermittler auf zwei verdächtige Jugendliche angesetzt, die er als Agent Provokateur erfolgreich zu einem

Safe-Diebstahl überredete, zu dessen Gelingen die Polizeibeamten beitrugen, indem sie dafür sorgten, dass kein Wachpersonal im Haus war. Mein Zellengenosse machte allerdings einen Fehler beim Abtransport des Safes. Die beiden Jungs trauten ihm wohl doch nicht hundertprozentig und schlugen ihm deshalb nach dem Verladen des Safes in ihren VW-Bus vor, zu einem Treffpunkt vorauszufahren. Während er dort auf sie wartete, ließen sie den Safe verschwinden. Die beiden wurden als Tatverdächtige verhaftet, aber es fehlte der letzte Beweis: die Beute. Deshalb hatte man ihn verhaftet, um ihn in Stadelheim in dieselbe Abteilung wie seine beiden Mittäter zu verlegen, damit er Gelegenheit bekäme, sie nach dem Versteck des Safes auszufragen. Tatsächlich war seine Verhaftung den Jungs Beweis genug, um ihm zu vertrauen. Und so beschrieben sie ihm nicht nur das Versteck des Safes, sondern erzählten ihm von weiteren Einbrüchen, die sie begangen hatten und von denen die Polizei noch gar nichts wusste. Sie wurden starr vor Entsetzen und Wut, als ihr »Komplize«, der sie noch am Vorabend mit den besten Wünschen in ihre Zellen verabschiedet und ihnen einen Freispruch Mangels an Beweisen prognostiziert hatte, während ihrer Hauptverhandlung plötzlich in den Zeugenstand trat und alles, was sie ihm anvertraut hatten, unter Eid aussagte.

Wegen einer Vernehmung befand ich mich an dem Tag ihres Prozesses ebenfalls in einer der Wartezellen des Gerichtsgebäudes, in die auch der V-Mann gebracht wurde, nachdem er seine Zeugenaussage gemacht hatte. Damals war mir völlig unverständlich, wieso er meine freundliche Begrüßung ignorierte, vor Aufregung schwitzte, eine Zigarette nach der anderen rauchte und wie ein gehetztes Tier in dem winzigen Raum hin und her lief, als der Zeitpunkt der Abfahrt des Busses, der uns nach Stadelheim zurückbringen sollte, immer näher rückte. Er machte buchstäblich einen Luftsprung, als sich plötzlich die Tür öffnete und ihm zu meiner Verblüffung ein Beamter mitteilte, er solle mitkommen, weil er sofort entlassen würde. »Ciao Bello«, rief er mir freudestrahlend zu, bevor sich die Tür hinter ihm schloss. Als ich kurz darauf den Transportbus bestieg, traf ich die wegen seiner Aussage gerade zu je fünf Jahren verurteilten beiden Jungs, die mir alles berichteten. Sie hätten ihn wahrscheinlich sofort totgeschlagen, wenn er in den Bus eingestiegen wäre, einen solchen Hass hatten sie auf ihn.

Von all dem hatte ich bei unserer Begegnung in der Sammelzelle nicht die geringste Ahnung. Verwundert sah ich ihm zu, wie er sich von seiner Liege erhob, sich geschickt zum Fenster hochschwang, in die Fensterausbuchtung zwängte und stumm in den Himmel sah. Nach einiger Zeit begann er plötzlich leise zu singen.

»Einer ist immer das Bummerl, einer muss immer verlieren, ich war noch niemals das Bummerl …«

Ich konnte nicht glauben, was ich da hörte, und musste lächeln. »Bist du Österreicher?«, fragte ich ihn.

Er verneinte. Dann erzählte er mir von seinem Leben als professioneller Backgammonspieler. Schließlich fragte er mich, wie ich hieße. Als ich ihm meinen Namen nannte, der auf den Titelseiten fast jeder deutschen Zeitung stand, schaute er mich mit großen Augen an.

»Du armer Hund«, sagte er, »bei der Schadenssumme erwarten dich bestimmt fünfzehn Jahre oder mehr.«

Ungefragt berichtete er mir sofort von diversen Fällen, in denen es für weitaus weniger angerichteten Schaden acht Jahre und mehr gegeben hätte. Er schilderte mir ausführlich und fantasievoll die Details der katastrophalen Haftbedingungen in einem deutschen Hochsicherheitsgefängnis, in dem ich hundertprozentig landen würde.

Ich glaubte ihm jedes Wort. Völlig geschockt fragte ich ihn zaghaft nach den mir von Martino erklärten Straferlassen und Hafterleichterungen. Er lachte er nur höhnisch.

»Dein Anwalt arbeitet eng mit der Staatsanwaltschaft zusammen. Der hat dir das doch nur erzählt, um dich hierherzulocken. Wahrscheinlich hat er eine Riesenbelohnung für dich kassiert.«

Auch das glaubte ich ihm. Ich saß also komplett in der Falle. Auf einmal schien der einzige Ausweg Selbstmord zu sein. Während er weiter auf mich einredete, fing ich an, mir zu überlegen, wie ich mich am besten umbringen könnte. Ohne Gürtel, Schnürsenkel in dieser nackten, kalten Zelle sah ich aber keine Möglichkeit, schon gar nicht mit diesem Schwätzer als Mitbewohner. War das etwa alles Kalkül des Systems?

Wie auf ein Stichwort öffnete sich die Tür erneut.

»Herr Woitzig, Ihr Anwalt ist da. Bitte kommen Sie mit.«

Ich sprang von der Pritsche und folgte dem Beamten. Martino erwartete mich auf einem Holzstuhl sitzend in einem winzigen Glaskäfig, der mit einem Tisch und zwei Stühlen möbliert war. Ich sank erschöpft auf dem anderen Stuhl nieder und funkelte ihn wütend an.

»Bevor Sie jetzt etwas sagen, versichere ich Ihnen, dass das hier bald vorbei ist. Ich habe arrangiert, dass man Sie so schnell wie möglich nach Stadelheim bringt, wo Sie als Ersttäter im Neubau untergebracht werden. Der ist zwar nicht das Ritz, aber Sie haben dort den höchsten Komfort, den der bayerische Strafvollzug zu bieten hat.«

Ich schluckte meine heftige Tirade hinunter, die ich gerade loslassen wollte. Meine düstere Stimmung besserte sich.

»Wann komme ich aus dieser Hölle raus?«, fragte ich. »Das ist ja wie in den Folterzellen der Inquisition hier. Kein Wasser, kein Tageslicht, und dann dieses Geschwätz von irgendwelchen Verrückten …«

»Vermutlich morgen. Der Transport nach Stadelheim geht immer gegen sieben Uhr.«

Da man mir meine goldene Royal Oak abgenommen hatte, hatte ich keine Ahnung, wie spät es war. Ich fragte Martino. Es war fünfzehn Uhr. Ich seufzte. Also noch mindestens vierzehn Stunden in diesem Loch mit dem schwatzhaften Panikmacher. Merkwürdigerweise schien das plötzlich mein einziges Problem zu sein. Die drohende Straferwartung, die erschütterte Beziehung zu meiner Frau, meine Freunde, mein weiteres Leben, alles war vollkommen nebensächlich. Nur das Hier und Jetzt zählte, Zukunft und Vergangenheit waren unbedeutend. Das Rauskommen aus diesem Rattenloch war das einzig Wichtige.

»Ich bin übrigens gekommen, weil man Ihnen gleich den Haftbefehl eröffnen wird. Gleichzeitig ist das ein Haftprüfungstermin, das heißt, der Richter entscheidet, ob Sie in Haft bleiben oder freigelassen werden. Da wollte ich dabei sein.«

Hoffnung keimte in mir auf. Sollte es …?

»Da der Haftgrund Fluchtgefahr ist und der wegfällt, weil ich freiwillig aus dem Ausland zurückgekehrt bin, müssen sie mich doch freilassen, oder?«, fragte ich hoffnungsvoll.

Martino schaute mich skeptisch an.

»Im Prinzip schon. Doch wie ich Ihnen schon in Paris sagte, bei Ihnen gibt es zu viel Medienrummel. Sie kennen doch den alten Spruch: Vor Gericht und auf hoher See weiß man nie, wo man ankommt.«

Wenig später saß ich vor einem Richter, der mich nur kurz ansah und mir dann routiniert und teilnahmslos den zehnseitigen Haftbefehl vorlas.

»Der Beschuldigte Woitzig ist Geschäftsführer der in München, Oberföhringerstr. 24 ansässigen Firma WWS GmbH. Geschäftsgegenstand dieser Firma ist die Vermittlung von Kapitalanlagen und die Beratung in Vermögensangelegenheiten.

Ab dem Jahre 1978 bis zum Juli 1987 wandte sich der Beschuldigte an anlagewillige und kapitalstarke Kunden mit dem Versprechen, für sie gewinnträchtig Kapital in amerikanischen Wertpapieren wie Treasury Bills, Corporate Bonds, Aktien und anderen anzulegen und Optionen zu kaufen.

Im Glauben an die Versprechungen des Beschuldigten stellten zwischen Mitte des Jahres 1978 und Juli 1987 rund 380 Personen dem Beschuldigten etwa 192 Millionen D-Mark zur Verfügung, die dieser entgegen seinen Versprechungen und entsprechend vorgefasster Absicht nicht wie vereinbart zur Anlage brachte, sondern für die Fa. WWS GmbH verbrauchte oder für sich persönlich beiseiteschaffte. Der Beschuldigte handelte dabei aufgrund eines von vornherein auf gleichartige und wiederholte Tatbegehung gerichteten Beschlusses. Bis zum 8.7.87 hat die Fa. WWS GmbH an Anleger rund 146 Millionen D-Mark an Einlagen und angeblich erwirtschafteten Gewinnen zurückbezahlt. Diese Handlung ist mit Strafe bedroht nach PARA 263 Abs 1, 25 Abs. 2 StGB.

Der Beschuldigte Woitzig ist dieser Tat dringend verdächtig aufgrund der Angaben diverser Zeugen sowie aufgrund der beschlagnahmten Geschäftsunterlagen.

Gegen den Beschuldigten besteht der Haftgrund des PARA 112 Abs. 2 Nr. 1 StPO, da er geflohen ist und sich verborgen hält. Angesichts des erheblichen Schadensbetrages ist mit einer empfindlichen Freiheitsstrafe zu rechnen, sodass die Verhängung der Untersuchungshaft verhältnismäßig ist.«

Bei jedem Satz wollte ich »Das stimmt doch gar nicht!« rufen, doch wieder legte mir Martino beruhigend seine Hand auf den Arm. Nach Verlesen des Textes beantragte er, den Haftbefehl gegen eine Kaution außer Vollzug zu setzen.

Der Richter blickte ihn nur gelangweilt an. »Ihr Mandant hat bei der polizeilichen Erkennungsbehandlung angegeben, dass er fließend Englisch und Französisch spricht. Außerdem verfügt er über nicht unerhebliche finanzielle Mittel. Damit hat er die Möglichkeit, sich jederzeit im Ausland eine neue Existenz aufzubauen, sodass ich die Fluchtgefahr wegen der hohen Straferwartung als gegeben ansehe. Ich werde den Haftbefehl daher nicht außer Vollzug setzen. Ihr Mandant bleibt in Untersuchungshaft.«

Ich war fassungslos und schwieg betroffen. Zum ersten Mal wurde ich mit der eiskalten Rabulistik der Justiz konfrontiert und fühlte meine Ohnmacht.

»Können wir dagegen etwas unternehmen?«, fragte ich Martino, als wir den Gerichtsraum verlassen hatten und ich wieder klar denken konnte.

»In vierzehn Tagen können wir erneut eine Haftprüfung beantragen, in Stadelheim, da könnte es besser ausgehen«, erwiderte er. Mit dieser vagen Hoffnung und der Gewissheit, bald von hier wegzukommen, fühlte ich mich etwas erleichtert. Martino verabschiedete sich und versprach mir, mich sobald wie möglich in Stadelheim zu besuchen. Bis dahin wollte er auch bei der Staatsanwaltschaft Akteneinsicht beantragt haben. Als ich in meine Zelle zurückgebracht wurde, fühlte ich mich trotz allem schon deutlich besser.

Mein Zellengenosse gefiel sich weiterhin darin, mir ein Horrorszenario nach dem andern auszumalen, doch ich beschloss, ihn als Unterhaltungsmedium zu betrachten und gelassen mit seinen wilden Theorien umzugehen. Das Erscheinen von Martino hatte mein Vertrauen zu ihm wiederhergestellt. Ich sah einen Hoffnungsschimmer am Horizont. Vielleicht würde ich in vierzehn Tagen wieder ein freier Mann sein.

Nach einiger Zeit stellte mein Mitbewohner seine Monologe ein und ließ mich mit meinen Gedanken allein, die mich wie bösartige Affen aus jedem Winkel meines Gehirns ansprangen.

»Dein Leben ist vorbei! Wo du auch hinkommst, sie werden mit Fingern auf dich zeigen! Deine Frau wird dich verlassen! Deine Geschäftspartner und Kunden werden dich im Knast umbringen lassen!«

Ich geriet in Panik, sprang auf und drückte den Alarmknopf an der Wand.

»Was gibt es?«, brüllte eine Stimme unfreundlich.

»Kann ich eine Einzelzelle haben, bitte?«

»Das ist eine Notrufanlage! Wagen Sie es nicht noch einmal, ohne einen ernsthaften Grund diesen Knopf zu drücken. Sie sind hier nicht im Hotel!«

Ich konnte nicht wirklich lachen über den ernst gemeinten Witz und ließ mich erschöpft auf meiner Holzliege nieder. Aus den Augenwinkeln sah ich, dass mein Zellengenosse mich misstrauisch beobachtete. Verzweifelt schloss ich die Augen. Wie sollte ich die Nacht überstehen, ohne verrückt zu werden? Wieder und wieder schreckte ich hoch und lief auf und ab. Meine Gedanken rasten und ich konnte meinen Körper nicht ruhighalten. So aber konnte es nicht weitergehen. Ich musste zur Ruhe kommen! Erneut kehrte ich zu meiner Holzpritsche zurück. Müde schloss ich die Augen. Erstaunlicherweise begann nun der Film unserer Firmengeschichte vor meinem inneren Auge abzulaufen:

Während der Inquisition gab es die Theorie, dass Menschen ohne christlichen Glauben ein spirituelles Vakuum erzeugen und zu einem leeren Gefäß werden, in das Satan oder dämonische Wesenheiten eindringen und die Herrschaft über sie übernehmen. Weil ich die Lehren des Christentums anzweifelte und der Glaube für mich keine Rolle spielte, befand ich mich vielleicht tatsächlich in dieser Situation, als ich mit zweiunddreißig Jahren die Kanzlei eines Ingolstädter Notars verließ.

Ich stieg in meinen dunkelblauen 500er Daimler und nahm den Hörer meines Autotelefons in die Hand, das Mitte der achtziger Jahre des letzten Jahrhunderts noch zu den Luxusgegenständen gehörte, weil es zwölftausend D-Mark in der Anschaffung und fast zwei D-Mark pro Gebühreneinheit kostete. Geld spielte für mich keine Rolle mehr, das war im Überfluss vorhanden.

Ich wählte die Nummer eines ehemaligen Klassenkameraden, der immer ein besonders großes Lästermaul gewesen war und von dem ich wusste, dass er Kontakt zu meinen ehemaligen Freunden und Bekannten in Hattingen hatte. Ich wollte, dass sie alle von meinem beispiellosen Erfolg erfahren sollten.

Er meldete sich und ich sagte: »Rate mal, von wo ich dich anrufe?«

Als er schwieg, sagte ich: »Von einem Autotelefon.«

Er seufzte.

»Rate mal, in was für einem Auto ich gerade sitze?«

Wieder schwieg er.

»In einem Mercedes 500 SEC, dem Flaggschiff der Flotte.«

»Gratuliere!«, sagte er gepresst.

»Rate mal, woher ich gerade komme«, spielte ich mein Spiel weiter.

»Kein Ahnung«, antwortete er.

»Vom Notar«, sagte ich.

»Hast du Schwein dir etwa ein Haus gekauft?« rief er aufgebracht.

»Nein. Eine Bank!«, erwiderte ich.

»Was meinst du? Eine im Park oder auf dem Friedhof?«, fragte er ungläubig.

»Nein, du Trottel. Eine Privatbank mit Schalterhalle und Tresor. Die dir einen Kredit geben könnte, wenn du nicht so eine miserable Bonität hättest«, sagte ich triumphierend und legte auf.

Es stimmte. Ich hatte mir gerade die Mehrheit der Gesellschafteranteile einer altehrwürdigen Bank in Ingolstadt gekauft und war damit eine weitere Stufe auf meiner Erfolgsleiter hinaufgestiegen. Nachdem ich bereits geschäftsführender Gesellschafter eines inzwischen sehr erfolgreichen Brokerhauses und Gründungsgesellschafter eines privaten Fernsehsenders geworden war. Merkwürdigerweise musste ich an Simplizius Simplizissimus denken. Als er Schweinehirte im äußeren Leben war, hatte er in seinem inneren Leben die höchste Reinheit,

Ethik und Moral. Als er Feldmarschall wurde, war er innerlich völlig verkommen und verwahrlost. War es bei mir nicht ähnlich?

Vor meiner Heirat mit Viktoria hatte ich einen katholischen Priester getroffen, der mich wie vorgeschrieben auf das heilige Sakrileg der Ehe nach katholischem Ritus vorbereiten sollte. Nachdem ich ihn mit meinen zynischen Fragen immer wieder aus dem Konzept gebracht hatte, sah er mich ernst an.

»Sie sind mit allen Wassern gewaschen, nur nicht mit dem richtigen.«

Das brachte mich zum Nachdenken. Ich wusste, dass es vollkommen egal war, wer etwas zu mir sagte. Es war immer die Vorsehung, die Schöpfung, die zu mir sprach. Was meinte er mit dem richtigen Wasser? Das Weihwasser? Oder das der Taufe? Er wusste natürlich, dass ich evangelisch und nicht katholisch getauft worden war. Vermutlich meinte er beides. Aber die göttliche Botschaft ist nie offensichtlich. Auch hier steckte noch ein tieferer Sinn dahinter, der in seinen Worten verborgen war.

Meine Erinnerung führte mich weiter zurück. Es war der Klang einer kleinen Glocke, der mich zusammenzucken und aufwachen ließ. Ich lag im Hafen von Epidaurus an Deck einer Zweiundvierzig-Meter-Benetti-Yacht, dem Rolls Royce unter den Booten, die einem meiner griechischen Geschäftsfreunde gehörte. Links und rechts von mir schliefen meine zweite Frau Viktoria und Rose, die Schwiegertochter des Inhabers eines der größten Konzerne Deutschlands, mit denen ich am Vorabend die Generalprobe des griechischen Nationaltheaters von *Antigone* im hiesigen Amphitheater angesehen hatte. Ein ungeheuer beindruckendes Erlebnis, das klassische Werk auf derselben Bühne, deren Kulisse nur aus drei Olivenbäumen und dem Sternenhimmel bestand, wie vor über zweitausend Jahren zu erleben. Natürlich nicht nur wir drei. Wir waren Gäste der

Tochter von John Latsis, einer der reichsten Männer der Welt. Ihre beiden Schiffe, die neben uns vertäut waren, ließen unser absolutes Luxusboot wie ein Spielzeug aussehen. Latsis hatte seiner Tochter zu ihrem achtzehnten Geburtstag ein Achtzig-Meter-Boot und zu ihrem einundzwanzigsten ein Einhundert-zwanzig-Meter-Boot geschenkt. Einfach so. Na ja, ein bisschen von dem Ehrgeiz getrieben, seine Konkurrenten Onassis und Niarchos zu übertreffen. All men are little boys, the only thing that differs is the price of their toys.

Nach der Theateraufführung, die erst kurz vor Mitternacht beendet gewesen war, waren wir und die anderen sechzig Gäste mit dem extra bereitgestellten Bus zu dem Einhundert-zwanzig-Meter-Boot gefahren worden und hatten dort in einem Speisesaal, der dem der Titanic nachempfunden war, ein köstliches Dreisterne-Menü gegessen. Danach tanzten wir bis in den frühen Morgenstunden auf Deck.

Als ich in einer Tanzpause mit Rose und meiner Frau auf den mit Walvorhaut bezogenen Barhockern saß und ihr erzählte, dass wir am nächsten Abend zum Staatsempfang des deutschen Bundespräsidenten in Athen eingeladen wären, fragte sie mich:

»Sag mal, wie machst du das? So locker überall dabei zu sein, keinerlei Berührungsängste vor den Großen und Reichen dieser Welt zu haben?«

»Das liegt vermutlich daran, dass ich zwar in jedes Wasser springe und darin herumschwimme, mich aber nicht nass mache«, erwiderte ich. Das war in der Tat so. Ich stand quasi die ganze Zeit neben mir und schaute mir zu. Überrascht stellte ich immer wieder fest, dass es noch absurder und abwegiger ging, als ich es mir jemals hätte erträumen können. Das gesamte Spiel um großes Geld war nichts als ein Theaterstück, in dem die Protagonisten mehr oder weniger gute Schauspieler waren. Die schlechten wurden sofort enttarnt und von der Bühne gejagt, bei den guten dauerte es etwas länger. Über Wohl und Wehe entschieden letztendlich Repräsentanten von über Jahrhunderten gewachsenen Dynastien, die überall da auftauchten, wo sich jemand in die Nähe von Reichtum und Macht gekämpft hatte. Auch bei uns standen sie vermutlich schon vor der Tür.

Wieder schlug die Glocke und riss mich aus meinen Gedanken. Ich fühlte das leichte Zittern des Schiffsrumpfes. Wir liefen aus. Da trat auch schon der Eigentümer des Schiffes zu uns.

»Guten Morgen, meine Lieben. Gute Idee, an Deck zu schlafen. Hätte ich auch machen sollen. Kommt, das Frühstück ist serviert.«

Wir standen auf und gingen an den reich gedeckten Tisch.

Mein ans Universum gesandter Wunsch hatte meine aberwitzige Idee von einem Hollywood-Lebensstil wahr werden lassen. Heute Abend würde ich den Staatsempfang besuchen und morgen weiter fliegen zu meinem Büro in Monte Carlo. Am Wochenende hatte ich eine Einladung zu der Party eines Zürcher Großverlegers, zu der die Haute Volée von Zürich erscheinen würde. Erst Sonntagabend würde ich wieder in meinem Haus in Grünwald sein, das im Grunde fast überflüssig war, weil ich dort so gut wie nie schlief. Ständig übernachtete ich in einer Suite eines der 5-Sterne-Hotels dieser Welt. Merkwürdigerweise ging mir der sterile Luxus ganz schön auf den Wecker. Nie zuvor hatte ich mich so einsam gefühlt wie in den für eine Nacht gemieteten, mit wertvollem Mobiliar vollgestellten Räumen, die überall auf der Welt gleich aussahen.

Jedes Mal, wenn ich von einem solchen Trip nach München kam, lud ich als Erstes meine Frau und unsere beiden Hunde in ein Auto und fuhr mit ihnen in die Berge, um mein inneres Gleichgewicht wiederherzustellen, das mein Eintauchen in diese Disneyworld ins Wanken gebracht hatte.

Auch diese Luxusyacht und der gestrige Abend waren irgendwie surreal. Ebenso wie das weiße Zelt, das ich zu dem Tennisturnier in Monte angemietet hatte und in dem ich mittags unsere wichtigsten Kunden bewirtete, bevor ich mit ihnen in unsere Loge neben der des Fürsten ging, um die Spiele zu beobachten. Boris kämpfte unter uns um jeden Punkt, während ich mit zwölf auserwählten Kunden pausenlos Champagner soff, den uns ein hinter uns stehender Lakai immer wieder in die ihm entgegengehaltenen Gläser füllte. Es war nicht der horrende Preis, den mich dieses Zelt inklusive Mittagessen und Schampus kostete, das zwischen dem der Lufthansa und dem von Mercedes aufgebaut war und über dem unser Firmenlogo prangte, das kein Mensch kannte. Es war diese Mühe, jeden Tag die Rolle des charmanten Gastgebers zu spielen und mich mit Menschen unterhalten zu müssen, deren einziger Lebensinhalt das Geld war, die mich so nervte und an meine Substanz ging. Irgendwann kam die Sprache immer auf unsere aktuellen Aktivitäten an den US-Börsen. Ich hasste es, außerhalb des Büros darauf angesprochen zu werden, aber diese Typen dachten auch in so einem Umfeld nur an ihre Kohle. Genuss war ihnen ein Fremdwort. Mehr noch: Wehe, auf der fein eingedeckten Tafel vor unserem Zelt fehlten Pfeffer und Salz. Sofort wurde ein armer Kellner zusammengefaltet und ich Idiot solidarisierte mich auch noch mit ihnen, weil ich damals zu einem neurotischen Perfektionisten geworden war. Diese Verleugnung meines Selbst führte logischerweise zu einem Magengeschwür.

Im Laufe der Nacht wurde die Zelle mit dem Abschaum der Stadt gefüllt. Jeder verhaftete Penner wurde zu uns in die Zelle gebracht. Es war unmöglich zu schlafen, weil dauernd die Tür auf- und zugeschlossen wurde. Außerdem war diese Ansammlung von gescheiterten Existenzen, die teilweise stanken wie die Pest, schnarchten, furzten und sich im Suff vollpinkelten, alles andere als eine vertrauenserweckende Gesellschaft, in der ich hätte ein Auge zumachen können.

Mein Egozertrümmerungstrip erreichte seinen vorläufigen Höhepunkt, als mein schwatzhafter Backgammonmeister den anderen erzählte, wer ich sei. Daraufhin fingen sie sofort an, sich laut und rücksichtslos über meine zu erwartende Strafe zu unterhalten. Jeder hatte ein noch drastischeres Urteil für mich parat, das sie heftig untereinander diskutierten, wobei sie meine Anwesenheit nicht im Geringsten störte.

Aus irgendeinem Grund sprachen sie mich nie direkt an, sondern hielten respektvoll Abstand von meiner ganz in einer Ecke des Raumes liegenden Pritsche, die ich intuitiv ausgewählt hatte, als ich vor einer gefühlten Ewigkeit hier reingeführt worden war. Ich drehte ihnen den Rücken zu und tat, als ob ich schliefe, aber die von ihnen in den Raum gestellten Jahreszahlen ließen mich schaudern und verzweifeln.

Irgendwann öffnete sich wieder einmal die Zellentür. Längst hatte ich das Zeitgefühl verloren. Mein Geruchssinn war benebelt von dem bestialischen Gestank in dem Raum und meine Ohren merkwürdig taub. Wie durch Watte hörte ich ein barsches:

»So meine Herren, alle aufstehen! Sie werden nach Stadelheim gebracht.«

Für mich klang das, als ging es ins gelobte Land. Ich sprang auf. Kurz darauf gingen meine Zellengenossen und ich langsam hintereinander zu dem im Hof wartenden grünen Transportbus, einem Ford Transit mit schwarzverklebten Fenstern. Ich stieg als Letzter ein und musste mich unglücklicherweise neben den Backgammonprofi setzen, weil das der einzige noch freie Platz war.

»Jetzt geht die Scheiße richtig los«, flüsterte er mir ins Ohr.

Aber ich ließ mir meinen sich langsam wieder einstellenden Optimismus nicht verderben. Ich hatte das Gefühl, dass ich mit dem Verlassen dieser fürchterlichen Zelle im Polizeipräsidium den ersten Schritt zurück in die Freiheit getan hatte.

Nach einer kurzen Fahrt passierten wir das Schleusentor in Stadelheim. Wir verließen den Bus und zwei Beamte geleiteten uns, zahllose Gittertüren auf- und zusperrend, durch ein Gewirr von Gängen zu einer Wartezelle. Von dort wurden wir einer nach dem anderen zu einer ärztlichen Untersuchung geholt.

Dabei wurde ich abgetastet, geröntgt und man nahm mir Blut ab. Auf meine Frage, wozu das gut sei, erfuhr ich, dass ich einem HIV-Test unterzogen wurde. »Jetzt ein positives Ergebnis, das wär's«, dachte ich sarkastisch.

Anschließend führte man unseren verlorenen Haufen zur Bekleidungskammer. Dort händigte man mir einen Plastikkorb mit meiner Habe aus, die ich mir gar nicht erst ansah und dessen Erhalt ich blind quittierte. Dann brachte man uns in die Wartezelle zurück, wo ich nun seit geraumer Zeit ergeben auf mein weiteres Schicksal wartete.

Während ich diese Ereignisse vor meinem geistigen Auge hatte Revue passieren lassen, waren die anderen Neuankömmlinge nacheinander abgeholt und auf die verschiedenen Häuser verteilt worden, den so genannten Westbau, den Südbau und den Nordbau. Ich war allein in der Zelle und wollte mich gerade auf die Holzbank legen und etwas dösen, als die Tür aufgeschlossen wurde.

»Herr Woitzig, kommen Sie bitte mit, Sie kommen in den Neubau.«

Martinos Prophezeiung erfüllte sich.

Wieder lief ich durch lange graue Gänge und passierte in Begleitung des auf- und zuschließenden Uniformierten zahllose Gittertüren. Schließlich erreichten wir einen leuchtend gelb gestrichenen Gang mit einer Glastür am Ende. Der Anblick der freundlichen Farbe in diesen tristen Mauern tat mir gut. Der Beamte öffnete die Tür mit dem Sicherheitsglas und wir betraten ein lichtdurchflutetes Gebäude mit vielen Grünpflanzen.

Ich blickte in einen sauberen, in Gelborange bemalten Gang, von dem links und rechts hellbraun gestrichene Eisentüren abgingen. »Das ist also dein neues Zuhause«, dachte ich. Auf einer riesigen Uhr in der Mitte des Ganges sah ich, dass es genau 16.30 Uhr war. Zeit scheint hier eine große Bedeutung zu haben, schoss mir durch den Kopf. Es herrschte vollkommene Stille, aus den Zellen drang kein Geräusch. In einem Glasbüro neben der von uns gerade passierten Tür saßen zwei junge Beamte.

»Auf Sie haben wir schon gewartet, Herr Woitzig«, begrüßte mich der eine grinsend und zeigte mir die fette Schlagzeile der Abendzeitung, die meine gestrige Verhaftung verkündete. Ein altes Foto von mir prangte direkt daneben.

»In Wirklichkeit sehen Sie aber viel besser aus«, sagte sein Partner, wobei ich keine Ahnung hatte, ob er das spöttisch meinte. Doch mein Ego fühlte sich gebauchpinselt und nutzte seine Chance.

»Darf ich bitte duschen? Ich bin seit zwei Tagen in diesen Klamotten unterwegs und habe letzte Nacht in der fürchterlichen Ettstraße verbracht.«

Im selben Moment wurde die Egozertrümmerungsmaschine wieder angeworfen.

»Duschen? Duschen ist bei uns montags und donnerstags. Heute geht gar nichts mehr. Ich bringe Sie jetzt in Ihre Zelle. Kommen Sie bitte mit!«

Die Antwort traf mich hart. Dieser Schnösel wagte es, mir einen höflichen Wunsch abzuschlagen? Ausgerechnet mir, der – wie die Frau meines Partners immer zu sagen pflegte – drei Firmen mit seiner linken Augenbraue führte, indem er nur durch deren leichtes Hochziehen signalisierte, dass er mit irgendetwas nicht einverstanden war, worauf jeder sofort einen Alternativvorschlag machte? Doch was sollte ich jetzt machen? Ihn ohrfeigen? Ich seufzte innerlich und ließ mich in meine Zelle führen. Sie lag auf der der Sonne abgewandten Seite des Ganges und in ihr war es schon fast dunkel. Da im September in Stadelheim noch nicht geheizt wurde, war es unangenehm kalt und mich fröstelte in meinem dünnen Sommeranzug. Als der Beamte die Tür hinter mir zusperrte, entdeckte ich ein Fenster in Kopfhöhe, dessen Flügel sich weit öffnen ließen. Ich ließ frische Luft in den muffigen Raum und stellte mich ans geöffnete Fenster. Durch die Gitterstäbe blickte ich in einen Hof mit Sitzbänken, Bäumen und Büschen, der von einer Werkhalle begrenzt wurde, die blauweiß angestrichen war. Die langsam untergehende Sonne beschien eine Vielzahl von Tauben und Möwen, die eifrig die ihnen aus den Zellen zugeworfenen Brotreste aufpickten. Ich beobachtete sie eine Zeitlang und dachte dabei an die Möwen, die wir auf den Yachten meiner Reederfreunde in der Ägäis gefüttert hatten.

Der Gedanke stimmte mich melancholisch. Ich drehte mich um und betrachtete die Einrichtung meiner Zelle. Im Unterschied zur Ettstraße war das ganze Mobiliar nicht eingemauert oder festgeschraubt. Es bestand aus einem Bett mit einer Schaumstoffmatratze und einem Kopfkeil, einem Kleiderschrank, einem Wandregal, einem Tisch und einem Stuhl. Die Toilette und das Waschbecken waren abgeteilt. Alles wirkte sauber, fast steril. Ich ging in die winzige Toilettenkabine und drehte den Wasserhahn auf. Es gab nur kaltes Wasser, doch im Unterschied zur letzten Nacht konnte ich es selbst auf- und zudrehen. Durstig suchte ich mir aus meiner Habe einen Plastikbecher, füllte ihn und trank ihn drei Mal hintereinander leer. Ich wusch mir das Gesicht, was mich etwas erfrischte. Es war noch nicht einmal 17 Uhr, und es begann eine lange Nacht, vor der es mir graute. Denn ich war nicht wirklich müde, weil meine Nerven aufs Äußerste angespannt waren. Ich wusste nicht, wie ich die Zeit herumbekommen sollte, und fürchtete mich vor meinen Gedanken. Erschöpft ließ ich mich auf der Matratze nieder und deckte mich mit einer rauen, dunkelbraunen Filzdecke aus meinem Korb zu. Ich hatte keine Lust, das Bett mit dem mir ausgehändigtem blau-weißkarierten Bettzeug zu beziehen, solange ich ungeduscht war. Mein Kopf ruhte auf dem Kopfkeil aus hartem Schaumstoff. »Besser als die Holzpritsche gestern Nacht«, dachte ich.

Aber ich fragte mich, wie ich diese Situation aushalten und überleben sollte. Ohne Kommunikationsmittel, abgeschnitten von meiner Frau und dem Rest der Gesellschaft, in einer kargen Zelle liegend, ohne Fernseher, Bücher und Zeitungen. Ich untersuchte die nackte weiße Wand gegenüber von meinem Bett und entdeckte einen Lautsprecher mit zwei Drehknöpfen. Als ich den Knopf mit dem Lautsprechersymbol drehte, ertönte Popmusik. Mit dem anderen Regler konnte ich zwischen verschiedenen Radioprogrammen wählen. Ich fand einen Klassiksender. Eine Mozart-Symphonie erklang. Die wunderbare Musik beruhigte mich ein wenig, und ich fing an, die in die Wand gekritzelten Inschriften zu lesen.

»Zwischen Mützenrand und Nasenbein passt immer noch ein Pflasterstein«, las ich und war erheitert. Auch der Spruch: »Gott schuf Mensch und Elefanten und ganz zum Schluss den Justizbeamten«, brachte mich zum Lächeln. Doch dann dachte ich zurück an den erst ein paar Wochen zurückliegenden Staatsempfang in Athen und ich begriff, dass ich von den Höhen des Olymp in ein tiefes Loch geworfen worden war. Mich überkam die erste Depression meines Lebens. Ich sank auf mein Bett und weinte, bis mein leises Schluchzen irgendwann in einen unruhigen Dämmerschlaf überging, in dem ich immer wieder Bilder aus meinem Leben vor mir auftauchen sah:

< < <

Es hatte ein unglaublicher Tanz auf dem Drahtseil begonnen. Das allerdings aus purem Luxus bestand. Allerdings nur zu ausgesuchten Gelegenheiten. In Monte Carlo waren das der Balle de Rose und der Rotkreuzball, zu denen wir standesgemäß in unserem Rolls Royce vorfuhren, wobei ich mich lächelnd, aber innerlich kopfschüttelnd beobachtete, wie mühelos ich den Gang über den roten Teppich und das Blitzlichtgewitter der Fotografen über mich ergehen ließ. Sie hatten zwar keine Ahnung, wer ich war, doch Viktoria und ich waren ein sehr fotogenes Paar.

Anschließend tanzten wir im Casino des Sporting Club Standardtänze und später im Garten der weltberühmten Disco »Jimmiz« Freestyle. Diese Momente waren Genuss pur. Die Wangen Viktorias glühten und ihre Augen blitzten vor Freude. Sie konnte das alles unbeschwert genießen. Irgendwann im Laufe der Nacht steckte sie mich an und ich vergaß die Last auf meiner Seele. Dann wurde es gigantisch. Umringt von der Jeunesse Dorée Europas, den schönsten Frauen der Welt in den fantasievollsten Abendkleidern im Smoking wild unter dem klaren Nachthimmel Monte Carlos zu tanzen, das ließ meinen Geist zu den Sternen davonfliegen. Wir tanzten die ganze Nacht. Zum Ausklang des Balls fuhren wir mit unserem Rolli bei Sonnenaufgang zu einer Spelunke im Hafen und hauten uns in unserer eleganten Abendgarderobe inmitten der frühstückenden Hafenarbeiter scharfe Spaghetti rein. Das hatte was und erdete mich wieder.

Jede Woche saß ich im Flugzeug. Kreuz und quer um die Welt. Irgendwo wartete immer ein potenzieller Anleger auf mich, den mir ein Kunde oder ein Mitarbeiter vermittelt hatte. Da ich perfekt Englisch sprach, war es mein Job, ihn zu überzeugen. Wie Mario in Marbella. Er war mir von Angelo, meinem Direktor unserer Monte-Carlo-Firma, empfohlen worden. Angelo lebte in Marbella und begleitete mich zu ihm. Wir flogen an einem Sonntag. Mario ließ uns am Flughafen mit zwei Rolls Royce abholen, einen für uns, einen für unser Gepäck.

Sie fuhren uns zu einem Haus in den Hügeln oberhalb des Ortes, das aussah wie ein maurischer Palast. Es war schneeweiß, riesengroß und hatte an jeder Ecke vier Türme mit Zinnen. Auf jedem Turm stand ein schwarzgekleideter Typ mit einer Maschinenpistole.

Mario entsprach den Dimensionen seines Hauses. Er war fast zwei Meter groß und wog locker zwei Zentner. Ein Bulle von einem Mann, der lustigerweise mit einer schüchternen Zwergin verheiratet war, die ihm kaum bis zum Bauchnabel reichte. Sie saß die ganze Zeit schweigend neben ihm. Ein kleiner Wink seines Fingers reichte aus, um sie aufstehen und Kaffee und Gebäck holen zu lassen. Oder ihm sonst eine Gefälligkeit zu erweisen. Sie verständigten sich wortlos. Die Zwergin war seine perfekte Sklavin. Mario behandelte sie auch so. Versehentlich ließ sie einen Teelöffel fallen, als sie mir eine Tasse hinstellte. Er warf ihr seinen an den Kopf. Als sie weinend das Zimmer verließ, sagte er ohne eine Miene zu verziehen: »The bad comes with the good – das Schlechte kommt mit dem Guten.«

Pausenlos hing er an seinem Telefon, einem damals sehr seltenen und sündteurem Kastenhandy, das er nie aus seiner Pranke ließ. Er telefonierte ununterbrochen mit Brokern in der ganzen Welt, hörte ihnen zu und gab dann Kauf- und Verkaufsaufträge. Den ganzen Tag handelte er mit Millionen.

Beim Abendessen stellte er sein Handy endlich auf den Boden und nahm sich Zeit für mich. Kurz und knapp fragte er mich nach unseren Konditionen. Ich bot ihm eine Fünfzigprozentige Beleihung von Aktien an und er war begeistert. Er sagte, dass er bei uns ein Konto in Höhe von zwölf Millionen US-Dollar eröffnen und nur Aktien handeln würde. Ob er also Aktien für vierundzwanzig Millionen kaufen könne? Jetzt war ich begeistert und sagte zu. Dann fragte er mich, ob ich ihm bei einem bestimmten Umsatz besondere Konditionen bei unseren Kommissionen geben könnte. Ich rechnete blitzschnell im Kopf und nickte. Ich machte ihm ein Angebot und er war einverstanden. Er fragte, ob er schon morgen anfangen könne zu handeln. Das Geld könne allerdings erst am Wochenende zur Verfügung gestellt werden. Ich sah kurz Angelo an. Er nickte unmerklich. Also sagte ich auch das zu und gab Mario die Nummern unserer Tradingdesks in New York, München und Monte Carlo. Dann rief ich meinen Buchhalter in New York an und ließ mir eine Kontonummer geben. Ich sagte ihm, dass ab morgen mit zwölf Millionen US-Dollar auf dem Konto gehandelt werden dürfe, gab Mario seine Kontonummer und verabschiedete mich.

Wir übernachteten in Angelos Haus, wo wir den Deal in seinem Garten mit einer Flasche Schampus feierten. Am Montagmittag flogen wir nach London zu einem weiteren Termin. Kaum waren wir dort gelandet und hatten im Hotel eingecheckt, erhielt ich einen Anruf aus New York.

»Uwe, dein neuer Kunde aus Marbella hat für acht Millionen Penny Stocks gekauft. Wir haben die Orders ausgeführt.«

Zwei weitere Anrufe aus München und Monte Carlo folgten. Auch dort hatte Mario für je acht Millionen gekauft. Wir hatten also jetzt Penny Stocks für vierundzwanzig Millionen Dollar an der Backe und noch keinen Cent im Haus.

»Wenn Mario nicht zahlt, nehme ich dein Konto als Sicherheit«, sagte ich ruhig zu Angelo, der in der Bronx aufgewachsen war. Ein harter, aber fairer Junge. Er hatte etwa sieben Millionen Dollar bei uns eingezahlt. Aber nicht deswegen, sondern wegen seiner guten internationalen Kontakte zu schwerreichen Personen hatte ich ihn zum Direktor gemacht. Sein gebräuntes Gesicht wurde kreideweiß.

»Ist okay«, sagte er nach einer Sekunde des Nachdenkens, »aber Mario wird zahlen. Sein Wort gilt.«

Am nächsten Tag fielen die Kurse der von Mario gekauften Stocks dramatisch. Und es war erst Dienstag. Der Kursverfall ging die ganze Woche weiter. Am Freitag war sein Depot nur noch achtzehn Millionen Dollar wert, er hatte also sechs Millionen verloren.

Ich war inzwischen in München und rief Angelo in Monte Carlo an.

»Wenn am Montag das Geld nicht da ist, liquidiere ich das Konto und nehme dein Geld, um den Verlust zu bezahlen«, sagte ich.

Wenig später rief er mich zurück.

»Ich habe mit Mario gesprochen. Ich kann das Geld morgen in Genf in seiner Bank in cash abholen. Hast du eine Bank in der Schweiz, bei der ich es am Samstag einzahlen kann?«

Ich hatte und war sogar mit dem Direktor der Bank gut befreundet.

»Ich ruf dich zurück.«

Ich rief den Bankier an und fragte ihn, ob er ausnahmsweise morgen in die Bank kommen und eine Einzahlung von zwölf Millionen US-Dollar in cash entgegennehmen könne.

»In cash?«, fragte er ungläubig.

»Klar, ihr habt doch diese Zählmaschinen, das geht ruckzuck. Ich komme persönlich und helfe. Anschließend gehen wir essen. Ich lade dich ein.«

Er stimmte zu. Ich rief Angelo an, nannte ihm die Bank und sagte ihm, er solle um zwölf Uhr dort sein.

Am nächsten Tag saß er mir im holzgetäfelten Edelbüro meines Bankiers schweißüberströmt gegenüber, während nebenan die Zählmaschine ratterte.

»Weißt du, dass ich mir die letzten Stunden vor Angst fast in die Hosen geschissen habe? Mit zwei prall gefüllten Koffern voller Dollars im Zug von Genf nach Zürich zu fahren, das hat mich geschafft«, stammelte er und trank einen Whisky auf ex.

Etwa drei Wochen später rief er mich um drei Uhr nachts in Grünwald an. Schlaftrunken nahm ich den Hörer ab.

»Sie haben gerade Mario verhaftet«, hörte ich ihn sagen und war sofort hellwach. Ich ahnte, was kommen würde, noch bevor er es aussprach.

»Mario hat seiner Frau gesagt, sie soll sich das Geld auszahlen lassen. Du sollst alle seine Aktien verkaufen und es so schnell wie möglich bereitstellen. Ich soll es ihr dann bringen.«

Weil ich einen Teil von Marios Geld inzwischen verwurschtelt hatte, um Auszahlungen zu tätigen und Firmenunkosten zu bezahlen, musste ich unbedingt Zeit gewinnen.

»Er weiß, dass er einen riesigen Verlust machen wird«, fragte ich.

»Ja, weiß er. Ist ihm egal. Seine Frau soll genug cash haben, darum geht es ihm.«

Plötzlich hatte ich eine verwegene Idee.

»Okay, wir werden morgen bei Börsenbeginn alle seine Aktien verkaufen. Sag ihm, dass ich eine Million für uns abziehen werde. Wir haben einen Vertrag für ein Jahr gemacht und ich habe ihm nur deshalb die günstigen Konditionen gegeben, weil er mir den entsprechenden Umsatz zusicherte. Der fällt jetzt weg, also will ich eine Entschädigung.«

Ich hörte, wie er schluckte.

»Du weißt nicht, wie gefährlich er ist. Er wird dich umbringen lassen, wenn ich ihm das sage.«

»Nein, wird er nicht. Er wird es respektieren«, sagte ich, war mir aber keineswegs sicher.

Angelo schaffte es, ein paar Tage später Mario im Knast zu besuchen. Danach rief er mich an.

»Er hat getobt und gebrüllt, aber er hat zugestimmt«, sagte er.

Ich legte den Hörer auf und dachte in Ruhe nach. Was würde passieren, wenn wir das Geld einfach behielten? Es reichte aus, um unsere »Lücke« zu schließen. Damit stünde die Firma bombenfest da. Mario, der unter anderem in den Finanzskandal der

Vatikanbank verwickelt und ein in den USA gesuchter Bankräuber war, wie ich inzwischen wusste, würde jahrelang im Knast sitzen und nichts unternehmen können. Dann geschah etwas Merkwürdiges: Auf einmal tat mir die Zwergin leid. Sie hatte vermutlich jahrelang unter dem grobschlächtigen Gangster gelitten und jetzt würde sie auch noch mittellos dastehen. Ich beschloss, ihr das Geld zu geben. Irgendwie schaffte ich es, den zur Auszahlung fälligen Betrag abzüglich einer Million aufzutreiben und Angelo einen Scheck zu geben, den er der Zwergin brachte. Sie bedankte sich noch nicht einmal. Wozu auch? Sie hielt uns für eine Bank.

Doch es gab einen anderen »Dank«. Diese Auszahlung überzeugte Angelo nämlich endgültig von unserer Seriosität. Außerdem hatte er ein schlechtes Gewissen wegen des Mario-Theaters. Also vermittelte er uns einen anderen Kunden aus Marbella, der fünfzehn Millionen Dollar bei uns anlegte. Das Spiel konnte weitergehen.

Am nächsten Morgen wurde plötzlich die Tür aufgeschlossen. Ich schreckte aus meinem unruhigen Schlaf hoch und sah mich im Halbdunkel um. Ich hatte keine Ahnung mehr, wo ich war. Irgendjemand schrie: »Guten Morgen!«, und schloss wieder zu.

Ich war vollkommen verwirrt und döste orientierungslos vor mich hin. Dann passierte zunächst gar nichts mehr, bis die Tür wieder aufgeschlossen und aufgerissen wurde. Diesmal standen ein Beamter und zwei mit weißen Jacken bekleidete Gefangene vor der Tür.

»Komm her, hol dir dein Frühstück!«, sagte der eine grinsend. Er gab mir ein paar Scheiben Brot, Margarine und etwas Marmelade.

»Und hier ist dein Kaffee.« Der andere schenkte mir eine undefinierbare Brühe in meinen Plastikbecher ein. Dass sie mich duzten, störte mich merkwürdigerweise nicht.

Die Tür wurde wieder verschlossen. Ich versuchte einen Schluck zu trinken. Seit drei Tagen mein erstes Heißgetränk. Doch entsetzt spuckte ich die lauwarme, süßliche Brühe wieder aus. Ungenießbar!

War denn hier wirklich alles ohne jeden Geschmack, hart und unmenschlich? Das durfte doch nicht wahr sein! Wo war ich hier gelandet? Es konnte doch nicht mein geliebtes München sein, das mich noch nie enttäuscht hatte. Ich fand etwas Trost in diesem Gedanken und kauerte mich auf meinem Bett zusammen, das zu meinem »Point Blank«, dem »Ground Zero« meines Lebens geworden war. Dann hörte ich, wie alle Türen aufgeschlossen wurden und offen blieben. Auf dem Gang entstand Stimmengewirr. Ich vernahm durcheinander redende Männerstimmen, Fußgetrappel, Gelächter. Auch meine Tür wurde geöffnet. Zögernd trat ich heraus. Der Erste, den ich erblickte, war ein dicklicher, gemütlich aussehender Grauhaariger, der in einem hellgrauen Schlabberjogginganzug in seiner Zellentür direkt neben meiner stand. Seine klugen blauen Augen schauten mich schalkhaft durch dicke Brillengläser an.

»Hallo, Nachbar, na, wie war die erste Nacht?«, fragte er grinsend.

»Entsetzlich. Aber was ist jetzt los?«, fragte ich und deutete auf das Gewusel auf dem Gang.

»Jetzt ist Hofgang. Da kannst du eine Stunde lang im Kreis spazieren gehen.«

»Kommst du mit?«, fragte ich ihn, denn er machte einen intelligenten Eindruck und ich nahm keinerlei Aggression wahr.

»Ich gehe nie in den Hof. Du solltest es allerdings unbedingt machen. Dann erfährst du sofort, was hier los ist.«

Eine Stunde später wusste ich wirklich alles über die wesentlichen Dinge des Knastlebens. Ich erfuhr, dass ein Glas Nescafé im

Knastjargon »Bombe« und ein Päckchen Tabak »Koffer« genannt wird. Das ist die inoffizielle Knastwährung. Ein Haarschnitt kostete zum Beispiel einen »Koffer«. Vielleicht weil mich alle kannten, da jeder meine Geschichte in den Zeitungen verfolgt hatte, wurde ich immer wieder gefragt, was mir fehle und was ich gern haben würde. Am Ende des Hofganges brachten mir diverse Mitgefangene tatsächlich Nescafé, Milch, Käse, Butter, Brot, Obst und – ganz wichtig – einen Tauchsieder, außerdem einen Kugelschreiber und einen Schreibblock in meine Zelle. Ich sollte es ihnen beim nächsten Einkauf zurückgeben. Ich notierte mir sorgfältig, wer mir was gegeben hatte.

Doch als ich nach meinem ersten Einkauf die Sachen zurückgeben wollte, sagte mir jeder: »Behalt das Zeug und gib es einem armen Schwein, das nichts hat.« Zum ersten Mal erfuhr ich, was aktive Nächstenliebe bedeutet.

Mein Nachbar Otto, der Hofgangverweigerer, fragte mich, ob ich etwas zum Lesen haben möchte. Ich bejahte und er gab mir ein Buch über Zen-Buddhismus und den *Spiegel*.

»Woher hast du das?«, fragte ich erstaunt.

»Habe ich mir schicken lassen. Das geht hier. Musst du beantragen, wie alles andere auch. Willst du einen Bücherkatalog?«

Ich nickte begeistert.

Dann wurde das Mittagessen ausgeteilt und die Tür verschlossen. Ich stellte das mit undefinierbarem Essen gefüllte Blechgeschirr auf den Tisch und schaute auf mein Bett. In meine karge Zelle war etwas Wohlstand eingedrungen. Auf meinem Bett lagen Grundnahrungsmittel, die mich einigermaßen unabhängig machten von dem Fraß auf meinem Tisch, ein Buch, eine dicke Bücherliste der anstaltseigenen Bibliothek und der *Spiegel*. Als ich mir mit dem Tauchsieder zum ersten Mal eine Tasse Wasser heiß machte und darin meinen Nescafé auflöste, genoss ich jeden Schluck wie den feinsten Champagner. Es gelang mir tatsächlich, in dieser Umgebung mit geschlossenen Augen etwas intensiv zu genießen.

Ich ließ meine Begegnungen während des Hofgangs Revue passieren. Die Gespräche mit Millionenbetrügern, Bankräubern, Einbrechern und Autodieben hatten mir gefallen. Ich hatte hochintelligente Männer kennengelernt, die ihre spannenden Lebensgeschichten ohne falsche Scham humorvoll erzählten. Einige waren mir sofort sympathisch gewesen, aber leider war die Stunde Hofgang viel zu schnell vorbei, um länger mit ihnen zu sprechen.

Während ich meinen Kaffee schlürfte, sagte ich mir, dass meine Gespräche bei dem Staatsempfang in Athen nicht einmal ansatzweise so spannend und erheiternd gewesen waren wie meine gerade beim Hofgang geführten. Durchaus zufrieden ließ ich mich aufs Bett nieder und versank in einen Mittagsschlaf.

»Woitzig, du Schwein«, drang auf einmal eine sonore Stimme von draußen laut in mein Unterbewusstsein. Ich sprang entsetzt auf und ging ans Fenster. Direkt vor meinen Gittern stand ein knorriger Mittfünfziger, der mich wütend anschaute. Sein Gesicht kam mir irgendwie vertraut vor, doch ich konnte ihn nicht einordnen.

»Weißt du, wer ich bin?«, fragte er mich und sah plötzlich viel friedlicher aus.

»Tut mir leid, ich habe keine Ahnung. Wer bist du?«

»Ich bin Maximilian Trinker. Meine Alte war so blöd, meine letzten Ersparnisse bei euch zu investieren, als ich in den USA wegen Steuerhinterziehung im Knast saß. Ich bin zur Verhandlung hierhergeflogen worden. Meine einzige Hoffnung war meine bei euch gebunkerte Kohle, mit der ich es mir nach dem Knast gut gehen lassen wollte. Und dann lese ich eines Morgens auf dem Scheißhaus, dass du und dein Partner mit hundert Millionen abgehauen seid. Mein Gott, war ich sauer. Vor Wut habe ich meine Kaffeekanne an die Wand geknallt«, lamentierte er. »Doch wenn ich dich jetzt so sehe, tust du mir fast leid. Weißt du was, ich liege auch hier im Neubau, allerdings in der dritten Etage.

Am Wochenende haben wir gemeinsam Hofgang, dann werden wir uns mal ausführlich unterhalten. Bis dann.«

Und schon sah ich ihn davontraben und wild gestikulierend mit anderen Typen reden, die immer wieder grinsend zu mir herrüberblickten. Jahre später, wenn wir gemeinsam in Lech am Arlberg Ski fuhren, lachten wir immer noch über diese Form des Kennenlernens. Maximilian wurde schon bald zu einem echten Freund. Damals aber hatte er mich wirklich erschreckt.

»Auch das noch«, dachte ich, »jetzt sitzt hier zur Abrundung der Scheiße, in der du dich befindest, ein Kunde von uns ein, der alle anderen gegen dich aufhetzen wird. Bestimmt wird er ein paar Schläger auf dich ansetzen. Nur gut, dass es mein Partner war, der das Geschäft mit seiner Frau abgewickelt hat.«

Ich fing an, über meine Situation nachzudenken. Sie gefiel mir immer weniger. Ich saß in einem Käfig und war schutzlos allen Angriffen ausgeliefert. Irgendwelche Personen entschieden über mich, schon wurde die Tür aufgerissen und ich musste in Bruchteilen von Sekunden reagieren. Es gab keine Sekretärinnen, Angestellte oder Anwälte als Airbags oder Pufferzonen, nur die direkte Aktion und Reaktion, wobei meine Reaktion anscheinend ein ständiges Abnicken zu sein hatte.

Da die Tür willkürlich und ohne Voranmeldung aufgeschlossen werden konnte, gab es keine Chance, sich darauf vorzubereiten. Nicht genug damit, jetzt kamen auch noch Angriffe durch das Fenster herein, das Gott sei Dank vergittert war und dadurch etwas Schutz bot. Schutz? Zum ersten Mal tauchte dieses Wort in meinen Gedanken auf, doch ich vergaß es sofort wieder.

Ich schien zwar in einem stabilen und sicheren System zu sein, in Wirklichkeit stand ich aber auf extrem schwankendem Boden. Es sollte noch einige Zeit dauern, bis ich begriff, dass sich hier die alte Erkenntnis »die einzige Sicherheit ist die Unsicherheit« manifestiert hatte.

Wegen der Störung meines Mittagsschlafs war auch noch mein

Rhythmus völlig aus den Fugen geraten. Wie ein aufgescheuchtes Tier lief ich in meiner Zelle auf und ab. Meine kurz zuvor gewonnene Zufriedenheit war aus dem Fenster geflogen.

Mein Blick fiel auf das mir von Otto geliehene Buch über Zen-Buddhismus. Ich setzte mich an meinen Tisch und fing an, darin zu lesen. Doch schon nach ein paar Seiten wurde diese verdammte Tür wieder aufgesperrt.

»Ihr Anwalt ist da, bitte kommen Sie mit!«

Anders als in der Ettstraße dauerte es fast eine Stunde, bis ich Martino in einer geräumigen Anwaltssprechzelle an einem Tisch gegenübersaß, auf dem sechs prall gefüllte Aktenordner standen, denn ich wurde zunächst durch mehrere Wartezellen geschleust. Martino sah mich prüfend an.

»Sie sehen mitgenommen aus«, sagte er teilnahmsvoll.

»Nun, ich bin einmal durch einen psychischen Fleischwolf gedreht worden«, erwiderte ich gereizt, »meinen Sie, das geht spurlos an mir vorüber?«

Ohne darauf einzugehen, erwiderte er: »Ich habe Ihnen die ersten Akten mitgebracht, damit Sie sich damit beschäftigen können.«

»Auch das noch, soll ich mich jetzt durch diese ganze Firmenscheiße wühlen, oder wie?«

Das wurde ja immer absurder. Nicht nur, dass ich festsaß und vollkommen hilflos den Launen der Justiz ausgeliefert war, jetzt kippte man mir auch noch meine geschäftliche Vergangenheit in die Zelle. Ich verabschiedete mich von Martino, nahm die mitgebrachten Aktenordner und ließ mich zurück in meine Zelle führen.

Als ich anfing, in den Akten zu lesen, wurde ich sofort unsagbar müde. Nichts hasste ich so sehr wie mich mit meiner bereits gelebten und abgehakten geschäftlichen Vergangenheit beschäftigen zu müssen. Geschäfte waren mir immer eine lästige Beschäftigung gewesen, die wie ein Fechtkampf schnell abgewickelt werden mussten, weil sie mich von den für mich wesentlichen Dingen des Lebens, der Liebe und den Frauen, abhielten. Die Fragen meines Steuerberaters nach alten Geschäftsvorgängen hatten mich ungeheuer genervt, weil ich es hasste, mich noch einmal mit längst Abgeschlossenem befassen zu müssen. Dennoch zwang ich mich, in den Akten zu lesen, und nach und nach tauchten viele Bilder aus meinem Leben in mir auf.

Vielleicht finde ich in den Akten ja einen Schlüssel, wie ich hier rauskomme, dachte ich. Aber ich fand rein gar nichts, was mir weiterhalf. Ich legte die Ordner beiseite und kochte mir einen Kaffee.

»Wenn es dir nur gelänge, deine Frau zu sehen, um dich mit ihr auszusprechen.«

Der Gedanke an Ausbruch kam mir. Aber ich schaute auf die massiven weißen Wände, die stabilen Gitter vor dem Fenster, blickte auf die hohen mit Stacheldraht besetzten Gefängnismauern und gab es auf. Diese Festung schien unüberwindbar.

Martinos Satz »do ut des«, ich gebe, damit du gibst, fiel mir ein. Auf einmal hatte ich eine Idee. Wir hatten glänzende Geschäfte mit der Gier gemacht und die Staatsanwaltschaft bestand aus Juristen, die nach meiner Erfahrung gierig nach Informationen sind. Also warum nicht das erfolgreiche Spiel mit der Gier hier fortsetzen?

Und so entwickelte ich einen Plan, den ich sofort in die Tat umsetzte: Ich schrieb einen Brief an Martino, in dem ich ihn bat, mich dringend zu besuchen. Da es Verteidigerpost war, würde er den Brief spätestens in zwei Tagen erhalten. Doch er kam schon am nächsten Tag, um mir weitere sechs Aktenordner zu bringen. Als ich ihm gegenübersaß, wusste ich, dass ich jetzt sehr überzeugend sein musste. Ich holte tief Luft und sagte:»Ich habe mich entschlossen, absolut reinen Tisch zu machen. Bitte rufen Sie den Staatsanwalt an und sagen Sie ihm, dass ich die Adressen unserer Schwarzgeldkunden und andere Akten vor meiner Flucht in einem Müllsack im Wald im Grünwalder Forst versteckt habe. Wenn er sie haben will, bin ich bereit, ihn dorthinzuführen.«

Ich sah ein leichtes Flackern in Martinos Augen. Er glaubte mir.

»Das wird uns Pluspunkte bringen und ist eine sehr gute Idee. Ich werde den Staatsanwalt noch heute informieren.«

Als ich später in meiner Zelle mit dem Tauchsieder das Wasser für eine Tasse Kaffee erhitzte, lächelte ich zufrieden. Ich war überzeugend gewesen, Stufe eins meines Planes war gezündet. Ob es mir gelingen würde, den Staatsanwalt dazu zu bringen, mit mir von Grünwald in das Ferienhaus meiner Schwiegereltern am Chiemsee zu fahren, wo sich meine Frau nach Martinos Informationen aufhielt, erschien mir allerdings noch vollkommen ungewiss.

Dennoch schlief ich in dieser Nacht das erste Mal tief und fest. Ich hatte einen Stein ins Wasser geworfen und trotz der mir auferlegten Blockaden das erste Mal wieder eine Initiative ergriffen.

Der mich am nächsten Morgen wie üblich um sieben Uhr weckende Beamte betrat meine Zelle und forderte mich auf, mich anzuziehen und zur Stationskabine zu kommen.

»Sie haben eine Ausführung, Herr Woitzig.«

Donnerwetter, dachte ich, das ging aber schnell. Der Staatsanwalt ist ja noch gieriger als ich dachte.

Teils erleichtert, dass mein Plan zu funktionieren schien, teils sehr unsicher, wie weit ich das Spiel durchhalten und wie es enden würde, stand ich auf und ging mit einem mulmigen Gefühl zur Glaskabine der Stationsbeamten.

Kurz darauf saß ich in einem Polizeiwagen, der mich wieder zum Polizeipräsidium in die Ettstraße brachte. Der Gedanke an die Horrorzelle dort ließ mich noch unsicherer werden. Als man mich tatsächlich in dasselbe Loch sperrte, in dem ich einige Tage zuvor die Nacht verbracht hatte, sank mein Mut gewaltig. Das war ein schlechtes Omen.

Doch ich konnte nicht mehr zurück. Schon nach ein paar Minuten öffnete sich die Tür wieder, und ein Beamter führte mich in den Hof, wo zu meiner großen Überraschung nicht der Staatsanwalt, sondern die kleine Oberkommissarin und drei Kripobeamte in zivil auf mich warteten. Zu meiner Erheiterung hatten sie Schaufeln und Spitzhacken dabei, die einer von ihnen gerade im Kofferraum des bereitstehenden VW-Busses verstaute. Ich war durchaus erfreut, die Oberkommissarin zu sehen. Denn sie war sicher leichter zu manipulieren als der Staatsanwalt. Gleichzeitig bot sich die Chance, ihr die Bosheiten bei meiner Ankunft zurückzuzahlen.

Ich begrüßte sie sehr freundlich und stieg ein. Anschließend dirigierte ich den Fahrer zu einer bestimmten Stelle des Grünwalder Forstes, an der ich in der Tat einen blauen Müllsack mit Unterlagen aus meiner Firma versteckt hatte. Ich war mir allerdings absolut sicher, dass darin keine Listen unserer Schwarzgeldkunden sein konnten, denn diese Listen gab es gar nicht. Während die drei Beamten das Gebüsch durchsuchten, stellte ich mich neben den am Straßenrand geparkten Polizeiwagen und inhalierte die frische Waldluft.

»Treten Sie etwas zurück! Wir wollen doch nicht, dass Sie überfahren werden und wir den Fall vorzeitig abschließen müssen«, störte Frau Oberkommissarin meinen Frieden

Kurz darauf fanden die Beamten den Sack. Die Oberkommissarin strahlte. Doch als sie nach einer kurzen Untersuchung der Akten feststellte, dass es sich um Material handelte, das sie bereits kannte, wurde sie wütend.

»Was soll das?«, blaffte sie mich an, »das haben wir doch schon alles.«

Jetzt galt es. Alles oder nichts. Als gewiefter Schauspieler täuschte ich Ratlosigkeit vor und sagte gar nichts. Hilflos zuckte ich die Schultern, tiefes Bedauern und Verzweiflung legte ich in meinen Blick, mit dem ich so oft wütende Frauen besänftigt hatte. Doch bei dieser funktionierte es nicht.

»Also gut, fahren wir ihn nach Stadelheim zurück.«

»Moment«, sagte ich leise und zaghaft, »gerade ist mir etwas eingefallen. Die Listen befinden sich im Ferienhaus meiner Schwiegereltern.«

Jetzt war es heraus und alles lag in Gottes Hand.

»Und wo ist dieses Ferienhaus?«, fragte meine spezielle Freundin unwirsch.

»Das ist am Chiemsee.« Mein Puls raste.

»Soll das ein Witz sein? Das sind über hundert Kilometer von hier.«

»Nun, wollen Sie die Listen oder nicht?«

Ich sah ihren wütenden Augen an, wie sehr sie mit sich kämpfte. Doch der Gedanke an den Anruf des ihr vorgesetzten Staatsanwaltes gab den Ausschlag. Sie hatte eine Anweisung von einem Vorgesetzten erhalten und die musste sie ausführen. Basta. Ihre Beamtenseele siegte über ihr professionelles Misstrauen.

»Da müssen wir die Kollegen aus Traunstein hinzuziehen. Fahren wir auf das Grünwalder Revier, um sie von dort anzurufen.«

Auf der Fahrt zur Polizeiinspektion in Grünwald, meinem ehemaligen Wohnsitz, versuchte ich fieberhaft, mich an die Telefonnummer des Ferienhauses zu erinnern. Martino hatte mir zwar berichtet, dass meine Frau dort sei, doch das könnte sich geändert haben. Ich musste also unbedingt vorher dort anrufen, um mich zu vergewissern.

Ein Wunder geschah. Mir fiel die Nummer ein. Ich bat die Oberkommissarin, im Ferienhaus anrufen zu können, um meine Frau zu informieren, dass wir vorbeikommen würden.

»Aber kein Wort, warum wir kommen. Nicht, dass sie die Listen vernichtet«, befahl sie.

Innerlich jubilierte ich. Sie glaubte meine Geschichte.

Meiner Frau fiel vor Überraschung fast der Hörer aus der Hand, als ich ihr sagte, dass wir gleich vorbeikämen und sie ein Frühstück für mich herrichten solle.

Sie hauchte nur ein leises »Ja, ist in Ordnung«, ins Telefon. Ich triumphierte, sie war also tatsächlich dort.

Ich genoss die Fahrt durch das wunderschöne Chiemgau und bedauerte es fast, als wir in die kleine Feldstraße einbogen, in der das riesige Ferienhaus meiner Schwiegereltern lag. Vor dem Haus parkte ein Polizeiauto mit vier uniformierten Polizisten.

»So geht das nicht«, sagte ich bei deren Anblick zur Oberkommissarin, »in dem Haus sind meine kleinen Nichten. Die bekommen einen heillosen Schreck, wenn wir hier mit einem Rollkommando reinkommen. Nur Sie und die drei Herren in zivil betreten mit mir das Haus, sonst fahren wir sofort wieder zurück.«

Sie warf mir einen hasserfüllten Blick zu, doch sie sagte nichts. Sie stieg aus und ging zu dem wartenden Polizeibus. Nach einem kurzen Gespräch mit dem Fahrer fuhr der Bus weg und parkte am Ende der Straße. Was für ein göttliches Gefühl, den Spieß umzudrehen zu können und sie alle nach meiner Pfeife tanzen zu lassen! Innerlich war ich voll des Triumphes, doch äußerlich durfte ich mir nicht anmerken lassen, wie ich gerade das übermächtige System des Justizapparates an der Nase herumführte. Aber noch war ich nicht am Ziel. Wir stiegen aus und ich klingelte. Meine Frau öffnete und sah mich mit einem Blick an, der mir verriet, dass sie nicht mehr wusste, ob sie es mit einem Genie oder einem Wahnsinnigen zu tun hatte. Ich konnte das nachempfinden, denn in diesem Augenblick wusste ich es selbst nicht. Jetzt musste ich nur noch verhindern, dass sie das unschuldige Ferienhaus meiner Schwiegereltern auf den Kopf stellten und es sinnlos verwüsteten. Spontan beschloss ich, sie in die Garage zu schicken.

»Die Listen sind zwischen dem aufgestapelten Kaminholz in der Garage versteckt«, behauptete ich mit todernster Miene. Die Oberkommissarin sah mich misstrauisch an. Dann nickte sie kurz und die drei Beamten gingen in die Garage. Ich setzte mich mit meiner Frau an den Frühstückstisch, der genauso liebevoll und reichhaltig gedeckt war wie an jedem Tag unserer Ehe. Die Oberkommissarin stellte sich vor die Tür und blieb mich ständig beobachtend mit im Raum. Doch das war mir egal. Für mich war diese Rückkehr in meine gewohnte Umgebung ein einziger Rausch der Sinne. Ich saugte jedes Detail des Raumes in mich auf und genoss jeden Bissen meines Frühstücks. Zärtlich umarmte ich meine Frau und raunte ihr dabei ins Ohr: »Liebling, ich werde dir gleich eine Frage stellen, bitte antworte mit Ja.« Sie schaute mich verständnislos an, dann lächelte sie und nickte unmerklich.

Nach einer guten Stunde kehrten die Beamten verschwitzt und schmutzig aus der Garage zurück.

»Da ist nichts«, schrie einer.

»Also gut«, fuhr mich die Oberkommissarin an, »bevor wir jetzt das ganze Haus auf den Kopf stellen, sagen Sie uns sofort, wo die Listen sind.«

Wieder tat ich so, als müsste ich krampfhaft überlegen. Dann wandte ich mich an meine Frau.

»Liebling, kann es sein, dass eure Putzfrau die Garage aufgeräumt und dabei das Kaminholz umgestapelt hat? Vermutlich hat sie dabei die Listen gefunden und womöglich habt ihr sie dann zum Kaminanzünden benutzt, oder?«

Viktoria reagierte fantastisch.

»Ach, das also waren diese grünen Computerausdrucke. Ich hatte mich schon gewundert, was die ganzen Namen und Adressen bedeuteten, und habe Vater gefragt. Er hatte keine Ahnung. Deshalb haben wir sie tatsächlich zum Kaminanzünden benutzt.«

Wieder traf mich der hasserfüllte Blick der Oberkommissarin. Aber da ich sie genau beobachtete, bemerkte ich eine Spur von Respekt und ein kleines Lächeln in ihren zornig blitzenden Augen.

»Dann haben wir hier nichts mehr zu suchen, räumen wir das Feld«, befahl sie.

Ich umarmte meine Frau ein letztes Mal und stieg in den Bus. Ein neuer Gedanke kam mir. Sollte ich es riskieren? Warum nicht, es war mein Tag.

»Darf ich mir erlauben, Sie alle zum Mittagessen einzuladen?«, fragte ich sanft, als wir im Auto saßen und uns langsam von dem Haus entfernten. »Ich kenne einen außergewöhnlich schönen Landgasthof direkt am See, keine fünf Minuten von hier.«

»Haben Sie etwa Geld dabei?«

»Natürlich nicht, aber wir haben doch morgen einen Vernehmungstermin in der Staatsanwaltschaft, bei dem Sie sicher auch dabei sind. Mein Anwalt kommt ebenfalls. Und wenn Sie heute das Essen bezahlen, gibt er Ihnen morgen das Geld zurück.«

Die Oberkommissarin schaute mich an, als sei ich von einem anderen Stern.

»Ach, komm«, sagte plötzlich einer der Beamten, »es ist fast zwölf und ich habe Hunger. Woitzig ist doch ein netter und vernünftiger Mensch, der uns keine Schwierigkeiten macht. Gehen wir mit ihm essen. Welches Lokal meinten Sie?«

Ich sagte es ihm und wir fuhren dorthin. So kam es, dass ich nach vier Tagen als Untersuchungshäftling in der warmen Herbstsonne auf einer der schönsten Terrassen Bayerns am Ufer des Chiemsees saß und eine am Morgen gefangene, in Butter gebratene Renke mit köstlich zubereitetem warmem Kartoffelsalat genoss. Statt in meiner kargen Zelle das fast ungenießbare Gefängnisessen mit einem Glas Wasser hinunterzuspülen, trank ich einen gekühlten trockenen Chablis und plauderte vergnügt mit den Mitgliedern der Sonderkommission, mit denen ich zwei Monate lang Räuber und Gendarm gespielt hatte.

Ich hätte zufrieden sein können. Doch plötzlich sah ich mir selbst zu – und ich gefiel mir nicht. Wieder spielte ich mit Menschen, benutzte sie als Marionetten zur Umsetzung meiner Pläne und ließ sie nach einer von mir erdachten Melodie tanzen. Der große Zampano feierte gerade sein Comeback, entgegen des während meiner Flucht gefassten Vorsatzes, ihn für alle Zeiten zu verbannen. Ich wurde von einer Sekunde zur anderen sehr traurig. Hatte ich versagt? Konnte ich mich nicht mehr ändern? Gab es wirklich nur diese eine Nummer in meinem Leben? Mein melancholisch gewordener Blick schweifte über den im Sonnenschein liegenden See, auf dessen Wellen Abertausende von Lichtern tanzten. Der *Steppenwolf* von Hermann Hesse fiel mir ein, in dem Hesse als Erwiderung auf Goethes *Faust* schreibt, dass nicht zwei Seelen in der Brust eines jeden fühlenden Menschen wohnen, sondern Hunderte, ja Tausende. Weil sich die Oberflächenstruktur der Seele ständig verändert, aus ihrem Zentrum immer neue Teile von ihr emporsteigen und unser Denken und Handeln bestimmen. Plötzlich begriff ich. Das war die Antwort. Spiegelten diese auf dem Wasser tanzenden Lichtpunkte nicht den Zustand meiner Seele?

In diesem Augenblick, umgeben von den zufrieden speisenden Beamten, in der warmen Herbstsonne auf der Terrasse sitzend und auf den Chiemsee blickend, überlegte ich mir, ob es nicht möglich wäre, selbst zu bestimmen, wie diese Oberflächenstruktur meiner Seele auszusehen hat. Also nicht mehr scheinbar willkürlichen Gedanken und daraus resultierenden Handlungen ausgeliefert zu sein, die irgendwann zur Gewohnheit und dann zum Charakter werden, sondern diese zu steuern, um so zum Kapitän meines Lebens zu werden. Ich musste lernen, diese ständig aus ihrem Zentrum aufsteigenden Impulse der Seele zu kontrollieren. Noch hatte ich keine Ahnung, wie ich das bewerkstelligen sollte. Aber ich ahnte, dass ich die Lösung im Gefängnis finden würde. Das wundervolle Konglomerat von Lebenserfahrung, Weisheit und Wissen, mit dem jeder Knast prall gefüllt ist, wurde meinem hungrigen Geist auf einem noch zugedeckten Silbertablett angeboten. Ich wusste, dass ich nur die silberne Haube über diesem einmaligen Menü anheben musste. Mit diesem elementaren Gedanken hatte ich den Deckel bereits ein wenig angelupft. Bald würde ich die ersten Blicke auf die exquisiten Gerichte darunter werfen dürfen, die in den Gestalten vieler Menschen verborgen waren, die auf mich warteten. Hesses *Siddartha* endet damit, dass Buddha Fährmann wird, weil er weiß, dass zu ihm alle Reisenden kommen müssen, die über den Fluss wollen. Und während er sie übersetzt, erzählen sie ihm ihre Geschichten. Ich hoffte, dass meine Zelle zu einer Fähre im Sinne Buddhas werden würde. Plötzlich, zu meiner eigenen Überraschung, freute ich mich darauf, schon bald wieder dort zu sein.

Im Prinzip des Pendels und des Rhythmus ist auch das Gesetz der Kompensation enthalten, was bedeutet, das Gegengewicht zu halten und auszugleichen. Das Maß des Ausschlags zur Rechten bedingt das Maß des Ausschlags zur Linken. Das Pendel einer Uhr schwingt genauso weit zur Rechten wie zur Linken. Ein weiter Ausschlag nach rechts erzeugt einen weiten Ausschlag nach links. Auf den Menschen übertragen bedeutet das, dass ein Mensch, der großes Leid empfinden kann, auch zur großen Freude fähig ist. Einer mit eher gedämpften Gefühlen wird dagegen weder starke Freude noch starkes Leiden erleben. Demzufolge muss jeder Mensch sich entsprechend weit zur anderen Seite des Empfindens bewegt haben, bevor er in der Lage ist, große Freude oder Glück zu erleben.

REANIMATION

Wie man anfängt, das Leben
in der Egolosigkeit zu verstehen

Das Leben hat keinen Sinn und kein Ziel. Es ist einfach. Wenn man diese fundamentale Tatsache begriffen hat, muss man nicht mehr hinter dem Sinn des Lebens herjagen und irgendwelche Ziele erreichen wollen. Das bedeutet: kein Konkurrenzdenken mehr, keine Hast, keinen Frust und keine Ausbeutung. Dafür aber mehr Freundschaft, mehr Liebe, mehr Gesundheit, mehr Ruhe, mehr Kreativität.

Die Reaktionen auf mein kleines Abenteuer waren heftig. Als ich am nächsten Morgen im Büro des Staatsanwaltes Martino traf und ihn lächelnd begrüßte, fuhr er mich wütend an: »Was haben Sie gestern für einen Mist gebaut? Wir brauchen unbedingt Ihre Glaubwürdigkeit, und die haben Sie massiv erschüttert.«

Ich schaute ihn verständnislos an.

»Außerdem hat mich gestern Abend Ihr Schwiegervater angerufen. Er ist stocksauer und hat getobt, wie Sie es wagen konnten, ihm die Polizei ins Haus zu bringen. Das war keine gute Idee, Herr Woitzig.«

Als ich etwas erwidern wollte, betrat der Staatsanwalt in Begleitung der Oberkommissarin den Raum. Beide lächelten mich freundlich an. Das verwirrte mich. Meine Freunde tadelten mich und meine Feinde lächelten? Verkehrte Welt oder war es Taktik?

Damals war ich nicht in der Lage, es zu durchschauen und fiel auf das Lächeln herein. Ich machte eine stundenlange Aussage und dachte in meiner Naivität, dass ich mich dadurch entlasten würde. Wenn ich mich kooperativ zeigte, würde der Staatsanwalt meiner Entlassung aus der U-Haft zustimmen. Er war bis zur Gerichtsverhandlung »Herr des Verfahrens«, wie mir Martino erklärt hatte, und konnte jederzeit über mein Schicksal entscheiden. Doch in Wirklichkeit lieferte ich mich mit meiner Aussage ans Messer. Alles, was ich erzählte, wurde später in der Anklageschrift gegen mich verwandt. Und nach meinem Eindruck hatte Martino es geschehen lassen – vielleicht, weil er wirklich sauer war, dass ich ihn benutzt hatte.

Als ich am Abend zurück in meiner Zelle war, dachte ich über die Reaktion meines Schwiegervaters nach. Hatte er denn gar kein Verständnis für meine Sehnsucht, meine Frau zu sehen? Er musste restlos von mir enttäuscht sein. Anders konnte ich mir sein Verhalten nicht erklären. Ich ahnte, dass eine Rückkehr in die Familie meiner Frau für mich nicht mehr möglich sein würde. Und da ich die enge Beziehung meiner Frau zu ihren Eltern kannte, musste ich davon ausgehen, dass sie sich gegen mich und für ihre Familie entscheiden würde, und das bedeutete: Scheidung.

Der Gedanke daran stürzte mich in eine erneute tiefe Verzweiflung. Trost fand ich in der Vorstellung, dass ich mich wie der Witwer einer Verstorbenen verhielt, der deswegen besonders trauert, weil ihm am Grab klar wird, dass er nie wieder mit seiner Frau die verpassten Gelegenheiten ihrer Ehe erleben kann. Also machte ich mir klar, dass ich mit Viktoria alles erlebt hatte, was ich mit ihr erleben konnte, und beruhigte mich wieder.

Aber noch konnte ich sie nicht loslassen. Noch hatte ich nicht begriffen, dass Loslassen der wesentlichste und am schwersten zu erlangende Schlüssel zur Freiheit ist, der das letzte Tor zu ihr aufsperrt. Vor ihm musste ich erst die anderen entdecken. Beim Hofgang war mir ein muskulöser Typ aufgefallen, der ein bisschen Burt Lancaster ähnelte. Lässig stellte er seinen gebräunten, perfekt definierten Körper in einer knappen Badehose zur Schau, wobei er sich immer einen von der Sonne beschienenen Platz des Hofes aussuchte. Jeden Tag hatte er einen *Spiegel* dabei, den er Seite für Seite sorgfältig las. Der Mann war vollkommen entspannt und bewegte sich wie in einem Strandhotel, weil er immer ein großes Badetuch dabei hatte, auf das er sich niederließ, um sich zu sonnen. Dabei nahm er eine ganz spezielle Liegehaltung ein, bei der er sich auf dem linken Ellbogen abstützte und mit der rechten Hand sein Hamburger Wochenmagazin so platzierte, dass es keinen Schatten auf seinen Körper warf. Diese Haltung signalisierte ein ungeheures Selbstbewusstsein und absolutes Vertrauen in sich und seine Fähigkeiten. Eines Tages stellte ich mich neben ihn und fragte ihn, warum er immer beim Hofgang lese und nicht in seiner Zelle.

»Da habe ich keine Zeit, da trainiere und meditiere ich«, erwiderte er zu meiner Verblüffung.

Das war ja wohl das Verrückteste, was ich je gehört hatte. Keine Zeit im Knast, wenn du dreiundzwanzig Stunden am Tag eingesperrt bist! Der Mann machte mich neugierig.

»Wieso wirkst du so unglaublich entspannt? Wie erreichst du das?«

Seine blauen Augen lächelten mich an.

»Du bist der Uwe, nicht? Ich habe von deiner Spazierfahrt an den Chiemsee gehört, war 'ne tolle Nummer, gratuliere.«

Im Knast bleibt nichts geheim und irgendein Beamter hatte anscheinend meinen Ausflug an den Chiemsee ausgeplaudert. Im Gegensatz zu den Reaktionen meiner Familie und meines Anwalts reagierten meine Mitgefangenen alle mit Bewunderung, Anerkennung und humorvollen Bemerkungen auf meine kleine Eskapade.

»Ich heiße Gus und bin Auktionator, Personal-Body-Trainer, Ex-Chef eines Sondereinsatzkommandos des BND und Karatelehrer«, stellte er sich vor. Er lud mich auf sein Handtuch ein und wir plauderten entspannt in der Sonne sitzend. Ich genoss diesen Moment der Normalität sehr. In den nächsten Tagen setzte ich mich immer zu ihm und er erzählte mir in der geschliffensten Rhetorik, die ich in meinem Leben je gehört hatte, seine unglaublich spannende und abenteuerliche Lebensgeschichte. Er schilderte mir, wie er seine damals fünfzehnjährige Freundin Marion aus ihrem Internat entführt hatte – per Hubschrauber mit einer Strickleiter direkt aus dem Hof der Schule. Es folgte eine Flucht quer durch Europa, bei der er als Leibwächter eines Mafiabosses in Sizilien untertauchte. Als Marion, die die Tochter eines sehr bekannten süddeutschen Großindustriellen war, sechzehn wurde, heiratete er sie und der Mafioso war ihr Treuzeuge. Dann wurde er bei einer Schießerei angeschossen, verhaftet und in Ketten nach Deutschland ausgeliefert, wo ihm ein Haftbefehl wegen Steuerhinterziehung eröffnet wurde.

Gus war gerade zweiundsechzig Jahre alt geworden, sah aber keinen Tag älter als vierzig aus. Er besaß zwei Auktionshäuser, eins in München und eins in Stuttgart, und war ein exzellenter Kunstkenner. Seinen Gesprächen mit einem ebenfalls inhaftierten Bilderfälscher über die Impressionisten zu lauschen war ein Hochgenuss. Ebenso wie unsere späteren Besuche in der Pinakothek, bei denen er brillante Analysen der Techniken und Aussagen der einzelnen Bilder und ihrer Künstler von sich gab.

Es wurde der Beginn einer langen Freundschaft mit vielen Abenteuern, die vielleicht an anderer Stelle zu berichten sein werden. Sie endete erst mit dem Tod dieses unbeugsamen Verrückten, dessen Lebensmotto war: »Ich leiste mir ein sehr teures Hobby, ich habe Prinzipien.«

Requiescas in Pace, Gus.

Wie bei jedem spirituellen Sucher bekam ich von ihm nicht sofort das Gold oder die Materia prima, sondern nur einen wichtigen Hinweis, der mich die nächste Stufe meiner Entwicklung erreichen ließ. Gus erklärte mir seine Entspanntheit mit »Positivem Denken« und führte mich in dessen Grundlagen ein. Er gab mir die Bücher von Joseph Murphy und Dale Carnegie zu lesen. Keine sehr anspruchsvolle Lektüre, wie ich fand. Doch ich nahm die Texte sehr ernst, da ich sah, welche Wirkung sie auf meinen neuen Freund hatten, der trotz zahlreicher Schicksalsschläge, wie seiner Scheidung von Marion, der Eröffnung immer neuer Verfahren gegen ihn und den Verlust seines gesamten Vermögens, die Gleichmut in Person blieb. Ich schrieb mir diverse Formeln zusammen, die ich gebetsmühlenartig wiederholte. Besonders während unserer gemeinsamen Trainingsstunden diskutierten wir heftig über die Kraft des Geistes.

Ach ja, ich vergaß zu erwähnen, dass ich mir meine Situation bestmöglich eingerichtet hatte. Als Erstes hatte ich meinen Tagesrhythmus den vorgegebenen Zeiten angepasst. Das Wecken um sieben Uhr nutzte ich, um mir schnell einen Tee oder Kaffee zu kochen. Anschließend trainierte ich dreißig Minuten intensiv nach einem von Gus erstellten Trainingsplan, der auf dem Training für Astronauten beruhte. Fast alle auf dem Gang hatten von Gus so einen individuellen Trainingsplan erhalten, und wir waren begeistert, wie fit wir wurden und wie gesund wir aussahen. Nach dem Training legte ich mich auf mein Bett, um meine Formeln zu visualisieren. Auf diese Weise lernte ich – ohne es zu ahnen – das Meditieren.

Um neun Uhr wurde kurz die Klappe in der Tür geöffnet und einer vom »Servicepersonal« brachte mir die *Süddeutsche* und die *Abendzeitung*. Ich nutzte die Zeit bis zehn Uhr, um die Zeitungen zu lesen. Es war ein merkwürdiges Gefühl, fast jeden Tag einen neuen Artikel über meine angeblichen und tatsächlichen Taten zu finden und die findigen Kommentare der Journalisten verdauen zu müssen.

Dann war Hofgang und wir besprachen die aktuellen Entwicklungen in den Fällen der »Gangbewohner«. Als ehemaliger Jurist wurde ich immer wieder um Rat gefragt, sodass ich bald im Detail die Fallgeschichten aller Inhaftierten kannte und sie nach bestem Wissen und Gewissen beriet. Manche baten mich, für sie Einlassungen zu schreiben, was ich als sinnvollen Zeitvertreib gern in mein Tagesprogramm aufnahm. Und sogar mit Erfolg. Nicht wenige wurden dank meiner Beratung und meiner Schriftsätze freigesprochen oder entlassen. So hatte ich bald einen guten Ruf und einen »Mandantenstamm«, der mich mit Wohlwollen und Freundschaft belohnte.

Nach dem Hofgang um elf Uhr gab es Mittagessen und die Post wurde verteilt. Dann wurde die Tür verschlossen und der normale Gefängnistag war vorbei. Ich las meine Briefe und beantwortete sie sofort, denn fast täglich kam Martino am Nachmittag, so dass ich ihm meine Antwortschreiben mitgeben konnte. Dadurch reduzierte ich die Zustellungsdauer auf normale drei Tage, weil Martino die Briefe noch am selben Tag draußen in die Post gab. Die offiziell über die Anstalt aufgegebene Post wurde erst an den zuständigen Richter zum Lesen gesandt, und daher konnte es fast drei Wochen dauern, bis die Briefe die Empfänger erreichten. Die Antwort war dann wieder Wochen unterwegs, sodass man auf die Briefe gar nicht direkt antworten konnte und schnell den Kontakt verlor.

Einige Beamte erlaubten uns einen inoffiziellen »Umschluss«: Wenn sie vom Mittagessen zurückkamen, öffneten sie meine Zelle und ließen mich in die Zelle von Gus, wo ich dann unter seiner Anleitung zwei Stunden lang trainierte.

Um sechzehn Uhr wurde noch einmal kurz aufgesperrt und es gab Abendessen in Form von Brot, Margarine und einem Stück Hartkäse oder Salami, auf das jeder bis auf die Neuankömmlinge verzichtete, weil wir alle durch unsere zweimaligen Einkäufe pro Monat bestens versorgt waren.

Danach war Ruhe bis zum nächsten Morgen um sieben Uhr angesagt.

Während mich diese ereignislose Zeitspanne in den ersten Wochen fast verrückt werden ließ, fing ich immer mehr an, es zu genießen, dass nichts auf der Welt mich in meiner Ruhe stören konnte. Ich war auf einer Insel, die ungebeten niemand betreten würde. Dabei war ich vollkommen beschützt und behütet, denn für den Notfall hatte ich einen Knopf, mit dem ich jederzeit Hilfe holen konnte. Diese Isolation von der Welt war ein wunderbares Gefühl und eine mich beglückende Erfahrung.

Das einzige Problem war mein Sexualtrieb. Bis zu meiner Inhaftierung hatte ich ein sehr ausschweifendes und exzessives Sexualleben geführt, jetzt war ich plötzlich mönchisch unterwegs. Anfänglich überkam mich jedes Mal eine ungeheure Lust, wenn die Tür um sechzehn Uhr verschlossen wurde. Eine Zeitlang behalf ich mir mit heimlich eingeschmuggelten Pornos (die ich mir gegen einen »Koffer« auslieh), aber ich wusste, das konnte es auf Dauer nicht sein. Homosexualität war auch noch nie mein Ding. Während meiner Fußballerkarriere hatte ich mit Tausenden von Männern geduscht und nie irgendetwas Erotisches an einem entdecken können.

Da las ich eines Tages in den Texten eines indischen Gurus, dass es keine Rolle spielt, welcher Natur seine Schöpfung ist, Hauptsache, dass einer sein Leben schöpferisch gestaltet. Der Mensch braucht nur eine Tätigkeit, bei der er sich ganz vergessen kann. Und während die Intensität der Arbeit zunimmt, wird der Sex von ganz allein verschwinden. Die Sexualenergie steigt im Körper nach oben.

Sobald die Tür zu war, fing ich daher an, Tagebuch zu führen. Und wirklich, es half. Denn es geht nicht um ökonomisch »sinnvolle« Arbeit, sondern um eine Methode, den Kopf abzuschalten. Meine Arbeit bestand nicht darin, ein Buch zu produzieren, sondern mein Ego, meinen Verstand zu beobachten, während ich Tagebuch führte. Das reichte aus, um meine sexuelle Energie aufzulösen.

Bei unseren wöchentlichen Fußballspielen am Samstag merkte ich, dass ich dank des Trainingsprogramms von Gus in der besten körperlichen Verfassung meines Lebens war und eine unglaubliche Kondition erlangt hatte. Bei einer Untersuchung stellte die Ärztin fest, dass das Magengeschwür, an dem ich jahrelang gelitten hatte, komplett verschwunden war. Die regelmäßige Lebensweise und die halbwegs ausgewogene Ernährung zeigten erfreuliche physische Auswirkungen.

Zwar war meine körperliche Verfassung erstklassig, doch meine Psyche alles andere als stabil. Immer noch hatte ich ein Riesenproblem mit meiner fast vollständigen Entmündigung und dem Eingesperrtsein. Und immer noch rebellierte mein Ego.

So lange ich allein in der Zelle war, war alles okay. Doch sobald sich die Tür öffnete, ging der Terror los und ich verlor mein mühsam aufgebautes Gleichgewicht. Jeder Brief, den ich erhielt, brachte neue Belastungen. Jeder Brief, den ich nicht erhielt, ebenso. Die sehnsüchtig erwarteten Briefe meiner Frau oder von Freunden wurden immer seltener. Stattdessen kamen haufenweise Mahnbescheide und Strafanzeigen.

Dann tauchte das Finanzamt auf. Die Steuerfahndung wollte sich mit mir über unsere Kunden unterhalten, sodass ich fast jede Woche entweder zu einer Vernehmung zum Staatsanwalt oder zum Finanzamt gebracht wurde. Ich kam dadurch zwar ständig raus aus meiner Zelle und war außerhalb des Gefängnisses unterwegs, aber dabei verlor ich meinen Rhythmus. Täglich wurde die Tür aufgesperrt und es hieß:

»Herr Woitzig, Sie haben Besuch, das Finanzamt will Sie sprechen. Herr Woitzig, Sie müssen zum Staatsanwalt. Herr Woitzig, Ihr Anwalt ist da.«

Ich kam mir vor wie Sisyphos. Kaum hatte ich einen Tag trainiert und meditiert, fühlte mich mental gut und hatte einen kleinen Teil des Berges geschafft, rollte der Felsen meiner mühsam stabilisierten Psyche wieder zurück.

Besonders nach den Besuchen von Viktoria, die regelmäßig alle vierzehn Tage kam, verfiel ich in Trauer und Lethargie. Die halbe Stunde reichte nicht aus, das in zwei Wochen Aufgestaute zu besprechen, und ich fühlte, dass sie immer mehr von mir wegdriftete und angefangen hatte, ein neues Leben ohne mich zu leben. Das Positive Denken half mir, mich kurzfristig zu betäuben und meine negativen Gedanken ein wenig zu verdrängen. Doch irgendwann überfielen sie mich mit doppelter Intensität und ich stürzte in ein tiefes Loch. Ich muss hier raus, war dann mein einziger Gedanke. Dieser ganze Beton und Stahl, die mich umgaben und die Fremdbestimmung lähmten und deprimierten mich. Was sollte der Quatsch, die Gesellschaft vor mir schützen zu wollen? Ich war doch kein Massenmörder.

Ich fühlte mich wie in dem Glasrohr dieser Wasserwirbelanlage, die ich einmal in einem Ashram in Kalifornien gesehen hatte. Ein Guru hatte sie bauen lassen, damit seine Jünger ihre Todesfurcht überwanden. Sie bestand aus einer vierzig Meter langen Glasröhre, die mit Wasser gefüllt war. Da mussten die Anhänger des Gurus reinspringen und wurden vierzig Meter in die Tiefe gesaugt. Sie mussten sich einfach nur bis auf den Boden runterziehen lassen, denn nur von dort ganz unten konnten sie aus dem Sog aussteigen. Eine absolute Vertrauensübung, bei der Hingabe verlangt wurde. Doch der Sprung in die Röhre erfolgte freiwillig, mich hatte man hier reingeschmissen, das war ein wesentlicher Unterschied.

Ich war noch nicht bereit zur Hingabe und hatte das Gefühl, irgendwo in der Röhre weit über dem Boden festzustecken und langsam zu ersticken. Ich hatte mein Tempo verloren und schien stillzustehen.

Aber das Leben hat keinen Sinn und kein Ziel, es ist einfach. Wenn man das einmal begriffen hat, hört man auf, wie verrückt hinter dem Sinn des Lebens herzujagen und irgendwelche Ziele erreichen zu wollen.

Das bedeutet, kein Konkurrenzdenken mehr, keine Intrigen, keine Hast, keinen Frust, keine Ausbeutung und kein Herzinfarkt mit fünfundvierzig. Dafür mehr Freundschaft, mehr Ruhe, mehr Kreativität, mehr Meditation. Das alles hatte ich hier gefunden. Endlich war ich auf dem richtigen Weg. Aber ich hatte ihn noch nicht wirklich erkannt. In meinem tiefsten Inneren sehnte ich mich immer noch nach meinem alten Leben auf der Überholspur zurück.

Im September war ich verhaftet worden. Inzwischen war es November geworden. Jeder Tag ein wolkenverhangener grauer Himmel. Der herannahende Winter kündigte sich mit dem ersten Schneetreiben an, als eines Morgens ein neuer Insasse im Gang auftauchte. Wie er vor seiner Tür stand und sich mit listigen Äuglein wachsam umsah, sah er aus wie ein Penner, der er in Wirklichkeit auch war. Sein Haar war struppig und ungepflegt und sein langer Bart verwildert und zottelig. Allerdings trug er zu seinen blauen Anstaltsklamotten ein blütenweißes T-Shirt, was mich genauso verwunderte wie die Tatsache, dass er überhaupt hier auftauchte, in diesem »exklusiven Gang der Millionäre«, wie die *Abendzeitung* in einer Story über mich unseren Trakt einmal nannte. Tatsächlich saßen hier in der Regel nur Wirtschaftskriminelle, denen man Millionenbetrug oder Steuerhinterziehungen im neunstelligen Bereich vorwarf. Alles Ersttäter – und wie ein solcher sah Kampa, wie er sich nannte, nun wirklich nicht aus. Am nächsten Morgen klopfte er höflich an meine Zellentür und fragte mich mit einer sehr angenehmen, sonoren Stimme, ob ich ihm etwas Milch leihen könnte. Seine sei nämlich leider schlecht geworden in seinem Erste-Hilfe-Knast-Koffer. Überrascht schaute ich ihn an. Kampa hatte sich völlig verwandelt. Er war frisch rasiert und hatte es irgendwie geschafft, sich die Haare schneiden zu lassen. Selbst seine Fingernägel waren maniküriert. Er sah jetzt aus wie ein adretter Angestellter. Diese enorme äußerliche Verwandlung und seine Bemerkung über seinen Knast-Koffer interessierten mich. »Milch kannst du gern haben, aber das mit deinem Koffer musst du mir erklären.«

»Nun, dazu musst du zunächst mal wissen, dass ich achtundvierzig Vorstrafen wegen Hausfriedensbruch, Sachbeschädigung und Diebstahl habe«, begann er verschmitzt grinsend seine Geschichte, »ich verbringe das Winterhalbjahr nämlich jedes Jahr im Knast.« Verdutzt schaute ich ihn an.

»Wie das?«

»Ich bin gelernter Koch und war als Schiffskoch in der ganzen Welt unterwegs. Jetzt lebe ich bei meiner Mutter und habe weder Lust zu arbeiten, noch ihr auf der Tasche zu liegen. Also gehe ich jedes Jahr, wenn es anfängt zu schneien, in einen Supermarkt, suche mir eine gute Flasche Whisky aus, nehme sie und marschiere, ohne zu bezahlen, aus dem Geschäft. Dann setze ich mich vor das Geschäft auf den Bürgersteig, trinke den Whisky, und wenn die Flasche leer ist, schmeiße ich sie in eine Schaufensterscheibe, wobei ich immer darauf achte, dass niemand dahinter steht und verletzt werden könnte. Spätestens jetzt wird die Polizei gerufen und ich setze mich wieder hin und warte, dass man mich festnimmt und abführt. Wenn ich im Polizeiwagen sitze, sage ich ihnen, dass sie mich zu meiner Mutter bringen sollen, damit ich meinen Erste-Hilfe-Knast-Koffer holen kann. Dazu sind sie verpflichtet. Dann hole ich mir den Koffer und sie bringen mich hierher. Ich komme meistens in den Neubau, weil sie wissen, dass ich ein netter Mensch bin und keine Schwierigkeiten mache. Allerdings auch ein hoffnungsloser Fall. Hier werde ich dann sofort Hausarbeiter. In den nächsten Wochen werde ich verurteilt werden. Wie immer zu sechs Monaten. Dann werde ich in die JVA Bernau verlegt. Dort habe ich einen festen Arbeitsplatz in der Gärtnerei. Ich bekomme wegen meiner jahrelangen Erfahrung den höchsten Lohn, den ein Gefangener verdienen kann. Außerdem verkaufe ich jeden Monat meinen

Einkauf, sodass ich nach den sechs Monaten so viel Geld habe, dass ich mir in den Sommermonaten meinen täglichen Kasten Bier kaufen und mit meinen Kumpels eine gute Zeit an der Isar verleben kann. Und wenn es dann anfängt kalt zu werden, hole ich mir wieder meine Flasche Whisky.«

Ich starrte ihn mit großen Augen an. Der Knast als alternative Lebensform, das wurde ja immer verrückter. »Zeig mir mal deinen Koffer, den will ich sehen.«

Wir gingen zu seiner pikobello aufgeräumten Zelle, in der alles vorhanden war, was einem U-Häftling erlaubt ist. Er hatte in seinem Koffer einen Tauchsieder, ein kleines Radio, Wasch- und Rasierzeug, einige »Bomben« Nescafé, jede Menge Tabak und Papier, Wegwerffeuerzeuge, eine Kaffeetasse aus Porzellan, ein paar Medikamente, ein Buch, zwei Illustrierte, Zucker und Milch. Eine perfekte Zusatzausstattung, die jeder dabei haben sollte, der verhaftet wird. Denn jeder Inhaftierte bekommt bei seiner Aufnahme in den Knast dieselbe Grundausstattung, die aus Kleidung, Bettzeug, Geschirr und Besteck besteht. Dazu gibt es regelmäßige Mahlzeiten, die zwar teilweise geschmacklich zu wünschen übrig lassen, aber genau genommen eine gesunde und ausgewogene Kost darstellen, die alles enthält, was der menschliche Körper benötigt. Mit dem Einkauf, der je nach Knast wöchentlich oder zweimal im Monat stattfindet, kann man sich alles dazukaufen, was die Ernährung verbessert und das Leben erträglich macht. Obst, Joghurt, Eis und so weiter – und jene Dinge, die Kampa in seinem Köfferchen mitgebracht hatte.

Kampa grinste mich an. »Das alles habe ich immer dabei, wenn ich einrücke. Es kann bis zu vier Wochen dauern, bis ich das erste Mal am Einkauf teilnehmen darf, weil mein mitgebrachtes Geld noch nicht auf meinem Knastkonto gutgeschrieben ist oder ich gleich nach der Verhandlung nach Bernau komme und hier den Einkauf verpasse. Außerdem ist es immer wieder ein gutes

Gefühl, wenn ich den ersten Abend hier in meiner Zelle sitze und mir die erste Tasse Kaffee koche. Dann weiß ich, dass ich wieder geborgen und zu Hause bin.«

Sehr nachdenklich geworden verließ ich seine Zelle.

Ist diese Gesellschaft derart pervertiert, dass Menschen das Gefängnisleben freiwillig dem Leben draußen vorziehen, fragte ich mich, dass sie hier drinnen etwas finden, was ihnen draußen verloren gegangen zu sein scheint: nämlich Anerkennung und Bezahlung ihrer Leistung, ein Respektieren ihrer Persönlichkeit und sogar so etwas wie Freundschaften?

Während ich an Kampas Worte dachte, stand ich abends am Fenster meiner Zelle, schaute in den klaren Sternenhimmel, wobei ich entspannt einige Episoden aus meiner Firmenhistorie Revue passieren ließ.

◄ ◄ ◄

Es gab drei Fronten in unserer Firma und jede von ihnen hatte ihren eigenen Trog, der gefüllt werden musste. Wir brauchten Geld für den Börsentopf, damit unsere Trader Material hatten, mit dem sie arbeiten konnten, für den Firmentopf, um Löhne und Gehälter zahlen, und für den Kundentopf, um die Auszahlungen durchführen zu können.

Weil die Erträge an den Börsen trügerisch waren und es keine Konstante gab, erschufen wir unser eigenes System, das wir »die Guten ins Töpfchen, die Schlechten ins Kröpfchen« nannten. Das klang einfach, war aber ungeheuer kompliziert und erforderte zig Buchungsvorgänge. Wenn unsere Trader hundert Kontrakte gehandelt und einen Gewinn erzielt hatten, verteilten wir diese Kontrakte auf unsere Kunden.

Hatten sie einen Verlust erwirtschaftet, verbuchten wir ihn nur, wenn er mit diesen Gewinnkontrakten so zu verrechnen war, dass ein kleiner Gewinn übrig blieb.

Das alles musste korrekt verbucht werden, damit wir den Überblick behielten. Dazu brauchten wir wiederum Angestellte, insgesamt zwölf, weil es nicht um hundert Kontrakte, sondern um Tausende ging, die wir täglich handelten.

Wir sorgten mit diesem geschickt ausgeklügelten Buchungssystem dafür, dass die Kontostände unserer Kunden kontinuierlich wuchsen, indem wir teilweise Verluste unterschlugen und auf die Firma buchten. Dass dadurch unsere Lücke ebenso kontinuierlich wuchs, nahmen wir in Kauf. Im Prinzip machten wir es wie alle Banken mit ihren faulen Krediten und schiefgegangenen Risikoinvestitionen, bis es zu der großen weltweiten Finanzkrise von 2009 kam.

Ein weiterer Grund für dieses Immer-Größerwerden der Differenz zwischen ausgewiesenem und tatsächlich vorhandenem Geld waren die Gehälter und Betriebskosten.

Jeden Monat zahlten wir insgesamt über fünfhunderttausend D-Mark für Löhne, Lohnnebenkosten, unser Softwarehaus, Büro, Telefon, Steuerberater und Firmenanwälte. Und davon zahlten mein Partner und ich uns auch zehntausend D-Mark Gehalt. Ein vollkommen absurdes Verhältnis.

Mir war bald klar, dass die Firma ohne Zusatzgeschäfte trotz der ständig wachsenden Einzahlungen und durchaus erzielten Börsengewinne nicht mehr lange überleben würde. Wir brauchten dringend eine uns kreditierende Bank.

Da ohne entsprechende Sicherheiten trotz der gewaltigen Umsätze bei ihnen keine unserer Geschäftsbanken bereit war, uns eine Finanzierung zu geben, kam ich auf die Idee, eine Bank zu kaufen. Einer unserer Kunden, ein rühriger Musikproduzent, kam aus einer bayrischen Kleinstadt und stellte den Kontakt zu einem dort ansässigen Bankhaus her: Eine kleine feine Privatbank, domiziliert in einem dieser schönen Patrizierhäuser der Altstadt. Die beiden Inhaber waren heillos zerstritten und wollten verkaufen.

Wir trafen uns und einigten uns ziemlich rasch über den Kaufpreis von 52 Prozent der Anteile. Zwei Millionen D-Mark. Allerdings wusste ich noch nicht, wie ich den bezahlen sollte. Wir gingen nach dem Meeting zum Essen und ich kündigte ihnen an, dass ich unseren Steuerberater mit einer Due Diligence beauftragen würde, bevor ich mit ihnen zum Notar gehen würde. Ich war zwar zum Kauf entschlossen, wollte aber Zeit gewinnen, um das Geld zu beschaffen. Die beiden nickten. Dann sagte ich: »Mit der Million, die jeder von Ihnen erhält, können Sie sich ein schönes Leben machen.«

Der Ältere der beiden sah mich an und seufzte.

»Schön wär's. Aber die eine Hälfte wird mir das Finanzamt wegnehmen und die andere Hälfte brauche ich, um mein Haus abzubezahlen.«

Sofort hatte ich eine Idee. Ich schlug ihm vor, als Treuhänder für mich weiter die Anteile zu halten. Trotzdem würde ich ihm den Kaufpreis zahlen. Allerdings auf ein Konto bei uns, das wir für ihn einrichten würden. Wenn er Geld bräuchte, könne er es sich jederzeit holen. Das Konto würde auf den Namen einer ausländischen Holding lauten und er bekäme eine Kreditkarte dieser Holding. Damit wäre der ganze Deal steuerlich nicht relevant. Er war sofort begeistert. Sein Partner stimmte ebenfalls zu. Wir machten es genauso. Ich kaufte die Bank, indem ich in unserem Computersystem zwei Konten für sie anlegte und jedem Konto virtuell eine Million gutschrieb. Ohne auch nur einen realen Pfennig zu investieren. Mit der Bank im Rücken hatte ich ganz andere Spielmöglichkeiten.

Ein Großkunde von uns kam eines Morgens schwitzend ins Büro gerannt.

»Uwe, ich brauche schnellstens eine Million. Mein Sohn ist in Italien verhaftet worden. Sie lassen ihn nur raus gegen eine Kaution in Höhe von vier Millionen. Drei habe ich noch, bis wann kannst du mir die Million auszahlen?«

Ich sah ihn nachdenklich an. Er hatte drei Millionen bei uns investiert, aber jetzt wollte ich seine anderen drei Millionen auch noch haben.

»Wenn du willst, kannst du sie heute Nachmittag abholen. Ich muss nur warten, bis unser Partner in New York im Büro ist. Du weißt, sie sind sechs Stunden hinter uns.«

Verblüfft sah er mich an.

»Wirklich? Das schaffst du? Vielen, vielen Dank, wann soll ich hier sein?«

»Bis sechzehn Uhr müsste ich das Geld parat haben.«

Er verabschiedete sich und ich legte los. Ich rief in meiner Bank in Ingolstadt an und sagte meinem Direktor, dass ich sofort einen Kredit über eine Million D-Mark bräuchte. Für maximal fünf Tage. Als Sicherheit würde ich ihm den Verkaufserlös von US Treasury Bills anbieten, die ich heute Nachmittag bei Börsenbeginn verkaufen und den ich sofort zu ihm transferieren würde. Über die Transaktion würde er ein testiertes Telex unserer amerikanischen Bank erhalten. Wenn er dieses testierte Telex im Haus hätte, solle er meinen Münchner Banker anrufen und ihm einen Transfer von einer Million D-Mark auf unser Konto zusichern. Er begriff und stimmte zu. Daraufhin rief ich unseren Banker in München an und bat ihn, sich eine Million per Geldtransport bringen zu lassen, die ich heute Nachmittag abholen würde. Dann erklärte ich ihm die Situation. Er sagte zu, mir die Million auszuzahlen, wenn er die Bestätigung unserer Ingolstädter Bank hätte. Jetzt musste ich nur noch unseren Broker in New York anrufen, um ihm den Verkaufsauftrag für die Treasury Bills zu erteilen und die Million aus dem Verkaufserlös transferieren zu lassen. Es funktionierte. Pünktlich um sechzehn Uhr erschien mein Kunde und ich fuhr mit ihm in die Bank, wo er sein Geld vorgezählt und ausbezahlt bekam. Er war begeistert. Ein paar Wochen später zahlte er es wieder ein. Die anderen drei Millionen dazu.

Mit dieser Aktion wurde ich zur Legende. Niemand schaffte es, Geld, das in den USA investiert war, innerhalb von ein paar Stunden auszuzahlen. Aber das war bei der von mir inzwischen aufgebauten Infrastruktur kein Problem. Wir hatten unsere Kundengelder bei einem seriösen Brokerhaus in New York liegen, an dem wir Anteile hielten, und unser Partner dort war nicht nur äußerst zuverlässig und korrekt, sondern auch noch mein bester Freund geworden. Vom ersten Moment an, in dem wir uns kennenlernten.

Das neue Büro, die erweiterte Anlagestrategie und der Erwerb der Bank waren äußerst hilfreich gewesen, neue Kunden zu gewinnen. Mein Partner, der ein genialer Verkäufer war, nutzte das weidlich aus und das Geld floss in Strömen auf unsere Konten. Aber noch wickelten wir unsere Börsentransaktionen über ein in München ansässiges Brokerhaus ab, sodass uns einige Interessenten als Dependance davon ansahen und lieber direkt zum Mutterhaus gingen und ihr Geld dort verwalten ließen. Das störte mich. Ich wollte ein eigenes Brokerhaus mit besseren Konditionen. Dazu ließ ich meinen Prokuristen sogenannte Discount-Broker in New York heraussuchen und für mich mit ihnen Termine vereinbaren. Dann flog ich erst eine Woche auf die französischen Antillen, um mich etwas zu erholen, und von dort nach New York weiter.

Die Maschine aus Guadeloupe erreichte Manhattan in den frühen Abendstunden. Gerade hatte der berühmte spektakuläre Sonnenuntergang begonnen und tauchte den Himmel über der Skyline des »Big Apple« in ein faszinierendes Farbenfeuerwerk. Wir mussten einige Warteschleifen fliegen, bevor wir in La Guardia landen durften. Ich presste meine Nase an das Bullauge des Fliegers und konnte mich nicht satt sehen an dem überwältigenden Anblick. One of the views of the world.

Clearing Custom in New York dauerte und so erreichte ich erst spät am Abend das Waldorf Astoria, in dem ich meine Sekretärin ein Einzelzimmer hatte buchen lassen, weil ich es für das beste Hotel in New York hielt. An der Rezeption der ganz in Dunkelblau gehaltenen Halle mit der mächtigen goldenen Uhr erwartete mich ein freundlich lächelnder Schwarzer.

»Where did you get your suntan?«, fragte er mich.

»In the Caribbean«, antwortete ich.

»Where exactly?«, fragte er nach.

»Well, I spent a few days on Guadeloupe.«

»What you think of the people of Guadeloupe?«, fragte er weiter nach.

Ich sagte ihm, dass ich die Menschen dort sehr, sehr freundlich, warmherzig und liebenswert erlebt hätte.

Er strahlte mich an.

»I am from Guadeloupe.«

Dann fragte er mich, wie lange ich bleiben wolle. Ich antwortete: eine Woche. Er sagte, er könne mir für diese Zeit eine Junior Suite geben. Ich hob bedauernd die Schultern.

»Sorry, but that's beyond my budget.«

Schon die hundert Dollar für mein Einzelzimmer – der Kurs war gerade auf 3,20 D-Mark geklettert – fand ich astronomisch.

»No Sir, I can give you the Suite for the price of a single room. Is that okay?«

Ich war fassungslos.

»Sure, thank you so much«, erwiderte ich. Ich konnte es kaum glauben, als er mir seine Karte gab und sagte, wann immer ich in Zukunft nach New York käme, solle ich bei ihm reservieren. Er würde mir jedes Mal eine Suite für den Einzelzimmerpreis geben.

Wenig später saß ich in den für mich bis dahin am elegantesten möblierten Räumen, in denen ich jemals gewesen war, vor einem perfekt zubereiteten Hamburger mit wunderbar knusprigen French Fries, die mir der Roomservice gebracht hatte, und ließ meinen Blick vom sechsundsiebzigsten Stock des

Waldorf über die Lichter der Stadt, die niemals schläft, gleiten. Nicht nur das wunderbare Welcome-Geschenk durch den Portier hatte mich überzeugt, dass das meine Stadt werden würde. Absurderweise fühlte ich mich hier sofort zu Hause. Auf einmal überliefen mich wohlige Schauer. Ich witterte Sex und Geld. Viel Sex. Viel Geld.

Plötzlich war ich nicht mehr müde. Die Stadt hatte eine Energie, die mich auflud. Ich zog mich an, fuhr ins Erdgeschoss hinunter und setzte mich an die Bar. Ein hünenhafter Barkeeper fragte mich, was ich trinken wollte.

»Campari Orange, please«, bestellte ich meinen Lieblingsdrink. Wenig später stellte er mir ein Glas Campari mit einer Orangenscheibe vor die Nase. Ich erklärte ihm, dass ich eine Mischung von Orangensaft und Campari haben wollte. Er sah mich skeptisch an, brachte mir aber das Gewünschte. Ich ließ ihn probieren. Er fand es fabelhaft.

»I will put it on my drink list. If you allow I will call it ›Joe's Special‹. By the way, my name is Joe. I am from Poland. This drink is on the house. Is it your first time to New York?«, fragte er mich.

Ich bejahte.

»Okay, if I may I will give you some recommendations.«

Ich nickte und er erklärte mir, dass hier viele alleinstehende Frauen hereinkämen, die hofften, einen wohlhabenden Mann zu finden. Manche kämen auch wegen schnellem Sex. Er kenne sie fast alle. Er schlage mir vor, wenn interessante Frauen da seien, würde er ihnen einen Drink hinstellen und ihnen sagen, dass ich sie eingeladen hätte. Alles Weitere sei dann ein Kinderspiel für mich, »cause you're a ladies' man«, wie er anfügte. New York gefiel mir immer besser. Ich trank aus und ging zufrieden in mein Kingsize Bett.

Am nächsten Tag lernte ich Clinton kennen, der uns helfen sollte, eine neue Dimension zu erreichen. Er hatte sein Büro etwa hundert Meter neben dem Waldorf Astoria im Helmsley Building über der Grand Central Station und war mein erster Termin. Von der Sekunde an, in der ich sein Büro betrat und dem untersetzten Typen mit der hohen Stirn, den fein geschnittenen Zügen und seinen klugen braunen Augen begegnete, wusste ich, dass ich meine anderen Termine absagen konnte. Er war genau der Partner, den ich gesucht hatte. Schnell stellte sich heraus, dass er mit seiner Firma nicht nur alle unsere geschäftlichen Ansprüche befriedigen konnte, sondern auch noch denselben Humor besaß wie ich, in Harvard studiert und Zutritt zu den elitären Kreisen in New York hatte. Wie bei uns gehörten sehr prominente Menschen zu seinen Kunden.

Wir verbrachten den ganzen Tag zusammen und besprachen alle wesentlichen Punkte, wobei wir uns nebenbei köstlich über die geistreichen Sprüche des jeweils anderen amüsierten. Clint hatte immer eine »Punchline«, mit der er eine Aussage abschloss, und ich übernahm diesen in New York üblichen Habitus. Wenn zum Beispiel jemand sagt: »I think we have a problem«, antwortet sein Gesprächspartner stets: »What you mean we, white man?« und beide brechen in Gelächter aus. Hintergrund ist die Story von »Tonto und dem Lone Ranger«, zwei Comicfiguren aus den dreißiger Jahren. Tonto ist der mexikanische Gefährte des Lone Rangers, einem ganz in Weiß gekleideten Kämpfer für Recht und Ordnung im Wilden Westen. Eines Tages reiten sie durch einen Canyon, als plötzlich auf den Kämmen zu beiden Seiten des Tales Hunderte von Apachen in Kriegsbemalung auftauchen und wild schreiend auf sie zureiten. Da sagt der Lone Ranger: »Tonto, I think, we have a problem.« Und Tonto antwortet mit dem Klassiker: »What you mean we, white man?« Diese humorvolle Leichtigkeit Clintons bei zielführenden Geschäftsgesprächen gefiel mir ungeheuer gut. Sie war ein wohltuender Kontrast zu der bleifüßigen Ernsthaftigkeit, mit der wir Deutsche jedes Mal so tun, als sei eine neue Entscheidung das Bedeutsamste auf der Welt und müsse unendlich lange diskutiert und abgewogen werden.

Clint und ich stellten in ein paar Stunden die Weichen für eine geschäftlich sehr erfolgreiche Zukunft, indem wir eine Partnerschaft vereinbarten und ich Konditionen für unsere Börsentransaktionen mit ihm aushandelte, die ein Bruchteil von dem waren, was wir augenblicklich in München bezahlten. Nebenbei entwickelten wir ein Steuersparmodell, von dem später einmal der Chef der Münchner Steuerfahndung bei einem seiner Besuche in der JVA Stadelheim zu mir sagen sollte, dass uns da ein Geniestreich gelungen war, den er noch nie zuvor erlebt hätte und von dem er hoffe, dass ihn niemand nachmachen werde.

Nach dem Abendessen, bei dem wir uns unsere Lebensgeschichten erzählten, verabredeten wir uns zum Frühstück um neun Uhr. Ich ging sehr zufrieden in die Bar des Waldorf, um einen Absacker zu trinken. Unaufgefordert stellte mir mein neuer Freund Joe augenzwinkernd einen Campari Orange hin.

»I have invited the two ladies opposite of you for a drink in your name. You should stand up and walk over«, raunte er mir zu. Tatsächlich saßen mir gegenüber zwei dieser hübschen und fitten typisch New Yorker Blondinen mit den harten Augen, die mir freundlich zulächelten und mir mit ihren Gläsern Champagner zuprosteten. Wie er mir empfohlen hatte, stand ich auf und ging zu ihnen. Wir verbrachten einen feuchtfröhlichen Abend und ich lud sie ein, bei mir zu übernachten. Sie nahmen an und wir fuhren nach oben. Als sie meine Suite sahen, gingen sie davon aus, dass ich zu den sehr reichen Jungs dieser Welt gehörte, und ich hatte gewonnen. In dieser Nacht lernte ich eine weitere Form des amerikanischen Perfektionismus kennen: die Bettakrobatik. Die beiden spielten mit mir fast jede Stellung des Kamasutra durch und das in perfekter Grundhaltung. Irgendwie wurde der Sex dadurch zu einer Turnstunde, aber immerhin hatten wir unendlich viele Orgasmen. Wir trieben es die ganze Nacht und schliefen erst in den frühen Morgenstunden ein, bis uns mein Wake-up-Call um halb neun Uhr weckte.

Schlaftrunken, verkatert und völlig neben der Kappe stand ich auf, duschte und sagte den beiden, sie sollten mir ihre Telefonnummern hinterlassen und irgendwann einfach gehen. Ich hätte eine Verabredung zum Frühstück. Wir verabschiedeten uns mit zärtlichen Küssen und sie blieben im Bett liegen.

Clint sah mich prüfend an, als ich ihm wenig später gegenübersaß.

»Uwe, du siehst trotz deiner Bräune kreidebleich aus. Und deine Hände zittern wie verrückt.«

Tatsächlich schaffte ich es kaum, meine Kaffeetasse an den Mund zu führen, ohne dass der Kaffee herausschwappte.

»Das ist der Jetlag«, antwortete ich geistesgegenwärtig, »bei mir schlägt der erst heute zu.«

Nach dem opulenten Frühstück mit Eiern und kross gebratenem Speck ging es mir zunehmend besser. Wir wollten in Clints Büro gehen, aber ich hatte ein paar wichtige Dokumente vergessen. Während wir zu meiner Suite hochfuhren, betete ich, dass die Mädels verschwunden wären. Ich wollte meinen Eindruck des seriösen Geschäftsmannes nicht schon am zweiten Tag wieder verwischen. Die Suite war leer, als wir sie betraten. Ich atmete innerlich auf und ging kurz auf die Toilette. Als ich ins Zimmer zurückkam, stand Clinton grinsend neben dem zerwühlten Bett und hielt einen Ohrring hoch, den eines der Girls verloren haben musste.

»So this is your ›Jetlag‹, right? You bastard have obviously screwed your brains away last night!«

Lachend fielen wir beide aufs Bett und lachten, bis uns die Tränen die Wangen herunterliefen. Dieser Augenblick war der Beginn einer tiefen Freundschaft. »Jetlag« wurde unser Code für wilden Sex außerhalb unserer Beziehungen und Ehen.

Bei unserem gemeinsamen Mittagessen im La Grenouille, einem der besten Restaurants der Stadt, fragte ich ihn, ob wir seine Adresse auf unserem Briefbogen einsetzen könnten.

»Sure«, erwiderte er.

Damit hatte unsere Firma eine Anschrift auf der Park Avenue in Manhattan, einer der feinsten Adressen New Yorks, was sehr zu unserem Ansehen beitrug. Und es sollte noch besser kommen: Büroadressen in den Bestlagen von Chicago, Athen, Paris, London und Monte Carlo sollten bald folgen.

Nach meiner Rückkehr aus New York berichtete ich meinem Partner stolz von unserem neuen Partner und unserer neuen Adresse. Statt sich zu freuen, wiegte er nur den Kopf und trug in meinen Augen sinnlose Bedenken vor. Zum ersten Mal kam in mir der Verdacht hoch, dass er auf meine internationale Geschäftsfähigkeit eifersüchtig sein könnte.

Bei dem Gedanken an meinen Partner verzog ich instinktiv angewidert mein Gesicht und die Erinnerungen lösten sich auf. Der klare Sternenhimmel hinter den Gittern meines Zellenfensters ließ mich an das Gedicht »Die Sterne« von Ludwig Gotthard Kosegarten denken:

Ich seh hinauf, ihr Hehren,
Zu euren lichten Sphären,
Und Ahnung beß'rer Lust
Stillt die empörte Brust.

O Ida, wenn die Schwermuth
Dein sanftes Auge hüllt,
Wenn dir die Welt mit Wermuth

Den Lebensbecher füllt;
So geh hinaus im Dunkeln,
Und sieh die Sterne funkeln,
Und leiser wird dein Schmerz,
Und freier schlägt dein Herz.

Und wenn im öden Staube
Der irre Geist erkrankt;
Wenn tief in dir der Glaube
An Gott und Zukunft schwankt;
Schau auf zu jenen Fernen
Zu jenen ew'gen Sternen!
Schau auf und glaub' an Gott,
Und segne Grab und Tod!

Ich beschloss, ab sofort das Gefängnis als meinen Lebensmittelpunkt zu akzeptieren und mich nicht länger dem Wahn hinzugeben, dass mein eigentliches Leben »draußen« stattfände. Die beengten Wohnverhältnisse in der Zelle, das Gemeinschaftsleben auf dem Gang und der Mangel an Privatsphäre förderten sowieso die Abgrenzung zur Außenwelt, deren in den Zeitungen stehende Affären mir zunehmend unwichtiger erschienen. Hier auf dem Gang ging es um Existenzielles.

Jedes Mal, wenn die Post verteilt wurde, ein Anwaltsbesuch oder ein Besuch der Lebenspartnerin stattgefunden hatte, wurde massiv in das Leben der hier Inhaftierten eingegriffen. Neue Verfahren wurden eröffnet, Verlegungen oder Entlassungen beschlossen, Scheidungen wurden angekündigt oder Beziehungen zerbrachen. Manche kamen kreidebleich und völlig aufgelöst von den Besuchen ihrer Angehörigen oder vom Anwalt zurück und brauchten Tage, um sich wieder zu fangen.

Auch Selbstmorde gab es. Bei dem ersten, den ich erlebte, wurden am Morgen die Türen nicht zum Hofgang geöffnet. Stattdessen hörte ich eilends hin und her laufende Beamte, die ich am Schlüsselklirren erkannte. Später erfuhren wir von den Hausarbeitern, dass sich ein »Drogado« die Pulsadern mit der Rasierklinge aufgeschnitten hatte und in seiner Zelle verblutet war. Sie waren zwei Tage damit beschäftigt, die Unmengen von Blut zu entfernen und die Zelle zu säubern.

Den nächsten Selbstmord erlebte ich in unmittelbarer Nähe. Die Zelle vis-à-vis von mir wurde eines Tages in eine Zweimannzelle umgewandelt, indem das Einzelbett durch ein Stockbett ersetzt wurde. Als Erster zog ein wegen angeblichen Kreditkartenmissbrauchs verhafteter Journalist ein, den ich wegen seines Humors und Mutterwitzes schätzen lernte. Nach ein paar Tagen legte man einen etwa fünfzigjährigen Mann zu ihm, der am ersten Tag mit Tränen in den Augen vor der Tür stand und mich hilfesuchend ansah. Ich beschloss, mich beim nächsten Hofgang um ihn zu kümmern, aber dazu sollte es nicht mehr kommen. Mitten in der Nacht wurde ich durch einen gewaltigen Lärm geweckt. Jemand trat wieder und wieder mit voller Wucht gegen die Stahltür und schrie wie am Spieß: »Hilfe, macht die verdammte Tür auf, es geht um Leben und Tod!« Es war der Journalist. Der ganze Gang wachte auf und jeder drückte den Notrufknopf. Endlich vernahm ich das Getrappel der Stiefel und das Klirren der Schlüssel von herbeieilenden Beamten. Eine Tür wurde geöffnet und kurz darauf hörte ich ein dumpfes Poltern, wie von einem Menschen, der zu Boden fällt.

Wenige Tage später erzählte mir der Journalist wie es abgelaufen war:

Er hatte in jener verhängnisvollen Nacht oben im Doppelstockbett geschlafen, als er durch den Lärm, den ein umfallender Stuhl erzeugte, jäh erwachte. Entsetzt sah er den zuckenden Körper seines Zellengenossen über der Tür hängen. Blitzartig sprang er aus seinem Bett und hob ihn hoch, sodass er auf seiner Schulter hätten sitzen können, wäre er dazu im Stande gewesen. Der mittlerweile reglose Körper hing wie ein nasser Sack auf seinem Oberarm und rutschte nur deshalb nicht herunter, weil der Schnürsenkel um seinen Hals ihn an der Decke festhielt. Mit der rechten Hand versuchte der Journalist, den Knoten zu lösen, was ihm aber nicht gelang. Verzweifelt begann er, um Hilfe zu schreien und mit dem Fuß gegen die Eisentür zu treten.

Nach einer Zeit, die ihm wie eine Ewigkeit vorkam, sprang die Tür auf, und vier oder fünf Wärter standen vor ihm. Der Anblick, der sich ihnen bot, schien sie vollkommen erstarren zu lassen. »Helft mir, verdammt«, röchelte der Journalist, der am Ende seiner Kräfte war. Einer der Beamten zog ein Schweizer Messer aus der Hosentasche und durchschnitt den Schnürsenkel am Hals des Bewusstlosen. Sein Körper fiel dem Journalisten direkt vor die Füße, der sich nur noch mühsam auf den Beinen halten konnte. Einer der Beamten kniete nieder und schlug dem Leblosen ins Gesicht. Ein anderer rief über Funk die Sanitäter. Immer mehr Wärter liefen zusammen, und im allgemeinen Durcheinander hatte man den Journalisten völlig vergessen. Er stand abseits und zitterte am ganzen Körper. In diesem Moment wurde eine Wärterin auf ihn aufmerksam.

»Ah, unser Lebensretter! Kommen Sie mit mir! Sie haben alles richtig gemacht«, hörte er sie sagen, als sie den Gang hinuntergingen und sie ihn in die nächstbeste freie Zelle einschloss. Kaum war er allein, brach er schluchzend auf dem Bett zusammen. Kurz darauf ging die Tür wieder auf. Die Beamtin trat ein und brachte ihm ein Päckchen Tabak. Sie versuchte, ihn zu beruhigen. Aber der Journalist stand unter einem schweren Schock. Er konnte sich nicht einmal bei ihr bedanken. Er weinte bis spät in die Nacht. An Schlaf war nicht zu denken. Selbst die beiden Valium, die man ihm brachte, wirkten nicht.

Die Intensität des Lebens auf dem Gang ist für einen Außenstehenden unvorstellbar. Was ich im normalen Leben im Fernsehen teilnahmslos angesehen hatte, hier war es »live«. Ich war mittendrin und wurde in alles hineingezogen, weil ich es hautnah miterlebte. In der Monotonie des Tagesablaufs war das pralle Leben verborgen, mit all seinen Höhen und Tiefen.

Natürlich gibt es im Gefängnis auch Höhen, doch die sind nicht mehr in der Außenwelt angesiedelt. Sie fanden ausschließlich in unserem Mikrokosmos und letztendlich in uns selber statt. Die Anteilnahme am Schicksal der anderen war so ein Highlight. Nie zuvor hatte ich so intensive Gespräche über elementare Themen des Lebens geführt wie in dieser Schicksalsgemeinschaft des Ganges. Ebenfalls beeindruckend war die Ehrlichkeit. Da es keinen Sinn machte, in diesem Mikrokosmos den anderen anzulügen, sagte fast jeder nach einiger Zeit nur noch die Wahrheit. Dieses für mich völlig neue Verhalten machte mich frei und unbeschwert, denn es hatte mich sehr belastet, einen Teil meines Verstandes damit zu beschäftigen, die kreativen Lügengeschichten zu behalten, die ich zum Beispiel erfunden hatte, um eine Zahlung zu verzögern und Gläubiger hinzuhalten.

Die frisch Verhafteten waren anfangs noch in ihren jahrzehntelangen Lebensmustern gefangen und präsentierten ihre zum Programm gewordenen Lebenslügen über sich und ihre Bedeutsamkeit. Doch nach und nach bröckelte diese Fassade. Irgendwann tauchte der erste Widerspruch in ihren Geschichten auf, der uns sofort auffiel, weil wir zu sehr aufmerksamen Zuhörern geworden waren. Schnell verstanden sie die Botschaft, wenn von da an ihre fantasievollen Selbstdarstellungen mit Kommentaren wie »Ist ja Wahnsinn!« oder »Unglaublich! Was für ein Supermann du bist!« kommentiert wurden. Sie fingen an, zurückzurudern und die Wahrheit zu sagen.

In dieser authentischen Umgebung hatte ich das Gefühl, wieder zu einem unschuldigen Kind zu werden, und ich konnte wieder unbekümmert und herzhaft lachen. Humor ist etwas, mit dem die Justiz als Vertreterin eines emotionslosen, objektiven und neutralen Staates nicht umgehen kann. Deshalb ist das eine wunderbare

Methode, ihre Macht auszuhebeln. In einer der Zellen auf unserem Gang lebte ein typischer Bayer. Mit seinem gepflegten schwarzen Bart in seinem wettergegerbten Gesicht, seiner Hirschledernen, seinem weißen Hemd, seinen Wadenstrümpfen und seinen Haferlschuhen fiel er angenehm auf, wenn er jeden Tag wie aus dem Ei gepellt zum Hofgang erschien und sofort leutselig mit allen Gefangenen und Beamten zu schwatzen anfing. Gern untermalte er seine heiteren Geschichten mit einem lauten, vollen Lachen, das seinen mächtigen Oberkörper erbeben ließ. Er wirkte derart bürgerlich und bieder, dass es kaum vorstellbar war, dass man ihn wegen des Verdachts der Steuerhinterziehung in Höhe von zweiundsiebzig Millionen D-Mark eingesperrt hatte, wie er uns immer wieder schmunzelnd erzählte. Wir glaubten es ihm nicht so ganz, bis ich eines Tages an seiner offenen Zellentür vorbeilief und er mir winkte, zu ihm hereinzukommen. Auf seinem Tisch lag ein offensichtlich gerade ausgefüllter Lottozettel.

»Das wäre ja der Oberhammer, wenn du hier im Knast ein paar Millionen gewinnen würdest«, sagte ich grinsend.

»Schon, aber der Zettel ist nicht für mich«, erwiderte er und reichte mir den Schein, auf dem »Finanzamt München 2« als Adresse des Einreichers stand.

»Was soll das denn?«, fragte ich verwirrt.

Augenzwinkernd zog er eine dicke Akte aus seinem Regal und schlug sie auf. Ganz oben war ein Schreiben des Finanzamtes abgeheftet, in dem sie ihn mit allerlei Pfändungsmaßnahmen und einer hohen Strafe bedrohten, wenn er jetzt nicht bald einen Vorschlag zur Begleichung seiner Steuerschuld in Höhe von zweiundsiebzig Millionen machen würde. Es stimmte also tatsächlich, dachte ich.

»Und?«, fragte ich laut, weil ich immer noch nicht begriff.

»Na, ist doch ganz einfach: Ich schicke ihnen den ausgefüllten Lottoschein. Wenn er gewinnt, tilge ich damit meine Schulden bei ihnen. Wenn nicht, haben sie wenigstens ihren Zahlungsvorschlag und das dürfte strafmildernd wirken«, sagte er mit Schalk in seinen Augen und grinste mich an. Ich prustete los und warf mich lachend auf sein Bett. Eine heitere, aber auch raffinierte Idee, und ich war wirklich gespannt, wie es ausgehen würde.

Der Bayer hatte mir die Liste seiner getippten Zahlen gegeben und zum ersten Mal in meinem Leben durchblätterte ich nach der nächsten Ziehung die *Süddeutsche Zeitung* nach den Lottozahlen. Mir wurde heiß, als ich sie verglich: Er hatte fünf Richtige. Das waren zwar keine zweiundsiebzig Millionen, aber sicher kam ein erkleckliches Sümmchen dabei heraus. Und jetzt wurde es spannend. Wie sich herausstellte, hatte der zuständige Sachbearbeiter den Lottoschein nicht eingereicht. Der Gewinn war also nicht zustandegekommen. Der Bayer verklagte das Finanzamt auf Schadensersatz und hängte dem Sachbearbeiter eine Dienstaufsichtsbeschwerde wegen Verletzung seiner Dienstpflichten an. Leider wurde er gegen eine Kaution entlassen, bevor die Verfahren entschieden waren, und ich weiß nicht, wie sie ausgegangen sind. Aber wie ich schon schrieb: Gegen hinterkünftigen Humor ist das ansonsten fast perfekte System schlecht gewappnet und angreifbar.

Wir alle leben in irgendwelchen Gefängnissen. Dabei ist es unerheblich, ob es die Gefangenschaft im Materiellen, die Angst um die Gesundheit und vor jeder Veränderung, ob es das Sucht- oder Liebesgefängnis ist. Wir sind gefangen in unseren gesellschaftlichen Strukturen und Verpflichtungen, in unseren Verbindlichkeiten, Sehnsüchten und Scheinbedürfnissen. Das Phänomen für mich war immer, dass diesen virtuellen Knast niemand wahrzunehmen und sich einzugestehen schien. Wie im Traum liefen alle in ihren Hamsterrädern und versuchten, jeden Tag unbeschadet zu überstehen. Schon eine kleine Kritik an einer ihrer Aussagen oder Taten reichte aus, um die auf dem trügerischen Boden des Bürgertums in ihren fatalen Lebenskonstrukten Dahindämmernden aus dem Gleichgewicht zu bringen und sie zu verbalen, manchmal sogar physischen Ausrastern zu veranlassen.

In Wirklichkeit allesamt tickende Zeitbomben, in denen sich ein ungeheurer Verdrängungsfrust aufgebaut hatte, weil das fröhliche wilde Kind in ihnen ständig gemaßregelt und unterdrückt wurde. So ist es keineswegs überraschend, wenn Ehemänner und Ehefrauen oder Söhne und Töchter ihre ganze Familie umbringen, weil sie diese verlogene Scheinharmonie nicht mehr aushalten, andererseits aber zu feige sind, auszubrechen und allein zu leben.

≺ ≺ ≺

Die Zeit des Aufstiegs einer Firma entspricht der Zeit ihres Abstiegs. In der Regel. Bei uns sollte es anders aussehen. Nach fast zehn Jahren standen wir äußerlich betrachtet hervorragend da: Wir hatten nicht nur die Bank in Ingolstadt, sondern auch ein exklusives, mit allem technischen Schnickschnack eingerichtetes Bürohaus in München-Bogenhausen. Ferner Büros in New York, Chicago, Luxemburg, Marbella und Monte Carlo, die mit Angestellten besetzt waren, deren Gehalt wir zahlten. Besonders das neue Büro in Monte Carlo belastete unseren Etat gewaltig.

Etwa zehn Tage nach meiner ersten Begegnung mit dem listenreichen Mr. Anastase Sarantakos flog ich von New York über Paris nach Nizza, um von dort mit dem Hubschrauber nach Monte Carlo weiterzufliegen und ihn zu treffen. Ich war erst ein paar Monate zuvor mit Viktoria im Hotel Eden Roc in Antibes gewesen und mochte die Côte d'Azur nicht besonders. Zu viel neureiches Getue, zu viel Showoff. Ohne Background und Tiefe. Zu viel aufgeblasenes Gesindel, das mit irgendwelchen Schwindeleien ein Vermögen gemacht hatte und hier mit aufgemotzten Luxusautos, greller, in der Regel geschmackloser Garderobe und teurem Schmuck auf sich aufmerksam zu machen versuchte. Disneyworld. Der Flug mit dem Hubschrauber an der Küste entlang besänftigte mich etwas. Aus der Luft sah die Küste gar nicht so übel aus, obwohl es kaum schöne Strände gab, wie mir auffiel. Monte Carlo tauchte vor mir auf und ließ mich erschauern. Die vielen an die Felsen geklatschten, hässlichen Hochhäuser erinnerten mich an Frankfurt. Viel Geld, wenig Geschmack.

Der Hubschrauber setzte ein paar Meter neben einem wartenden Rolls Royce auf. Anastase ließ mich von seinem Chauffeur an dem kleinen Heliport abholen und wir fuhren in sein Büro in einem Hochhaus vis à vis vom Monte Carlo Country Club. Die Einrichtung war erstaunlich schlicht, aber zweckmäßig. Anastase telefonierte, als ich eintrat. Er beendete das Gespräch und begrüßte mich herzlich.

»Wie viele Smokings hast du dabei?«, fragte er mich als Erstes.

Verwundert sah ich ihn an. Wegen eines Empfangs in der NYSE hatte ich tatsächlich zufälligerweise einen eingepackt. Ich sagte es ihm.

»Was, bloß einen? Du bleibst doch eine Woche. Da brauchst du mindestens drei. Wir fahren jetzt sofort in meine Lieblingsboutique und kaufen dir zwei weitere.«

Ich dachte, er mache einen Witz, aber er meinte es vollkommen ernst. Wir fuhren in die Boutique und kauften zwei sündteure Designersmokings. In den nächsten Tagen sah ich ein, dass ich die drei Smokings wirklich brauchte. Anastase hatte ein spektakuläres Programm für mich vorbereitet. Er hatte mich im Hotel de Paris in einer Suite mit einem atemberaubenden Blick über den alten Hafen einquartiert. An jedem der folgenden Tage nahm er mich zu seinen Einladungen mit. Mittags oder abends waren wir zum Essen in einige der teuersten und luxuriösesten Wohnungen der Welt eingeladen. Unsere Gastgeber waren eine nahe Verwandte vom Fiat-Boss Agnelli, der die berühmte Motorroller-Firma gehörte, eine Prinzessin aus dem Clan der Grimaldis, eine Cousine des Fürsten, ein mächtiger monegassischer Bauunternehmer und diverse griechische Reeder und Unternehmer, die hier einen Zweitwohnsitz hatten. Anastase kannte sie alle und war gut mit ihnen befreundet. Er stellte mich ihnen als seinen neuen Bank-Partner vor, mit dem zusammen er in Monte Carlo in spätestens drei Monaten ein neues Büro eröffnen würde, zu dessen Einweihung durch einen griechischen Popen sie alle schon jetzt eingeladen seien. Eine formelle schriftliche Einladung würde folgen.

Ich stand auf der hundert Quadratmeter großen Terrasse einer Penthouse-Wohnung, blickte auf das unter mir liegende, tiefblaue Mittelmeer mit den darauf dümpelnden weißen Booten, hielt ein Glas Champagner in der Hand und parlierte mit einer schönen jungen Blondine, die die Gastgeberin und Ehefrau eines griechischen Großreeders mit vierundzwanzig Tankern war, als Anastase es zum ersten Mal laut zu unserem Gastgeber und den anderen Gästen sagte. Es war ein magischer Moment. In diesem Augenblick meines vierunddreißigsten Lebensjahres hatte sich mein Jugendtraum erfüllt. Ich war tatsächlich dort angekommen, wohin mich meine durch Harold Robbins Romane und James-Bond-Filme stimulierte Fantasie als Sechzehnjährigen getragen hatte.

Und wie fühlte ich mich jetzt? War ich etwa glücklich? Zufrieden? Ich horchte in mich hinein. Nein, ich hörte keine Glocken schlagen, kein Jubilieren eines Kinderchors und sah kein inneres Feuerwerk. Nur eine gewisse Müdigkeit und Leere spürte ich, als ich das Prosit der mir Zuprostenden und uns Glück Wünschenden routiniert lächelnd erwiderte. Ich sah sie mir genauer an, unter dem Aspekt, dass sie vermutlich bald zu meinen Kunden gehören würden. Ich durchschaute sie auf den ersten

Blick und was ich sah, gefiel mir nicht. Ich war es gewöhnt, die Qualität eines Mannes nach seiner Frau zu beurteilen, weil ich mich mit Frauen einfach besser auskannte. Die hier anwesenden warfen ein schlechtes Licht auf meine potenziellen Geschäftspartner: In ausgefallene Modellkleider Pariser Couturiers gezwängte Weiber, die sich selbst nötigten, asketisch zu leben, um in diesen sündteuren Klamotten *Bella Figura* machen und an der Seite ihres ach-so-erfolgreichen Mannes glänzen zu können. Dieser selbst auferlegte Zwang und die Frustrationen über ihre in der Regel zu Geschäftsbeziehungen verkommenen, unglücklichen Ehen hatte ihnen eine derart hässliche Verbitterung in ihre Gesichtszüge gebrannt, dass sie alle zu einem Schönheitschirurgen gerannt waren, um sich diese deutlich sichtbar gewordenen seelischen Narben korrigieren zu lassen. Weil aber die Operationsfolgen ihren geübten und kritischen Augen nicht entgingen, zierten sie ihre offenherzigen Dekolletees mit dem teuerstem Schmuck der exklusivsten Juweliere dieser Welt, um von ihren von den Schönheitschirurgen zu erstarrten Masken geformten Gesichtern und vor allem von ihren Augen abzulenken, die dieselbe gnadenlose Härte wie die über ihren halb entblößten Brüsten oder an ihren Fingern glitzernden Edelsteine ausstrahlten. Wie die Diamanten an ihren ausgemergelten Körpern waren auch sie unter dem Druck ihrer Männer zu dem geworden, was sie jetzt waren: stromlinienförmig an die gerade herrschenden gesellschaftlichen Zwänge angepasste Meisterinnen des Small-Talks und der Gastgeberinnenetikette. Für diese Leistung, die zum Ansehen ihrer Männer bei den sie finanzierenden Bankern und Geschäftspartnern als erfolgreiche Marionettenspieler und Zuchtmeister beitrug, durften sie sich als Entschädigung Klunker und Klamotten ohne Ende kaufen. Sie waren nichts anderes als Teil eines Potemkinschen Gesamtpakets, zu dem bei den großen Spielern dieses Planeten auch der ungeheure

Luxus gehört, mit dem sie sich umgeben, um die in Wirklichkeit angstbesetzten Banker immer wieder davon zu überzeugen, dass sie ihre Kredite an die richtigen Männer gegeben haben.

Irgendwie schockten sie mich, diese seltsam leblosen Karikaturen der sinnlichen Frauen, die ich bisher kennen und lieben gelernt hatte. Sie taten mir leid, diese habgierigen, an dem materiellen Wohlstand klebenden Weiber, die sich ausschließlich durch Äußerlichkeiten definierten, weil weder intellektuell noch geistig Substanz vorhanden war. Ihr Lebensmotto war: »Ein Mensch kann nie zu reich oder zu dünn sein.« Als ich die um mich herum Stehenden betrachtete, fiel mir ein derber Witz ein, der es auf den Punkt brachte: Frauen lassen sich überall piercen und Tattoos einritzen, das Gesicht liften und Falten straffen. Sie lassen sich per Kaiserschnitt entbinden, das Fett absaugen, die Oberschenkel straffen, die Eierstöcke abschnüren, die Tränensäcke reduzieren und Silikonimplantate einsetzen. Sie entfernen sich Haare mit Pinzetten oder heißem Wachs. Und dann verbitten sie sich Analverkehr, weil ihnen der angeblich zu weh tut. Diese weiblichen Tragödien hatten nichts, aber auch wirklich gar nichts zu sagen, das mir neue Erkenntnisse hätte bringen können oder wenigstens mein Interesse geweckt hätte. Ihre offensichtliche Botschaft war die Oberflächlichkeit, die Erhaltung des Status Quo, die Gier nach Reichtum und die Sehnsucht nach Macht. Alles Dinge, die mir eigentlich zutiefst zuwider waren und mir die Männer, die diese Weiber nur wegen ihrer einstmals vorhandenen Schönheit geheiratet hatten, sehr suspekt werden ließen.

Ich hatte inzwischen immer wieder erleben müssen, dass hinter jedem großen Vermögen mindestens ein Verbrechen steckte. Erstaunlicherweise fing jedes Mitglied einer reichen europäischen Familie sofort an zu mauern, wenn es um die eigene Firmengeschichte und darum ging, wie das Vermögen erworben wurde. Meistens aus gutem Grund, hing es doch entweder mit dem Dritten Reich oder der brutalen Ausbeutung oder Übervorteilung von anderen Menschen zusammen. Oder noch Schlimmeres. Hier in Monte Carlo war die Hochburg der Nachkommen dieser Großkriminellen. Gleich zu gleich gesellt sich gern. Das Fürstentum hat zwei mit Schwertern bewaffnete Minoritenmönche im Wappen, die den Eingeweihten daran erinnern, dass ein Vorfahr der Grimaldis eines Nachts mit seinem als Mönche verkleideten Gefolge nach Monte Carlo zog, die damals herrschende Fürstenfamilie in einem entsetzlichen Blutbad ermordete und von da an die Macht im Fürstentum übernahm.

Mich überkam so etwas wie Resignation, als mir klar wurde, dass die hier Versammelten im Grunde mein eigenes Spiel widerspiegelten. Das System war dasselbe, nur mit ganz anderen Zahlen. Sie waren die gleichen gefährlichen Raubtiere und Manipulatoren wie ich: im Umgangston sehr sanft, höflich und charmant, aber immer auf eine Gelegenheit lauernd, die Schwäche des Gegenüber zu erkennen und sie zu einem geschäftlichen Vorteil auszunutzen. Mit ihnen Geschäfte zu machen würde verdammt schwierig werden, weil sie wie ich äußerst misstrauisch waren und sofort jede Argumentationsschwäche erkannten. Vollkommen ebenbürtige Gegner, die selbst ein riesiges Rad drehten. Vielleicht würde es mir gelingen, ihnen unser Investment als alternative Einnahmequelle zu verkaufen, vorausgesetzt, sie hatten bei ihrem sauteuren Lebenswandel mit eigenen Flugzeugen, Schiffen und Wohnsitzen in der ganzen Welt überhaupt noch genug Liquidität zum Investieren.

Das Büro hier würde geschäftlich ein ungeheures Wagnis werden. Ich fragte mich, ob es mir jemals gelingen würde, mich an diese exotische Randgruppe der menschlichen Gesellschaft zu gewöhnen und ihr hohles Geschwätz über Kleider, Schmuck und die aktuellen Liebhaber irgendwelcher gelangweilter Witwen zu ertragen, um sie schließlich als Kunden zu gewinnen. Und den Haufen Arbeit, den es mich kosten würde, diese misstrauischen und von Verlustängsten geplagten Frauen, die letztendlich bei Entscheidungen über das Vermögen ihrer Männer ein ernstes Wörtchen mitreden würden, zu überzeugen, einen Teil ihres Geldes bei uns zu investieren.

Obwohl Anastase mir zugesichert hatte, dass er die Kundenakquise unter seinen Freunden übernehmen würde, wusste ich, dass ich es sein würde, der diesen misstrauischen Wesen eines Tages unsere Investmentstrategie erklären sollte. Anastase würde sie uns ins Haus holen, aber die Überzeugungsarbeit würde ich leisten müssen. Daran, dass es mir gelingen würde, von ihnen privat und gesellschaftlich akzeptiert zu werden, hatte ich nicht den geringsten Zweifel. Um mich von der dumpfen bajuwarischen Tümelei und dem biedermeierischen Denken unserer Münchner Kunden zu distanzieren, hatte ich mir das Kostüm des englischen Gentlemans angezogen. Es war inzwischen zu meiner zweiten Haut geworden, mit der ich überall in der Welt anerkannt und respektiert wurde. Ich musste keinen anderen Anzug aus meinem ganz persönlichen, inneren Garderobenschrank herausholen, um mich in dieser Welt des zwar glitzernden und protzenden, aber inhaltsleeren und teilweise sehr geschmacklosen Scheins zu behaupten.

Die Frage war, was es mir bringen würde, mich genau mit der Mischpoke abzugeben, die von dem Raubtierkapitalismus der westlichen Welt am meisten profitiert und die ich mein Leben lang verachtet hatte. Die ich wie Marx für die »Pestbeulen am Arsch der Gesellschaft« hielt. Jetzt aber trank ich ihren Champagner, aß ihre Gerichte und lauschte ihrem Geschwätz. Ich konnte mit ihrem Geld vermutlich unsere Firma retten, aber zu welchem Preis meiner Authentizität? Wie lange noch musste ich den unbeschwerten, fröhlichen, sinnenfrohen und geilen Jungen in mir verstecken, damit der aalglatte, gewiefte Geschäftstyp weiter auf dem internationalen Parkett brillieren konnte?

Ich hatte inzwischen die Janusköpfigkeit des Ideals der Spontaneität verstanden, das uns 68ern über allem schwebte. Wenn du immer nur deinen Bedürfnissen und Wünschen nachgibst, bleibst du stehen. Du wirst zum Beispiel zu einem täglichen Biertrinker und Kartenspieler. Zu einem robotermäßig agierenden Aktionisten, dessen Handlungen sich ständig wiederholen. Nur das Innehalten und die Selbstreflektion bringen neue Erkenntnisse und Veränderungen. Wie es gerade aussah, würde ich für lange Zeit weder die Chance erhalten, meine Spontaneität zu leben noch Zeit zur Reflektion zu erhalten.

Plötzlich war nichts, aber absolut gar nichts mehr von Freude oder Stolz über das Erreichte und Bevorstehende in mir vorhanden. Melancholisch leerte ich mein Glas.

Du weißt, dass du es schaffen wirst, einige von ihnen zu deinen Kunden zu machen. Ihr Geld wird reichen, um die »Lücke« zu schließen. Aber was soll dann noch kommen? Die Eisenbahn wird fertig aufgebaut sein. Hast du wirklich Lust, sie bis an dein Lebensende im Kreis fahren zu lassen?

Wie ich schon schrieb: Es wird verdammt gefährlich, wenn sich alle Wünsche und Träume erfüllen. Nicht nur bei sich selbst reflektierenden Menschen tauchen dann zwangsläufig die elementarsten Fragen unserer Existenz auf: War es das? Oder was ist der wahre Sinn meines Lebens? Das Gros der an diesen Punkt Angekommenen verdrängt dieses Alles-Infragestellen und betäubt die aufsteigenden Zweifel mit Machtspielen, Luxus, Spielzeugen, Frauen oder Drogen.

Ein gar nicht mal so geringer Teil aber entschließt sich, die erfüllten Träume der materiellen Ebene achtlos hinter sich zu lassen und einen völlig anderen, neuen Weg zu beschreiten. In diesem Moment auf der Dachterrasse hoch über Monte Carlo traf mein wahres Selbst diese Entscheidung und setzte eine Geheimwaffe ein: meinen Partner. Er sollte tatkräftig dazu beitragen, dass ich aus der Nummer wieder herauskam und einen Neuanfang machen konnte.

Die Eröffnung unseres Büros fand drei Monate später statt. Schon bei meinem ersten Besuch in Monte Carlo hatte ich begriffen, dass Anastase meinem Partner in vielen Dingen sehr ähnlich war. Wie Klaus war er ein Autodidakt. Anastase hatte sein erstes Geld verdient, indem er Olivenöl aus Kanistern in Flaschen umfüllte und diese vertrieb. Mein Partner hatte Brötchen gebacken und verkauft. Beide hatten jene geschäftliche Bauernschläue und Gerissenheit, die mir fehlte. Anastase war ein Big Picture Man und Klaus ein Detail Man. Sie konnten stundenlang übers Geschäft reden, was mich unglaublich langweilte. Also beschloss ich fatalerweise, die beiden zusammenzubringen, Klaus in das Monte-Carlo-Projekt einzubinden und ihn das Büro einrichten zu lassen. In München hatte er in unserem Bürohaus einen guten Job gemacht.

Dummerweise unterschätzte ich die manipulativen Qualitäten Anastases und die Geltungssucht meines Partners. Sie kauften nur das Beste vom Besten. Letztendlich kostete uns die Einrichtung des dreihundert Quadratmeter großen Büros inklusive einer Regalwand mit zwölf eingebauten Monitoren, auf der alle Kursbewegungen der von uns gekauften Aktien und Commodities live zu verfolgen waren, zweihundertfünfzigtausend D-Mark. Was sie mir auch noch als unglaublich günstig verkaufen wollten, als ich beim Anblick der Rechnung einen Tobsuchtsanfall bekam.

Dasselbe kostete uns die offizielle Einweihung, die an einem Wochenende stattfand. Anastase ließ einen Popen aus Athen einfliegen, der das Büro segnen sollte, und lud vierhundert der vermögendsten Personen aus Griechenland, Italien, Frankreich und Monte Carlo zu dem Zeremoniell und anschließendem Cocktailempfang im Büro ein.

Abends war ein Galadiner im Casino angesetzt. Wir übernahmen die Flugkosten und zahlten die Übernachtungen im Hotel de Paris und Hotel Ermitage, den beiden exklusivsten Häusern am Platz. Klaus kam auf die unselige Idee, unsere fünfzig wichtigsten Kunden mit ihren Frauen aus München einzuladen, obwohl ich eine strikte Trennung zwischen den beiden Geschäftskreisen mit ihm besprochen hatte. Während ich in den USA unterwegs war, ließ er unsere Sekretärin eine Lufthansa-Maschine chartern und Hotelzimmer in Monte Carlo buchen. Ich rastete aus, als ich davon erfuhr. Er erzählte mir, dass das die Idee von Anastase gewesen sei. Ich glaubte ihm nicht, aber ich konnte es nicht mehr rückgängig machen und verhindern. Wie ich es geahnt hatte, sollte das Vermengen dieser zwei Welten zu einer Kettenreaktion führen, die unseren Untergang besiegelte.

Der Anblick unseres feudalen Büros in Bestlage von Monte Carlo, mit Blick aufs Mittelmeer von jedem Schreibtisch, löste bei den Münchner Kunden Bedenken und Sprüche aus wie: »Und das alles von unserem Geld!« Misstrauen keimte auf, ob wir tatsächlich die uns anvertrauten Gelder an den Börsen investierten oder hier zweckentfremdeten. Ich hörte zwar nicht, was sie sagten, aber meine fein justierten Antennen registrierten ihre vielsagenden Blicke, mit denen sie sich ansahen, während der Pope im Ornat und mit rauchendem Weihrauchkessel Psalme murmelnd durch unsere Räume lief. Ich ahnte, dass hier gerade eine Lunte entzündet wurde.

Als mir meine Angestellten nach dem Cocktailempfang von dem Tenor der mitgehörten Gespräche unserer Kunden berichtete, die sich fast alle über unsere Geldverschwendung mokierten, war das nur eine Bestätigung meiner Befürchtungen. Um das Schlimmste zu verhindern, beauftragte ich meine Sekretärinnen, bei der Sitzordnung des Galadiners dafür zu sorgen, dass die Münchner getrennt von den anderen Gästen saßen. Da aber getanzt wurde und es eine große Bar gab, kam es natürlich zu Begegnungen zwischen ihnen und Gesprächen über uns.

Ich konnte mir denken, dass die Münchner sich nach der schwelenden Glut des heute Nachmittag im neuen Büro entstandenen Misstrauens hüten würden, sich positiv über uns zu äußern. Das würde meine Mission des Geldeinsammelns in den monegassischen Kreisen weiter erschweren, wenn nicht unmöglich machen. Ich ging zu Anastase und erzählte ihm von meinen Überlegungen.

Er grinste mich an.

»Mein Partner, du denkst zu viel. Lass sie reden, was sie wollen. Niemand hat nur zufriedene Kunden, das weiß jeder. Es reicht, dass sie alle hier sind. Das beweist, dass ihr viele wohlhabende Kunden habt und damit eure Seriosität und euren Erfolg. Nur das ist wichtig. Sollten bei euch ein paar in München abspringen, macht das nichts. Ich werde sie durch neue Kundeneinzahlungen aus Monte Carlo ersetzen.«

Wenn bei uns alles in Ordnung gewesen wäre, hätte mich das beruhigt. Doch wenn einige oder gar alle der hier Anwesenden auf die Idee kämen, in den nächsten Tagen oder Wochen ihre Gelder abzuziehen, bekämen wir ein Riesenproblem. Der feinfühlige Anastase bemerkte meine Zweifel.

»Denke daran, wie sich deine Sorgen erst heute Nachmittag als grundlos heraus gestellt haben«, erinnerte er mich. Er spielte darauf an, wie ich mit der strahlend schönen Viktoria aus dem Aufzug des Hotel de Paris getreten war und Angelo in Begleitung eines baumlangen Typen mit einer pockennarbigen Gesichtshaut auf mich zutrat, der ohne Probleme als einer der Mafia-Killer im »Paten« hätte besetzt werden können.

»Uwe, das ist mein bester Freund, Long John aus Marbella. Oder auch der Duke genannt«, stellte er ihn mir vor.

Ich begrüßte den »Duke« freundlich und versuchte möglichst schnell von den beiden wegzukommen, bevor ich zu viel Aufmerksamkeit der in festliche Abendkleidung gewandeten, wartend in der Hotelhalle stehenden anderen Gäste auf uns zog. Doch Angelo hielt mich fest.

»Uwe, John würde gern zusammen mit dem Pianospieler der Cocktailbar des Hotels etwas singen. Bist du einverstanden?«, fragte er mich.

Inzwischen war Anastase zu uns getreten und hatte die Frage gehört. Er sah mich an und runzelte die Stirn. Ich wusste, er dachte genau dasselbe wie ich. Der schräge Typ würde uns unsterblich blamieren. Sometimes you just have to say what the fuck, dachte ich.

»Gute Idee, bis zum Beginn des Dinners haben wir noch jede Menge Zeit«, erwiderte ich mit einem Kloß im Hals und klopfendem Herzen. Auch Viktoria sah mich zweifelnd an. Der einzige, der völlig entspannt war, war Angelo. Das beruhigte mich nur ein wenig. Vielleicht war er ja musikalisch ein kompletter Idiot, so gut kannte ich ihn auch nicht. Nun, wenn der Auftritt von seinem Freund ein Desaster werden würde, würde ich ihn auf der Stelle feuern, schwor ich mir. Long John trat ans Klavier und nickte dem Pianospieler zu. Der begann routiniert »Mona Lisa« von Nat »King« Cole zu spielen.

»Oh Gott«, dachte ich, als ich die Melodie erkannte, »das wird eine Katastrophe.«

Ich irrte mich gewaltig. Long John sang den schwierigen Song mit einer weichen, ungeheuer ausdrucksvollen Stimme auf seine ganz persönliche Weise. Emotional und ergreifend, genauso gut, wenn nicht besser als das Original. Alle in der Halle Stehenden drängten sich in die Bar. Er erhielt Standing Ovations und musste mehrere Zugaben geben, die er mit derselben Qualität ablieferte. Er war ein absoluter Profi auf höchstem internationalem Niveau. Angelo, der meine innere Anspannung und jetzige Erleichterung natürlich voll mitbekommen hatte, grinste mich triumphierend an.

»Wer ist der Kerl?«, fragte ich ihn ebenfalls schmunzelnd.

»Long John hat die berühmteste Pianobar in Marbella. Ihn besuchen Shirley Bassey und andere Superstars, um mit ihm dort zu singen. Die Bar ist der absolute In-Laden von Porto Banuz.«

»Und was macht er sonst noch?«, fragte ich nach.

»Och, sonst ist er Kampftaucher und arbeitet hin und wieder für die CIA. Er will morgen bei uns ein Konto eröffnen. Ich hoffe, du hast Zeit für ihn. Er will dich kennenlernen.«

Nach seinem kleinen Konzert kam Long John zu uns. Ich beglückwünschte ihn zu seinem Talent und Können, aber er winkte bescheiden ab. Wir fingen an, uns zu unterhalten. Er sprach ruhig und langsam. Hinter seinen Worten spürte ich eine Bodenständigkeit und Lebenserfahrung, die ihn wohltuend von den mir bisher begegneten Bewohnern Monacos unterschied und ihn mir sehr sympathisch werden ließ. Never judge a book by its cover, dachte ich mir.

Am nächsten Tag eröffnete er tatsächlich ein Konto bei unserer neuen Firma und zahlte 500.000 US-Dollars ein. Verrückterweise genau den Betrag, den wir bisher hier investiert hatten. Das war in der Tat ein gutes Omen. Allerdings nur für Monte Carlo.

Eine Woche nach unserer Rückkehr begann das Rad des Schicksals sich in Richtung Untergang der Münchner Firma in Bewegung zu setzen. Ich war mit Viktoria zu einem Kurzurlaub in die Karibik geflogen. Wir lagen an dem perfekten Sandstrand des La Samanna auf St. Martin, als mich der alarmierende Anruf meines Partners erreichte. Einer dieser stets grinsenden schwarzen Beachboys schleppte ein weißes Telefon mit einer kilometerlangen Schnur heran und drückte mir den Hörer in die Hand.

»Bei mir war heute unsere größter Kunde«, hörte ich Klaus sagen. »Er will sein gesamtes Geld abziehen. Das entspricht unserem noch vorhandenen Kapital.«

»Was hast du ihm gesagt?«, fragte ich.

»Dass wir mindestens zwei Wochen für die Abwicklung brauchen.«

»Das ist viel zu kurzfristig. Ich fliege so schnell wie möglich zurück. Dann besprechen wir alles.«

Diese Nachricht hatte die Wirkung eines Fausthiebes in meine Magenkuhle. Mir war klar, dass jetzt alles auf dem Spiel stand. Zahlten wir ihm sein Geld aus, war unser gesamtes Betriebskapital weg. Zahlten wir nicht, würde er es in der ganzen Stadt herumerzählen und unsere Seriosität war beim Teufel. Ich trank meinen eisgekühlten Daiquiri auf ex. Viktoria hatte sich aufgerichtet und sah mich mitfühlend an.

»Hast du ein Problem?«

Einen winzigen Augenblick überlegte ich, ihr alles zu erzählen. Dann aber sagte ich mir: Wozu sie beunruhigen? Ich hätte ihr die ganze Firmengeschichte erzählen müssen, damit sie alles verstehen würde. Das war viel zu mühsam und ging sie doch in Wirklichkeit alles gar nichts an. Es war ausschließlich mein Problem und ich würde mir niemals von ihr helfen lassen. Sie war zwar von Haus aus mehrfache Millionärin und stammte aus einer der wohlhabendsten Familien Deutschlands. Mich interessierten aber ihre Vermögensverhältnisse überhaupt nicht. Nie hatte ich auch nur einen Blick auf ihre Kontostände geworfen. Wir hatten aus gutem Grund einen Ehevertrag und lebten ausschließlich von meinem Einkommen. Niemals würde ich sie oder meine Schwiegereltern um Geld für meine Firma bitten und für den Rest meines Lebens abhängig werden. Lieber ging ich mit fliegenden Fahnen unter. Entweder ich schaffte es allein oder es gab den großen Knall. Er würde Viktoria schlimmstenfalls aufwecken und aus ihrer naiven Vorstellung, in der »besten aller Welten« zu leben, herausreißen. Das war keineswegs schädlich. Nur ich würde die ganze Salve abbekommen. Sie würde sofort in den Kokon ihrer Familie zurückkehren können und in Sicherheit sein. Wenn es tatsächlich zu Ende gehen würde, wozu uns die noch verbleibende gemeinsame Zeit vermiesen?

Lieber wollte ich sie noch intensiver mit ihr genießen und sie noch mehr verwöhnen, damit sie mich in guter Erinnerung behielt, falls mich irgendein Wahnsinniger wegen des Verlustes seiner Gelder umbringen lassen würde. Da gab es einige unberechenbare Typen unter unseren Kunden, die nicht ganz ungefährlichen Organisationen angehörten. So abwegig war der Gedanke also nicht. Viktoria war behütet genug, um die eventuelle Katastrophe unvorbereitet zu verkraften. Das Leben klingelt nicht, bevor die großen Veränderungen hereinbrechen. Es gibt nur leise Signale, aber die werden meistens übersehen und ignoriert. Viktoria übersah sie alle. Selbst als ich eines nachts schweißgebadet neben ihr aus einem Traum erwachte, weil ich mich selbst: »Ich komme ins Gefängnis!« rufen gehört hatte, sah sie mich nur mit großen Augen verschlafen an.

»Schlaf weiter, du hast schlecht geträumt«, sagte sie und kuschelte sich wieder an mich. Es gab also wirklich keinen Grund, sie zu alarmieren.

»Nur ein kleines Abwicklungsproblem, das bekommen wir in den Griff«, antwortete ich beruhigend. Warum sollte ich ihr schlaflose Nächte bereiten? Sie war zu einer Stütze meines Lebens geworden, bei ihr hatte ich immer auftanken und mich von dem täglichen Geschäftstheater erholen können. Warum sollte ich sie zum Dank dafür mit meinem drohenden Desaster belasten? Sie hätte sowieso nichts daran ändern können, und die Angst vor der Not ist die schlimmste Not.

Wieder übernahm der englische Gentleman in mir das Kommando, der hocherhobenen Hauptes mit seinem Schiff untergeht, nachdem er die Prinzessin ins sichere Rettungsboot gesetzt hat. Oder wie King Kong, der schwer verwundet auf dem Empire State Building steht und kurz vor seinem finalen Sturz in die Tiefe noch die geliebte blonde Frau auf der Gebäudespitze absetzt.

Ich ließ mich auf die dicke Schaumstoffauflage der bequemen Sonnenliege des Luxusresorts sinken und schloss die Augen. Mit dem leisen Plätschern der Wellen der Karibik im Ohr dachte ich daran, wie ich Viktoria kennengelernt und was wir seitdem alles miteinander erlebt hatten.

Es war einer dieser mich unsagbar nervenden Zahnärzte, der dafür sorgte, dass ich ihr begegnete. Eines Tages lud er mich zu seiner Firmenfeier auf dem Oktoberfest ein. Von klein an hasse ich Großveranstaltungen, bei der ich der Masse Mensch in ihre grobschlächtige Fratze schauen muss. Kirmes, Bundesligaspiele und Großveranstaltungen waren für mich immer ein Gräuel gewesen. Das Oktoberfest allerdings der absolute Albtraum. Der Mega-Gau. Tausende von Menschen in einem Bierzelt zusammengeballt, die sich in geschmacklose Kostüme geworfen haben, um sich mit Bier zu besaufen, mit vom Alkohol geröteten, verzerrten Gesichtern laut und falsch populäre Schlager zu grölen und auf Tischen und Bänken zu tanzen. Auerbachs apokalyptischer Keller auf bayrisch. Ein absolutes NoGo. Ich lebte schon über zwölf Jahre in München, war aber noch nie auf der »Wies'n« gewesen. Und hatte auch nicht vor, das zu ändern. Ich nahm die Einladung zwar zur Kenntnis, dachte aber nicht daran, wirklich dorthinzugehen. Doch mein Partner überredete mich im Laufe des Tages unbedingt mitzukommen, weil wir dort viele potenzielle Kunden treffen würden. Am Abend fuhr ich deshalb zum ersten Mal in meinem Leben hinaus auf das größte Volksfest der Welt.

Hilflos und verwirrt irrte ich kurz darauf über die für mich vollkommen unübersichtliche Festwiese, auf der mir immer wieder grölende Besoffene beiderlei Geschlechts entgegentaumelten und den Weg versperrten. Dunkel erinnerte ich mich, dass die Feier im »Armbrustschützenzelt« stattfinden sollte, hatte aber nicht die geringste Ahnung, wo das Ding sich befand. Ratlos schaute ich mich zwischen den grell erleuchteten Karussells, Ständen und Kiosken um. Gerade, als ich mich entschlossen hatte, den grässlichen Rummelplatz wieder zu verlassen, tauchte das »Münchner Kindl« in ihrem schwarzgelben Mönchskostüm in der Menge vor mir auf, das während des Oktoberfestes die offizielle Repräsentantin der Stadt ist und unter anderem den langen Festumzug zur Eröffnung anführt.

Wenn eine sich hier auskennt, dann wohl die, dachte ich und zupfte sie an ihrer Kutte. Lachend drehte sie sich zu mir um. Verblüfft schaute ich sie an. Vor mir stand eine der schönsten Frauen, die ich je gesehen hatte: warme dunkelbraune Augen und volle rote Lippen in einem fein geschnittenen Gesicht, das von einer dichten, rabenschwarzen Löwenmähne umrahmt wurde.

»Kannst du mir sagen, wo hier das Armbrustschützenzelt ist?«, fragte ich sie.

»Klar«, antwortete sie, »da komme ich gerade her.«

Dann beschrieb sie mir den Weg, aber ich verstand natürlich kein Wort.

»Anscheinend hast du keine Ahnung, wo du bist«, sagte sie klugerweise. Dann sah sie mich prüfend an. Anscheinend gefiel ich ihr.

»Weißt du was, ich bringe dich hin.«

Sie nahm meine Hand und zog mich mit sich. Auf dem Weg zum Zelt erzählte sie mir, dass sie heute den traditionellen Rundgang des Oberbürgermeisters von München durch alle Zelte mitgemacht hätte. Dabei hätte sie mit jedem der vierzehn Wirte eine Maß trinken müssen.

Gute Güte, die Frau muss ja total besoffen sein, dachte ich.

»Nein, ich bin nicht total betrunken. Ich nehme immer nur ein paar Schlucke, sonst wäre ich doch vollkommen hinüber und könnte dich gar nicht mehr erkennen«, sagte sie, als hätte sie meine Gedanken gelesen.

Wenig später betrat ich mit ihr Hand in Hand das Zelt. Ich hatte keine Ahnung, dass mich eine der begehrtesten Frauen der Stadt durch die Rauchschwaden und johlenden Säufer zu der von dem Zahnarzt gemieteten Box zog, an deren Nummer ich mich erinnert hatte. Viktoria war nämlich nicht nur von den Lesern der *Münchner Abendzeitung* bei ihrem alljährlichen Wettbewerb zur »Schönsten Münchnerin« gewählt worden, sondern sie war auch noch die Tochter einer der reichsten Unternehmerfamilien Bayerns. Ihre Verehrer standen Schlange. Und ausgerechnet ich hatte sie mir mitten auf dem Oktoberfest geangelt.

Inmitten der überlauten Musik, der Besoffenen und völlig Enthemmten begann unsere Lovestory. Wir ließen uns inmitten der bereits heftig betrunkenen Meute Münchner Schicki-Mickis und Adabeis nieder. Viktoria setzte sich mir auf den Schoß und wir küssten uns ununterbrochen, ohne uns um die anderen in der Box zu scheren, unter denen auch mein Partner war. Als sie zur Toilette ging, kam er zu mir und nahm ihren Platz ein. Er wusste natürlich, dass einige sehr gute Freunde und Bekannte meiner damaligen Freundin unsere Kunden waren.

»Was kann es uns kosten, wenn sie von deiner Affäre erfährt oder du dich von ihr trennst und sie ihre Freunde aufwiegelt, ihr Geld bei uns abzuziehen?«

Ich addierte blitzschnell ihre Kontostände.

»Wenn sie tatsächlich alle ihre Gelder abziehen, etwa zehn Millionen D-Mark«, antwortete ich. Mein Partner sah mich ernst an.

»Meinst du, sie ist es wert?«, fragte er und blickte Richtung Viktoria, die gerade wieder zurückkam und sich mühsam ihren Weg durch die Bierdimpfel bahnte. Auch ich sah zu ihr hinüber.

Sie winkte mir freudestrahlend zu. In diesem Moment verliebte ich mich in sie.

»Ich glaube schon.«

»Dann mach es!«, sagte er, klopfte mir auf die Schulter und ging zu seinem Platz zurück. Ich glaube, ihm wurde nie bewusst, dass er sich in diesem Augenblick meine bedingungslose Solidarität und Nibelungentreue sicherte.

An einem sonnigen Nachmittag besuchte ich Dieter in seiner Zelle. Dieter war im bürgerlichen Leben Steuerberater gewesen und saß ein, weil er des Totschlags an seiner Frau verdächtigt war. Ein sanfter Brillenträger, schlank und schmächtig. Er sah aus, als könne er keiner Fliege was zuleide tun. Ein von ihm gekochtes Essen war der Funken gewesen, der die in ihm tickende Bombe zündete. Liebevoll hatte er an seinem freien Tag den ganzen Nachmittag ein dreigängiges Menü gekocht, den Tisch gedeckt und Kerzen angezündet. Als seine Frau, eine Anwältin, missgelaunt aus ihrem Büro kam, hatte er *La Traviata*, ihre Lieblingsoper, aufgelegt und sie zu Tisch gebeten. Schon bei der Vorspeise hatte sie herumgenörgelt, dass er mal wieder maßlos übertreibe, was ihm seine gute Laune verdarb. Als sie seinen kunstvoll komponierten Hauptgang als »versalzenen Schweinefraß, der typisch für ihn Versager sei« bezeichnete, war er ausgerastet. Sein ganzer Frust über seine achtzehnjährige Ehe, die zu einem gegenseitigen Vertrag mit dem Recht zur Demütigung verkommen war, entlud sich. Er warf ihr seinen Teller mit dem Essen ins Gesicht. Sie fiel schreiend zu Boden und er sprang wie von Sinnen auf sie zu, stürzte dabei und fiel mit einem Knie auf ihren Hals. Sie war sofort tot. Er erzählte mir die Geschichte als Beobachter, teilnahmslos, nicht als bewusst handelnder Täter, der er in Wirklichkeit auch nicht war. Jesus rief am Kreuz: »Herr, vergib ihnen, denn sie wissen nicht, was sie tun!«

Er wurde zu acht Jahren verurteilt, obwohl er nur ein einziges Mal aus den Mauern seines persönlichen Knastes auszubrechen versuchte und seine Wut zulassen wollte. Doch da er so lange verlernt hatte, authentisch zu sein, fehlte ihm das rechte Maß, von dem die Benediktiner erzählen.

Ganz anders war die Situation in diesem realen Gefängnis. Jeder stand unter ständiger Anspannung und war höchst bewusst. Er lebte authentisch im Hier und Jetzt, weil jeden Moment ein Beamter eine Botschaft übermitteln konnte, die das ganze Leben hier auf dem Kopf stellen würde. Hier gab es keine kleinen Fluchten wie Urlaub, Theaterbesuche oder heitere Abendessen mit Freunden, die die unsägliche Langeweile des Durchschnittslebens erträglich werden lassen. Es gab keinen intensiven Sex, keine Verliebtheit, keine Flirts, die kurzzeitig eine rosarote Decke über den Seelenmüll der im Alltag Verhafteten legen.

Hier gab es nur die nackte Realität, die aus Eisentüren, Gittern und Beton bestand. Aus misstrauischen Beamten und einer feindlich gesinnten Justiz, die einen für eine Tat bestrafen wollte, die man längst verdrängt hatte oder an die man sich kaum noch erinnern konnte. Wie ein Damoklesschwert hing der anstehende Gerichtstermin mit seinem ungewissen Ausgang über allen, ohne aber den mit jedem Tag der U-Haft zunehmenden Gleichmut zu erschüttern und die Tiefe des ruhigen Schlafes zu beeinträchtigen. Diese ambivalente Situation schärfte die Sinne, was bei mir und den meisten anderen zu einer nie gekannten Klarheit des Geistes führte.

Und doch war es mir noch nicht gelungen, meine psychische Stabilität zu konsolidieren. Als es auf Heiligabend zuging, wollte ich sogar wieder eine Verbindung zu meinem alten Leben herstellen und beschloss, mir mein Mittagessen künftig von dem Feinkosthaus Käfer liefern zu lassen. Ich stellte einen diesbezüglichen Antrag. Dass ein U-Häftling sein Essen von außerhalb der Anstalt bezieht, ist durchaus im Strafvollzugsgesetz vorgesehen, also probierte ich es einfach.

Zu meinem Erstaunen wurde ich zum ersten Mal zum Stationsleiter gerufen, der mich in sein Büro bat.

»Herr Woitzig, wir werden Ihren Antrag genehmigen, aber ich kann Ihnen nicht garantieren, dass Sie täglich Ihr Essen warm und pünktlich erhalten. Denn das Essen könnte vergiftet sein und wir müssen es kontrollieren. Das heißt, es muss labortechnisch untersucht werden. Wir haben die Aufgabe, Sie vor der Gesellschaft zu schützen, die sich vielleicht an Ihnen rächen will. Überlegen Sie es sich noch einmal, ob Sie tatsächlich Essen von außen erhalten wollen.«

In diesem Augenblick erlebte ich meine Knasterleuchtung. Natürlich, das war es! Nicht die Gesellschaft wurde vor mir, sondern ich vor der Gesellschaft geschützt! All die falschen Parameter, denen ich seit meiner Einschulung hatte folgen müssen, waren hinter diesen Mauern plötzlich ausgegrenzt. Das war der Moment, in dem ich einen der Hauptschlüssel zur Freiheit gefunden hatte. Der Stationschef hat es sicher selten erlebt, dass sich ein Gefangener mit den Worten: »Vielen, vielen Dank, Sie haben mir sehr geholfen!« für die Ablehnung seines Antrags bedankte.

Fröhlich pfeifend ging ich zu meiner Zelle zurück. Die Stationsbeamten schauten mich verwundert an und ließen wie selbstverständlich für den Rest des Tages meine Zellentür auf – was ich als Symbol verstand: eine Tür zu meinem wahren Selbst hatte sich geöffnet und stand nun offen. Simples Umdenken, das Betrachten der Situation nicht mehr aus der Ego-Perspektive, sondern von der Ebene eines über den Dingen stehenden Beobachters genügte, um mir bewusst werden zu lassen, dass meine Begrenzung lediglich aus ein paar Mauern, Eisentüren und Gitterstäben bestand, während in der sogenannten Freiheit die Einschränkungen des Lebens viel komplexer sind.

Draußen herrscht der Zwang, Kohle zu verdienen, um sich ein Dach über dem Kopf, Brot und Butter leisten zu können. Ist ein dafür ausreichendes Einkommen vorhanden, entsteht das Bedürfnis, zu Brot und Butter Delikatessen zu verspeisen, ein schöneres Auto und Haus als der Nachbar zu haben und in ferne Länder zu verreisen. Dazu kommt der unsägliche Kampf um den »guten Ruf«, der zur Unterdrückung der eigenen Leidenschaften und Kastrierung des wahren Selbst führt. Schließlich geht es um die Aufrechterhaltung des sogenannten Lebensstandards. Schon die etymologische Bedeutung des Wortes zeigt, dass es um eine zwanghafte Normierung geht, was aber anscheinend niemand begreifen will. Der Slogan »Mein Auto, mein Haus, mein Boot« wurde von Banken entwickelt, um jeden, der seine Kredite nicht mehr bedienen kann, sofort mit dem Entzug dieses rein fiktiven »Standards« zu bestrafen, indem man dem armen Hund alles wegpfändet, was er als sogenannte Sicherheiten für die geliehene Kohle hinterlegt hat.

Aber ist es nicht interessant, dass Banken zwar das Eigentum und das Einkommen eines Kreditnehmers von Gutachtern bewerten lassen, ihm aber in der Regel nur bis zu sechzig Prozent seines Eigentums beleihen und sein Einkommen gar nicht berücksichtigen?

Shakespeare lässt Mark Anton in seiner grandiosen Rede über Brutus in seinem Meisterwerk »Julius Ceasar« die »fickleness of the mob« vorführen, indem er den brillanten Redner zuerst ausführlich über die Heimtücke des Brutus sprechen lässt. Am Ende jeden Satzes quittiert der Mob seine Anklagen und Schmähungen gegen Brutus mit Pfiffen und Buhrufen. Doch im zweiten Teil seiner Rede fügt Mark Anton an jeden Satz ein »but Brutus is an honorable man« an und die Masse johlt jedes Mal vor Begeisterung.

Diese Manipulierbarkeit der Meinung der Mehrheit gilt heute noch. Die Medien praktizieren es täglich. Wie also könnte man diesen Menschen vertrauen, die ohne eigenen Standpunkt opportunistisch der Mehrheit folgen?

Der im »Rat Race« um Kohle und Ansehen Gefangene setzt einhundert Prozent seines Lebens ein, um einen gewissen Status zu erreichen, der sich in seinem Haus, seinen Autos und seinen sonstigen Spielzeugen widerspiegelt. Haben ist angesagt, das Sein spielt keine Rolle. Selbst die Urlaube dienen nur einer kurzfristigen Regeneration der ausgelaugten Psyche und Physis, nach der man sich dann sofort wieder in den Kampf zur Aufrechterhaltung der Fiktion stürzt.

Doch jede Bank misstraut den Rückzahlungsfähigkeiten, weil sie weiß, dass der Durchschnittsmensch vollkommen unberechenbar ist. Eines Tages könnte er seiner wahren Natur folgen, alles hinschmeißen und sich aus seinen Gefängnissen befreien. Deshalb sichert sie sich mit Lebensversicherungen, Grundschulden auf Häusern oder Wertpapieren ab, weil ihr die menschliche Psyche im Sinne Shakespeares zutiefst suspekt ist. Jeder Arzt wird bestätigen, dass alle Manager mehr oder weniger »ausgebrannt« sind und mit einem Bein im Grabe stehen. Ebenso wie Spitzensportler übrigens, deren Lebenserwartung in der Regel zehn Jahre unter dem Durchschnitt liegt. Im Gegensatz dazu führt das geregelte Leben im Gefängnis zu einer Verjüngung und Reanimierung verloren geglaubter Kräfte und Fähigkeiten. »Knast konserviert«, sagen die Insassen. Der Wegfall der Gier nach Besitz und nach Statussymbolen und Prestige lässt das unterjochte wilde Kind wieder zum Vorschein kommen, was sich in allen Gesichtern bemerkbar macht: Die Augen werden sanft und leuchtend und die scharfen Linien in den verbitterten Zügen glätten sich. Das verschollen geglaubte Kindergesicht wird bei lange inhaftierten Männern wieder sichtbar und verleiht ihnen eine Schönheit, die Gleichaltrige »draußen« längst verloren haben.

Wenn man begriffen hat, dass der tägliche Zwang des Lebens in einem realen Gefängnis, wie der Druck von Gesteinsmassen und Erdschichten, aus Kohlenstaub Diamanten formen kann, liefert man sich diesem bereitwillig aus und erträgt ihn lächelnd, weil man gespannt auf das Ergebnis wartet und wie der Graf von Monte Christo hofft, dann endlich mit einem Schatz belohnt zu werden.

Alles hat zwei Pole, unsere Welt ist ein duales System. Die scheinbaren Gegensätze gehören zur selben Skala, sie sind einfach deren zwei Enden. Heiß und kalt sind schlicht die zwei Pole der Temperatur. Der Unterschied zwischen ihnen ist nur graduell. Es gibt unendlich viele Abstufungen von kühl und warm. Genauso ist es bei allen anderen scheinbar unvereinbaren Gegensätzen wie hart und weich, laut und leise, hell und dunkel, Liebe und Hass. Das Prinzip der Polarität befähigt den Menschen, eine unangenehme Situation in ihr Gegenteil zu verwandeln. Wenn es in einem Leben etwas »Unangenehmes« gibt, heißt das, dass auch das »Angenehme« vorhanden ist. Durch das Anheben der geistigen Schwingung durch Meditation und einer anderen Betrachtungsweise kann man das Unangenehme verbannen und das Angenehme anziehen. Das Ergebnis ist eine göttliche Magie, die die Menschen befähigt, sowohl ihren eigenen geistigen Zustand als auch die Mitmenschen besser zu verstehen. Sie werden zu Meistern ihrer Stimmungen und nicht mehr ihr Diener oder Sklave.

BEWUSSTHEIT

Wie man begreift, dass man nur ohne Ego grundlose Freude empfinden kann

Alle Priester lehren die Menschen Gehorsam, Konformität, Zufriedenheit. Du lernst von ihnen, wie du andere nachahmen, aber nicht, wie du authentisch sein kannst. Der authentische Mensch kommt immer wieder in Konflikt mit der Gesellschaft und den Interessen des Establishments, mit allem, was unwahr, scheinheilig und falsch ist. Der Mensch drückt sich deshalb gern um inneres Wachstum und stellt stattdessen lieber schöne Ideale auf. Wer schöne Ideale hat, ist aber noch lange kein schöner Mensch. Vielmehr sind die Menschen fast immer das Gegenteil von dem, was sie als ihr Ideal verkünden. Die Gewalttätigen predigen Gewaltlosigkeit, die Gierigen Großzügigkeit, die Lügner verkünden Ehrlichkeit. Die Politiker treten für den Frieden ein und bereiten den nächsten Krieg vor. Alle Ideale verbergen nur deine wahre Identität, also lass deine Ideale fallen! Der bewusste Mensch braucht keine Ideale. Er handelt immer richtig, nämlich so, wie es ihm sein waches Bewusstsein eingibt.

So weit war ich längst noch nicht. Eine besonders emotionale Achterbahnfahrt erlebte ich am Heiligabend. Dieser Tag ist im Knast ein ganz normaler Vollzugstag, mit einer Ausnahme: Es gibt einen Weihnachtsgottesdienst mit den Tölzer Sängerknaben. Zunächst war ich sehr guter Dinge, denn am Vortag war

meine Frau dagewesen, wir hatten einen sehr angenehmen einstündigen Sonderbesuch verlebt und sie hatte mir erzählt, dass
ihre Familie am Chiemsee feiern und sie fest an mich denken
werde. Sie hatte zwei Pakete für mich abgegeben, die gefüllt waren mit allen von mir gewünschten Delikatessen. Eins war mein
Geburtstags- und das andere mein Weihnachtspaket. Ich hatte
beide schon ausgehändigt bekommen und freute mich darauf,
den Inhalt am Abend herzurichten und genüsslich zu verspeisen.
Ich war bester Laune. Doch dann ließ ich mich von Maximilian
überreden, mit in die Kirche zu gehen. Zunächst gefiel mir die
hohe Emotionalität, die dort deutlich zu spüren war. Die reinen
Knabenstimmen, die ein Weihnachtslied nach dem anderen san-
gen, standen in einem mich faszinierenden Kontrast zu den
harten Gesichtern der Männer, die alle Facetten des Lebens kennengelernt hatten, deren Augen jetzt aber verdächtig feucht
schimmerten. Ich fühlte mich in der Rolle des bewussten Beobachters und gaukelte mir vor, dass diese tiefen Gefühle um mich
herum an mir abperlten. Doch dann intonierte der Knabenchor
Stille Nacht – und bei mir brachen die Dämme. Ich dachte an
meine vergangenen Weihnachten, an die Heiligen Abende meiner glücklichen Kindheit und Jugend, und eine Welle des Selbst-
mitleids überkam mich und schwemmte mich fort. In diesem
Augenblick fing der neben mir sitzende Maximilian an, laut und
falsch mitzusingen, was in mir eine tiefe Heiterkeit auslöste und
mich sofort aus meinem Tal der Tränen zurückholte.

Moment, dachte ich, wie sähe denn die Alternative aus?

Ich würde vermutlich irgendwo in einem Hotel allein feiern,
denn mir war inzwischen trotz oder wegen der regelmäßigen Besuche meiner Frau vollkommen klar geworden, dass unsere Ehe
vor dem Aus stand. Hier war ich von einigen mir inzwischen ans
Herz gewachsenen Menschen umgeben, mit denen mich eine
enge Freundschaft verband. Wir hatten uns sogar ein paar Ge-
schenke gemacht, und über meinen selbstgemachten Schokola-

denkuchen, den Maximilian mir zum Kirchgang mitbrachte, hatte ich mich besonders gefreut.

Als die Zellentür mit einem »Frohe Weihnachten, Herr Woitzig« wie üblich um sechszehn Uhr verschlossen wurde und ich allein in meiner Zelle saß, war die Sentimentalität verflogen. Ich beschloss, mein Weihnachtsessen zu zelebrieren. Ich deckte meinen Tisch mit einem weißen Betttuch und dekorierte ihn mit ein paar Tannenzweigen. Dazwischen platzierte ich zwei weiße Porzellanteller und mein kostbarstes Gut – ein Kristallglas. Ich schaltete den Klassiksender ein. Als das *Weihnachtsoratorium* von Bach ertönte, überkam mich ein Gefühl des tiefen Glücks. Ich eröffnete wohlgelaunt mein Weihnachtsmenü mit einer Vorspeise bestehend aus schottischem Räucherlachs mit einer wohlschmeckenden Honigsenf-Marinade. Als Hauptgang servierte ich mir Bratkartoffeln, die ich mir auf einem von den Hausarbeitern ausgeliehenen Elektrokocher frisch zubereitete, mit einer Dose Beluga-Kaviar auf Crème fraîche. Dazu trank ich eine exzellente Flasche Mazzano von Masi, die ich mir über dunkle Kanäle für sündteures Geld hatte besorgen lassen. Nach dem ersten Glas war ich in ausgezeichneter Stimmung, die sich noch steigerte, als ich mich nach einer Pause, in der ich mich über einige Witze Oshos köstlich amüsierte, die ich in dessen Buch *Esoterische Psychologie* las, meinem Nachtisch widmete. Ein einsitzender Konditor hatte mir eine feine weiße Schokoladenmousse mit Walderdbeeren gemacht, die an Qualität und Geschmack der weißen Mousse von Drei-Sterne-Koch Heinz Winkler im Tantris in nichts nachstand.

Reduziert auf acht Quadratmeter, umgeben vom Allernotwendigsten und einigen winzigen Extras, fühlte ich mich absolut glücklich und frei. Was war das für ein Gegensatz zu meinen trübsinnigen Gedanken während meines Aufenthaltes in Stobo Castle, bei dem ich alles hatte, von dem ein Mann träumt.

‹ ‹ ‹

Während meiner Fahrt durch England und Schottland hatte mir eine meiner Affären von der exklusiven Schönheitsfarm dort vorgeschwärmt und Peter fand die Adresse heraus. Nach einer etwa einstündigen Fahrt erreichten wir in der hereinbrechenden Dämmerung ein altes schottisches Schloss, das auf einem Hügel lag und einen ausgesprochen gastlichen Eindruck machte. Peter parkte vor der Eingangstreppe und sofort eilte der Eigentümer, ein ehemaliger British-Airways-Pilot, herbei und entlud mein Gepäck. Die Empfangshalle wirkte großzügig und geschmackvoll und ich fühlte mich vom ersten Moment an sehr wohl. Der Besitzer zeigte uns seine freien Zimmer, die exklusiven kleinen Appartements glichen und offene Kamine besaßen. Jedes war sehr liebevoll und individuell mit antiken Möbeln und kostbaren Stoffen eingerichtet. Ich checkte ein und ging zum Dinner in den Speisesaal, einem dunkel getäfelten Raum mit einem atemberaubenden Blick über die sich vor dem Schloss ausdehnende Landschaft.

Beim Betreten des Restaurants blieb ich verblüfft stehen. Jeder der acht Tische war mit sehr gepflegten attraktiven Frauen, zwischen dreißig und fünfzig Jahre alt und offensichtlich der britischen Oberschicht angehörend, besetzt. Ich zog alle Blicke auf mich, denn ich war neben dem Eigentümer der einzige Mann weit und breit. Sofort fühlte ich mich wie der Fuchs im Hühnerstall.

Blitzschnell sah ich mich um und ging dann zielstrebig zu dem Tisch mit der schönsten Frau des Raums, an dem erfreulicherweise noch ein Stuhl frei war. Höflich fragte ich sie, ob ich mich setzen dürfe. Sie bejahte und sofort war ich wegen meines leichten Akzents mit ihr in ein heiteres Gespräch verwickelt. Auch die anderen beiden am Tisch sitzenden Frauen beteiligten sich fleißig und es versprach, ein fröhlicher Abend zu werden. Es stellte sich heraus, dass sie Freundinnen aus London waren, die sich ein paar exklusive Tage gönnten. Ich fragte die Ladies, ob ich sie zu einer Flasche Champagner einladen dürfe. Enttäuscht erklärten sie mir, dass es auf Stobo Castle wegen der strengen Diäten keinen Alkohol gäbe. Grinsend sagte ich, dass wir das sofort ändern würden. Ich sandte unsere Bedienung zu Peters Zimmer und ersuchte sie, ihn zu mir zu schicken. Kurz darauf erschien er und fragte, was er für mich tun könne. Ich bat ihn, nach Edinburgh zu fahren und sechs Flaschen Roederer Cristal oder einen ähnlich guten Champagner zu kaufen und hierherzubringen. Peter verabschiedete sich und als die Mädels ihn mit dem Rolls davonfahren sahen, hatte ich gewonnen. Es hätte des Champagners gar nicht mehr bedurft. Als Peter zweieinhalb Stunden später tatsächlich mit einem Karton Roederer Cristal zurückkam, lag ich längst mit meinen drei Tischdamen im Bett. Unsere Orgie dauerte die ganze Nacht und bildete den Auftakt zu einer der lustvollsten Wochen meines Lebens. Tagsüber ließen wir uns von den Masseusen und Kosmetikerinnen des Schlosses verwöhnen. Abends trafen wir uns zum Dinner, das wir mit witzigen und ausgelassenen Gesprächen verbrachten. Anschließend verschwanden wir in einem unserer Zimmer, tranken Champagner und erlebten jede Spielart des Sex.

Doch auch in dieser Zeit dachte ich immer wieder intensiv über mich und mein Leben nach. Wenn ich am späten Nachmittag in dem japanischen Garten des Schlosses spazieren ging oder am Wasserfall saß und mich von den Anstrengungen der Nacht erholte, hörte ich im Walkman »I still haven't found what I'm looking for« und »With or without you« von U2. Ich war auf ihrem Open-Air-Konzert in Edinburgh gewesen. Die Musik und die Texte schienen wirklich für mich geschrieben worden zu sein schienen.

Ich dachte an die zahllosen Frauen in meinem Leben, an das glückliche Lächeln, das ich in ihre Gesichter zaubern konnte und das sie so verschönerte und reizvoll für mich machte.

Sex gibt dir eine Ahnung von Samadhi, dem kosmischen Orgasmus. Wenn du Sex total erlebst, wenn du Sex total liebst, dann macht er dir zum ersten Mal die Höhepunkte bewusst, und auf diesen sonnigen Höhen herrscht große Stille. Das schwatzhafte Ego hast du unten im Tal zurückgelassen. Die Zeit ist irgendwo auf dem Weg verschwunden. Du bist nicht mehr isoliert, du bist keine Person mehr, sondern du pulsierst. Totaler Sex schenkt dir Augenblicke dieser Erfahrung, wenn du im Rhythmus des Alls pulsierst. Dieses Pulsieren ist Orgasmus. Und der Orgasmus ist das Tor zu Samadhi.

Ich fragte mich, was mein glücklichster Augenblick in diesem Leben gewesen war. Nach einigem Nachdenken wusste ich es:

◄ ◄ ◄

Während meines Studiums an der Ruhr-Universität in Bochum lernte ich einen blonden Ostfriesen kennen, Hans aus Emden, der mir sehr sympathisch war. Eines Tages lud mich Hans für ein paar Tage zu sich nach Ostfriesland ein. Ich setzte mich in mein damaliges Auto, einen 356er Porsche Cabrio, und fuhr zu ihm. Wir verbrachten einen feuchtfröhlichen Abend im Kreise seiner Kumpels. Am nächsten Morgen schliefen wir bis Mittag unseren Rausch aus. Plötzlich stand Hans an meinem Bett.

»Steh auf, wir müssen meine Freundin von der Schule abholen. Ich hab's ihr fest versprochen, sie will dich kennenlernen.«

Mühsam erhob ich mich. Zerschlagen, zerknautscht und zerzaust wie ich war fuhr ich ihn zu ihrem Gymnasium. »Hoffentlich ist sie hässlich«, dachte ich. Ich wollte nicht schon wieder Komplikationen mit einem Freund wegen seiner Freundin. Wir parkten direkt vor dem Ausgang der Schule und stiegen aus. Es war Schulschluss und Kohorten von Mädels strömten auf uns zu und musterten uns neugierig. Einige grüßten Hans. Bei jeder Dunkelhaarigen mit Brille hoffte ich, das sie zu Hans gehen und ihn umarmen würde. Schließlich tauchte umringt von ihren Freundinnen eine bildschöne Blondine auf, das mit Abstand schönste Mädchen der Schule. Schnell warf ich Hans einen Blick zu, doch er verzog keine Miene. Anders sie. Als sie ihn erblickte, rannte sie auf ihn zu und küsste und umarmte ihn. Hans stellte mich ihr triumphierend grinsend vor. Sie sah mich mit ihren dunkelblauen Augen prüfend an und lächelte. Ich wusste, es würde Ärger mit Hans geben.

Wir fuhren sie nach Hause und verabredeten uns für den Nachmittag an einem Baggersee. Als sie ihren Bikini anzog und ich ihre makellose Figur sah, interessierte mich Hans nicht mehr. Ich lief zur Höchstform auf. Während wir die mitgebrachten Lambrusco-Flaschen leerten, alberten wir fröhlich und so vertraut miteinander herum, als würden wir uns Jahre kennen. Jutta war ihr Name, sie hatte eine tiefe Stimme und ihr Lachen brachte mich zum Vibrieren. Ich glühte. Der Nachmittag verflog und schließlich musste sie heim. Ich gab Hans meinen Autoschlüssel und bat ihn zu fahren, weil ich zu betrunken sei. Jutta quetschte sich hinten auf den Notsitz. Ich setzte mich nach vorn. Als Hans den Wagen startete, legte ich mich scheinbar zum Schlafen auf die rechte Seite, wobei ich meine rechte Hand mit der offenen Handfläche unter mein Gesicht legte. Wie im Fieber wartete ich auf ihre Hand. Die Hand kam. Sanft schob sie sich über meine und drückte sie ganz leicht. In diesem Moment durchfuhr mich ein Hitzeschub. Ich glaubte, ich würde meinen Körper verlassen und davonfliegen. Und das war er, der glücklichste Moment meines Lebens.

Als ich sie eine Woche später heimlich in Münster traf und wir an einem See Sex hatten, war der Zauber dieses Augenblicks unwiederbringlich verloren.

Ich habe sie nie wieder gesehen.

➤ ➤ ➤

An jenem Nachmittag im japanischen Garten von Stobo Castle wurde mir bewusst, dass ich bei meiner Suche nach dem Glück bei und mit Frauen einer Illusion hinterhergejagt war. An diesem Tag beschloss ich, dass die Zeit gekommen war, nach München zurückzukehren und mich zu stellen, um meinen persönlichen Augiasstall auszumisten.

Jetzt in Stadelheim genoss ich den letzten Schluck des köstlichen Mazzano und dachte, dass ich auf dem besten Weg war, die herkulische Aufgabe zu vollbringen. Noch lag viel Arbeit vor mir, aber einige große Misthaufen waren bereits beseitigt worden. Durchaus zufrieden, trunken von Wein und bestens gesättigt schlief ich ein.

Ein paar Tage später besuchte mich Viktoria. Wir alberten fröhlich herum und küssten uns zärtlich beim Abschied. Bester Laune ließ ich mich daher zurück zur Wartezelle führen. Zu meinem Glück war ich der einzige Gefangene dort. Ich legte mich auf die Bank, um den Besuchszauber nachschwingen zu lassen. Die Tür wurde aufgesperrt und ein großer Blonder in Anstaltskleidung betrat den Raum. Der Typ setzte sich ohne zu zögern direkt neben mich. Ich spürte seine Berührung und richtete mich auf. Er musterte mich mit den mitleidlosesten blauen Augen, die ich je gesehen hatte.

»Bist du schwul?«

Ich schluckte beklommen. »Nein, wieso?«

»Weil ich der Schwulenmörder bin. Bestimmt hast du was über mich gelesen. Ich habe drei von den Schweinen umgebracht«, erwiderte er und ein leichtes Lächeln umspielte seine Lippen.

Mich fröstelte. Ich wollte mir nicht vorstellen, was passiert wäre, wenn ich Ja gesagt hätte.

Um meine Beklemmung aufzulösen, fragte ich ihn, woher er käme. Zu meiner Verblüffung nannte er den kleinen Ort, in dem ich einst meinen Kommilitonen Hans besucht und Jutta am Baggersee getroffen hatte.

»Kennst du einen Hans L.?«, fragte ich ihn.

»Klar, der war ein Bullenschwein.«

»Wieso war?«, fragte ich.

»Ach, den haben sie abgestochen. Den Täter haben sie nie erwischt«, antwortete er. Wieder umspielte dieses schmallippige Lächeln seinen Mund, während seine kalten Augen mich provozierend ansahen. Spontan wollte ich ihn fragen, ob er es gewesen sei. Doch sein Blick ließ mich verstummen. Ich fühlte eine innere Kälte in mir, die ich noch nie erlebt hatte, und war heilfroh, als die Tür erneut aufgesperrt wurde und eine Gruppe Mitgefangener plaudernd die Zelle betrat. Später las ich, dass der Schwulenmörder zu dreimal lebenslänglich mit anschließender Sicherungsverwahrung verurteilt worden war. Er würde also niemals wieder frei kommen und das war gut so.

Silvester verlief ähnlich wie Heiligabend, nur dass ich nach einem exzellenten Menü, diesmal zusammen mit einer kleinen Flasche Moët & Chandon, um Mitternacht noch einmal aufstand, um am Fenster stehend dem Feuerwerk über der Stadt zuzusehen.

Erstaunt und verblüfft war ich darüber, dass die Jungs alles, was nicht niet- und nagelfest war, anzündeten und in den Hof warfen. Fasziniert beobachtete ich, wie brennende Socken, Unterhosen, Handtücher, aber auch Knastschuhe, Plastikbecher, Zahnbürsten und sogar ein Toilettendeckel brennend an meinem Zellenfenster vorbeisegelten. Dazu wurde in den Zellen gejohlt und gesungen. Eine Kakophonie der Freude und des Wahnsinns, die mir gut gefiel. Außerdem wusste ich, dass das mein letztes Silvester in Stadelheim sein würde und ich vermutlich den nächsten Jahreswechsel in Freiheit erleben würde.

»Wie innen so außen« heißt es im *Kybalion*, dem Buch der »sieben hermetischen Regeln«. Mein Innerstes war totale Freude, die sich in meiner Außenwelt widerspiegelte.

Werde zu einem hohlen Bambus, lass alles zu und vertraue in die Existenz. Sei furchtlos bereit für alles, was kommt. Dieses Universum hat eine grundlegende Gerechtigkeit. Es bürdet dir niemals etwas auf, was du nicht mit deinen dir innewohnenden Fähigkeiten meistern kannst. Es wäre unsinnig, wenn du nur weiterleben könntest, indem du einen zwanzig Tonnen schweren Felsblock lupfst. Bist du schwach und untrainiert, liegt schlimmstenfalls ein schwerer Stein auf deinem Weg. Und den kannst du beseitigen.

KNÖPFE DRÜCKEN

Wie man lernt, von der Schachfigur zum Spieler zu werden

Der Unterschied zwischen Vertrauen und Glauben ist, dass Vertrauen am Ende eines Entwicklungsprozesses steht, der von Zweifeln begleitet war und im Verstehen geendet hat. Lass deine Zweifel zu und unterdrücke sie nicht. Wer glaubt, hat Angst, Fragen zu stellen, und wird ausgebeutet. Vertrauen hat eine große Energie. Es gründet sich nicht auf Worte, sondern auf ein mutiges Herz. Glaube ist eine Sache des Herdenmenschen, der nach einer alle Zweifel ausschaltenden Ideologie verlangt. Was hat der Mob gemacht, der bei der Kreuzigung Jesu dabei war? Die Leute haben ihm ins Gesicht gespuckt. Sie haben ihm nicht vertraut, sondern fühlten sich von ihm verraten, weil er seine göttlichen Fähigkeiten nicht offenbarte und einsetzte, um dem Tod am Kreuz zu entgehen. Alle auf Glauben beruhenden Handlungen sind hässlich und die auf Vertrauen basierenden schön.

Es war soweit. Meine stärkste Befürchtung war eingetreten: Unser größter Kunde wollte sein gesamtes Geld abziehen. Ich ließ mich von meinem Partner über die Grundstimmung seiner Gespräche mit ihm unterrichten. Er erzählte mir, dass er völlig unaufgeregt und freundlich die Auszahlung angefordert hätte, was mich etwas beruhigte. Dann schaute ich mir seine Kontostände an und rief den Baulöwen an, der gemäß seinem Kontoauszug einundzwanzig Millionen D-Mark bei uns hatte. Wir hatten ihm bereits zehn Millionen ausbezahlt, also blieben noch elf Millionen. Ich hatte allerdings keine Lust, ihm auch nur noch einen Pfennig zu geben. Denn einerseits hatte er mehr als genug Geld und ich wusste, dass er damit nur wieder neue Immobilienprojekte finanzieren würde. Irgendwann würde es ihn bei seinen riskanten Bauspekulationen erwischen und er würde alles verlieren. Das konnte er genauso gut bei uns. Ich sollte Recht behalten. Er legte einige Jahre später mit einem fünfhundert Millionen Projekt in Leipzig eine Riesenpleite hin, die ihn sein gesamtes Vermögen kostete. Andererseits vermutete ich, dass mein Partner ihm die 9 Millionen Gewinn einfach ins Konto gebucht hatte, weil er einen heimlichen Deal mit ihm abgeschlossen hatte und prozentual daran partizipierte.

»Hey Bauernfeind, ich bin's. Klaus hat mir gesagt, dass du deine Konten auflösen willst. Dafür bin ich zuständig. Es wird allerdings eine Zeit dauern, bis du dein Geld erhalten wirst. Steuertechnische Gründe, du verstehst?«

Natürlich verstand er. Sein bei uns investiertes Geld war sogenanntes »Schwarzgeld«, also steuerlich nicht erfasste Kohle. Für Gelder dieser Art hatten wir ein ganz bestimmtes Abwicklungssystem und diese Konten führten wir nur unter Kennwörtern. Bauernfeinds Konten waren Kennwortkonten.

»Wie lange brauchst du?«, fragte er.

»Kann ich noch nicht sagen. Ich fange heute mit dem Verkauf an. Selbstverständlich nicht alles auf einmal, sondern je nach Kursentwicklung. Dann gibt es fünf Tage Settlement-Day. Danach brauche ich ungefähr eine Woche, um das Geld zu transferieren. Nach den Verkäufen der Aktien und Zinspapiere kann ich dir das Geld in Tranchen auszahlen, wenn du willst.«

»Ist in Ordnung. Ruf mich an, wenn du die erste Kohle hast.«

Ich legte auf und war beruhigt. Weil er damit einverstanden war, dass ich nicht alles auf einen Schlag, sondern sukzessive verkaufen würde und er der Auszahlung in Tranchen zugestimmt hatte, konnte ich sie beliebig in die Länge ziehen. Er hatte keine Ahnung, dass ich ihn über ein Jahr lang warten lassen würde.

Auf jeden Fall hatte ich erst mal Zeit gewonnen. Und Zeit war ein ganz wesentlicher Verbündeter. Viele Dinge erledigten sich von selbst, wenn etwas Zeit vergangen war. Oder es tauchte eine Lösung auf, an die niemand gedacht hatte.

Am Nachmittag fuhr ich mit Viktoria zu unserem Lieblingspicknickplatz: einer Almwiese oberhalb von Mittenwald, die mir mein Schwiegervater gezeigt hatte, weil man von ihr aus genau neunundneunzig Berggipfel sehen kann. Ich breitete eine Decke aus und holte Feinkostsalate, ein Baguette und eine Flasche Weißwein hervor, die ich in meinem Lieblingsfeinkosthaus gekauft hatte. Genüsslich ließen wir es uns schmecken, während unsere beiden Yorkshire Terrier, die Viktoria mit in die Ehe gebracht hatte, fröhlich herumtollten. Viktoria erzählte mir von den anstehenden Familienfeiern, zu denen wir eingeladen waren, aber ich hörte nur mit halbem Ohr zu. Mir war gerade klar geworden, dass es bei unseren Kunden nur um einen Bruchteil ihres Vermögens ging, bei mir aber um meine gesamte Existenz: Meine Ehe, meine gesellschaftliche Position, meine Beziehung zu meinen Freunden und mein luxuriöser Lebensstil standen auf dem Spiel.

»Tante Maria feiert am Freitagabend ihren Geburtstag. Nur der engste Familienkreis ist eingeladen, wir sind vierzig Personen. Onkel Albert kocht extra für dich vegetarisch. Wir müssen also hingehen.« Plötzlich war ich hellwach. Schon wieder eine Familienfeier, die nach dem ewig gleichen Ritual ablaufen würde: immer die gleichen Gerichte, immer die gleichen Gespräche. Alles sehr nette Menschen. Vermögend, gut gekleidet, gute Manieren. Die klassischen Repräsentanten der erfolgreichen deutschen Kaufmannschaft. Glattgebügeltes Auftreten ohne Untiefen. Die waren tief verborgen in ihren gut gepolsterten Körpern und Gemütern. Nie wurde jemand ausfallend, nie gab es einen offen ausgetragenen Konflikt, nie wurde etwas in Frage gestellt. Sattes, zufriedenes Großbürgertum. Konservativ und scheinbar rechtschaffen bis in die Knochen. Leben mit Scheuklappen. Die Männer arbeiteten zehn Stunden am Tag in dem Familienunternehmen, die Frauen überlegten sich, wie sie das Geld ausgeben oder anlegen konnten. Darum drehten sich die Gespräche: Arbeit und Geld, Immobilien, Mode und Schmuck. Nach dem Essen wurden die Familienspiele gespielt. Die, die sich sonst nichts zu geben hatten, gaben sich Karten. Die anderen spielten das Lieblingsspiel der Familie »Hollywood«. Jemand stellt einen Begriff pantomimisch dar, die anderen mussten raten, welchen. Und ich, sowieso von früh bis spät Schauspielender, war gezwungen teilzunehmen. Paradox. Oder ein Spiegel meines Lebens?

Nachdenklich sah ich Viktoria an. War es wirklich so ein großer Verlust, den ich erleiden würde, wenn ich aus diesen festgefahrenen Bahnen rausfliegen würde? Und was war in dem Zusammenhang eigentlich der Stellenwert unserer Ehe?

Mir fiel eine Episode ein. An einem Sommermorgen spielten wir Tennis in der Sportschule Grünwald. Ich hatte Aufschlag zum Satz – und Spielball. Der Ball kam hart in Viktorias Feld. Ehrgeizig wie sie war rannte sie los und erwischte ihn gerade noch. Aber nur mit dem Schlägerrahmen. Von dort sprang er ihr ins Auge.

»Spiel, Satz, Sieg, Viktoria abgeschossen«, dachte ich triumphierend, denn sie war eine verdammt gute Gegnerin. Doch sie sackte in sich zusammen, hielt sich das Auge und weinte vor Schmerzen. Sie schien ernsthaft verletzt zu sein. Geschockt raffte ich unsere Sportsachen zusammen und führte sie zu meinem Auto. Mit Vollgas fuhr ich sie zum Harlachinger Krankenhaus. Da passierte das für mich Unglaubliche. Mit einer Hand auf ihrem verletzten Auge griff sie sich mit der anderen den Hörer meines Autotelefons und wählte mühsam eine Nummer. »Mami, ich habe mich beim Tennisspielen am Auge verletzt. Uwe fährt mich gerade ins Krankenhaus«, schluchzte sie in die Muschel.

Ich sah sie fassungslos an. In diesem Moment begriff ich zweierlei: Erstens, sie war eine ausgesprochene Egoistin. Statt das Ergebnis der Diagnose und Behandlung abzuwarten und erst dann die Geschichte mitzuteilen, beunruhigte sie ihre Mutter zu einem Zeitpunkt, als noch gar nichts feststand.

Und zweitens, gravierender: Sie würde immer in erster Linie Tochter sein und erst in zweiter Linie meine Ehefrau. Niemals würde sie wie Elaine Robinson in dem Film »Die Reifeprüfung« mit mir aus einer Kirche flüchten, in der ihre Familie sich aufhielt. Das war aber, seit ich den Film gesehen hatte, das Mindeste, was ich von meiner Ehefrau erwartete.

Versonnen sah ich ihr zu, wie sie mit unseren beiden Hunden unbeschwert auf der Wiese Stöckchenwerfen spielte. Ich würde also in Wirklichkeit nur etwas verlieren, das ich sowieso nie haben wollte: nämlich ein Leben eingebettet in bürgerliche Moralvorstellungen, die Viktorias Familienideal angepasst waren. Und wie sah das aus? Ich dachte daran, wie mir mein Schwiegervater bei unserer standesamtlichen Trauung in Venedig eine goldene IWC-Uhr geschenkt hatte. Ich sah ihn verblüfft an, denn ich besaß mehrere sehr wertvolle Audemars-Piguet-Uhren. Da meinte er fast entschuldigend:

»Alle Männer der Familie tragen diese Uhr.«

Ausgerechnet mir, der nie einem deutschen Verein beigetreten war, verpasste er so eine Insignie der Anpassung. Ich habe die Uhr nie getragen, ihm aber den Grund nie erklärt. Ich mochte ihn dennoch sehr. Ich bin mit ihm in den Bergen herumgeklettert und hatte ihn in seinem Element erlebt, wo er so sein konnte, wie er wirklich war: verwegen an seine Grenzen gehend und – glücklich. Er war ein väterlicher Freund geworden und ich nannte ihn »Pa«. Doch nie wollte ich so werden wie er, der in Mittenwald genauso wild und frei aufgewachsen war wie ich in Hattingen. Jetzt führte er seit Jahrzehnten die Firma seiner Frau, deren Vater der Firmengründer gewesen war und der ihn auf dem Sterbebett zu seinem Nachfolger als Geschäftsführer gemacht hatte, und musste tagtäglich die von ihm erwartete Rolle spielen. Gefangen in der im Sinne Descartes provisorischen Moralvorstellung der Familie, die im Kern aus sechs Schwestern bestand, denen der Vater das Unternehmen zu gleichen Teilen vererbt hatte. Allesamt intellektuell eher schlichte Frauen, die sich an einer starren Moral festklammerten, die geprägt war von christlichen Tugenden und der fixen Idee, dass die Familie über alles ging. Von Ethik, also dem Hinterfragen und Abwägen von Vorstellungen und Ereignissen, von Einfühlungsvermögen und Sich-hineindenken in die Gefühle eines außerhalb der Familie Stehenden war keine Spur vorhanden. Und zur Familie gehörten nur die sechs Schwestern und ihre Kinder. Welch absurde Konsequenz das hatte, erlebte ich bei einem unserer gemeinsamen Abendessen mit meinen Schwiegereltern. Wir sprachen über die schulischen Probleme eines jungen Cousins von Viktoria. Mein Schwiegervater machte darüber eine flapsige Bemerkung, die meiner Schwiegermutter nicht gefiel.

»Du kannst hier gar nicht mitreden. Du bist ja nicht einmal mit uns verwandt, sondern hast nur eingeheiratet«, sagte sie scharf zu ihm. Mein Schwiegervater war wie vom Donner gerührt. Er sah sie an wie ein geprügelter Hund. Ich fühlte, wie schwer getroffen er war, und er tat mir in diesem Moment unsagbar leid. Sein ganzes Leben hatte er der Arbeit in der ihm übertragenen Firma gewidmet und diese Aufgabe mit Bravour erfüllt. Und das war der Dank: keinerlei Anerkennung, sondern eine schallende Ohrfeige. Der Spruch erinnerte mich an jenen, den ich von einem schwarzen rassistischen Jamaikaner gehört hatte: »Ein reicher Weißer kann bei uns bestenfalls ein Mulatte werden.«

Als ich meine Schwiegermutter ihren Satz sagen hörte, war mir klar, dass sie mich fallen lassen würde wie eine heiße Kartoffel, wenn unsere Firma zusammenbrechen würde. Zwar hatte sie mir einmal leise gesagt, dass »ihr Vater sehr stolz auf mich gewesen wäre«. Was das höchste Kompliment war, das sie einem Mann machen konnte. Sie verehrte den bereits vor Jahrzehnten Verstorbenen wie einen Heiligen und erzählte immer wieder Anekdoten aus ihrer Kindheit. Zum Beispiel, wie sie sich oft krank stellte, nur damit der von ihr so geliebte Vater sich zu ihr ans Bett setzte und sie wenigstens für diese Zeit seine ungeteilte Aufmerksamkeit erhielt. Sein Legat, die geerbte Firma und der Ruf ihrer Familie, ging ihr über alles. Sie würde mich lieber tot als im Knast sehen. Niemals würde sie sich mit einem eingeheirateten Ex-Knacki an einen Tisch setzen, mit dem sie laut ihren eigenen Worten »nicht einmal verwandt war«. Mir war klar, dass meine Ehe in Wirklichkeit auf den tönernen Füßen der Lebensanschauungen meiner Schwiegermutter und ihrer Schwestern stand, die ich mein Leben lang als konservative Pseudomoral des leb- und lieblosen Bürgertums verabscheut hatte. Nicht mehr in diese Familie eingebunden zu sein bedeutete nicht wirklich einen Verlust.

Mein gesamter Besitz und mein luxuriöser Lebensstil standen ebenfalls auf dem Spiel. Mir war bewusst, dass es keineswegs etwas Unrechtes war, die schönsten Dinge, die uns die Erde bietet, zu besitzen und zu genießen. Es war sowohl Wohltat wie Notwendigkeit, meinem feinen Geschmack geben zu können, wonach er verlangte. Doch irgendwie hatte dieser jahrelange Trip eines »Feinspitz« – eines Genießers auf höchstem Niveau – seinen Reiz verloren. Wenn du dir alles, wirklich alles leisten kannst, wirst du plötzlich bescheiden. Ein gutes Bauernbrot mit einer Käseplatte, Butter und Beerenwein, nach einer Bergwanderung auf einer Alm genossen, wird zu einem genauso großen oder sogar größeren Genuss als das einhundertste Drei-Sterne-Menü des Jahres oder die zwanzigste Fahrt mit einem Rolls Royce an der Côte d'Azur entlang. Selbst Flüge in mit Saunen ausgestatteten Privatjets oder Kreuzfahrten auf luxuriösen Yachten verlieren ihren Reiz und werden zu etwas Gewöhnlichem. Wenn ich ehrlich zu mir war, sehnte ich mich nur noch nach den Dingen, die man nicht kaufen kann.

Blieb nur noch die letzte Furcht: die Angst vor dem Tod. Was, wenn mich tatsächlich einer unserer Kunden umbringen ließe? Der Gedanke daran ließ mich lächeln. Mit meinen fast fünfunddreißig Jahren hatte ich alles erlebt, was man in der materiellen Welt erleben konnte. Keiner meiner Wünsche war unerfüllt geblieben, ich hatte es mir wirklich »gegeben«, auf jeder Ebene. Es blieb also nur die spirituelle, die mir bisher verschlossen geblieben war. Da ich von einem Leben nach dem Tode und der Reinkarnation überzeugt war, sah ich den Tod nur als Durchgang in die geistige Welt, von der ich zwar keine Ahnung hatte, auf die ich mich aber freute.

Und dann gab es da noch diesen Beigeschmack, dass ich das alles mit ungerechten Methoden erlangt hatte. Ungerechtigkeit ist aber nur ein anderes Wort für Unwissenheit oder Mangel an Weisheit, wie die Erleuchteten sagen. Der Wissende tut nichts, was ihm oder anderen in irgendeiner Form Schaden bringen würde. Wie auch immer. Ich begriff, dass es gar nicht schädlich sein würde, wenn ich diese Welt des schönen Scheins verließ, mein Trip zu Ende ging und ich in der Mitte meines Lebens einen kompletten Neuanfang machen könnte. Ob mit oder ohne Viktoria würde sich herausstellen.

Mein persönliches Fazit an diesem Nachmittag auf der Almwiese war, dass ich mich vor keinem der drohenden Verluste fürchtete. Nicht einmal vor dem meines Lebens. Innerlich gefestigt beschloss ich, mich mit unserem Kunden auf einen Kampf bis aufs Messer einzulassen. Gleichzeitig aber zu versuchen, über das Büro in Monte Carlo die Firmensituation zu stabilisieren. Und nebenbei mit Viktoria jede freie Minute an den schönsten Orten dieser Welt zu genießen. Intensiv. Koste es, was es wolle. Jeder Augenblick konnte der letzte sein.

Mitte Januar lernte ich Öppes kennen. Ich kam vom Anwalt zurück und befand mich in einer Gruppe, in der auch ein paar Neuankömmlinge waren. Vor mir lief ein krummbeiniger Typ mit langen schwarzen Haaren, der den Korb mit seiner Habe vor sich hertrug und dabei ein fröhliches Liedchen pfiff.

»An Gott kommt keiner vorbei, nur Stan Libuda«, flachste ich ihn von hinten an.

Er drehte sich um und ich sah in ein vollbärtiges sympathisches Gesicht, das Lebenserfahrung und Humor ausstrahlte. Er hatte anscheinend sofort verstanden, was ich meinte.

»Ich habe keine krummen Beine, ich laufe nur ausbalanciert«, erwiderte er mit einer tiefen, wohlklingenden Stimme.

Balance war das Zauberwort, denn darum kämpfte ich schon seit Monaten.

»Interessant, was verstehst du unter Balance?«

Er sah mich durch seine randlose Brille prüfend an. »Milch für die Kinder, Fleisch für die Erwachsenen.«

Mein Ego blies sich auf. Der Bursche war die personifizierte Unverschämtheit.

Bevor ich etwas sagen konnte, kam die nächste Frechheit.

»Ach Gott, schon beim ersten Knöpfchen geht er in die Luft wie das HB-Männchen.«

Wie meinte er das? Die Neugier übertraf meine verletzte Eitelkeit.

»Hör zu, Öppes (Kohlenpottslang für ›Alter‹), wer bist du und wie meinst du das?«

»Ich bin niemand, völlig unwichtig. Aber das mit den Knöpfchen werde ich dir mal erklären, wenn wir Zeit dazu haben.«

Diese Zeit kam im Laufe des nächsten Tages, denn er wurde in meine Nachbarzelle verlegt und wir trafen uns beim Hofgang. Er kam sofort auf unseren kleinen Schlagabtausch zu sprechen.

»Du wolltest gestern wissen, was ich mit Knöpfchendrücken meinte? Nun, wenn du von einem erleuchteten Meister aufgenommen wirst, wird er mit deiner Ausbildung beginnen, indem er bei dir verschiedene Knöpfe drückt, die dein Ego fürchterlich aufregen und es letztendlich zertrümmern. Wenn du zum Beispiel in einen Ashram kommst und bist ein Topmanager, werden sie dich als Erstes zum Kartoffelschälen einteilen und den ganzen Tag an dir rummäkeln, warum du so schlecht geschälte Kartoffeln ablieferst und auch noch derart langsam arbeitest. Damit drücken sie gleichzeitig zwei Knöpfe, nämlich den deines Stolzes und den deines Ehrgeizes. Verstehst du das?«

»Klar, hier im Knast drücken sie gleichzeitig zehn Knöpfe.«

»Mindestens, und deshalb ist es ein wunderbarer Ort zur Zertrümmerung deines aufgeblähten Egos, zur Selbstfindung und zur Verbindung mit dem wahren Selbst.«

»Was verstehst du unter wahrem Selbst? Bist du Buddhist?«, fragte ich.

»Nein, ich bin kein Buddhist, sondern Jainist. Bevor ich dir den kleinen, aber feinen Unterschied erkläre und wir über das wahre Selbst sprechen, erzähl du mir, was du über Buddhismus weißt oder warum du dich dafür interessierst.«

»Ehrlich gesagt, weiß ich wenig. Schon immer haben mir die buddhistischen Heiligen viel besser gefallen als die christlichen. Sie lächeln alle, sehen zufrieden und glücklich aus, während die christlichen sehr gequält wirken und meistens als gefolterte Märtyrer starben. Außerdem habe ich den Unsinn der Erbsünde, von Schuld und Sühne, Fegefeuer und Paradies nie geglaubt und auch nicht verstanden.«

»Das mit der Erbsünde ist gar nicht so falsch, wie du meinst. Im Buddhismus nennt man es Karma. Das bedeutet, dass du die Wirkungen von in vergangenen Leben erzeugten Ursachen manchmal erst in diesem Leben erfährst. Die Theorien von Schuld und Sühne und Hölle und Himmel gibt es in der Form im Buddhismus nicht, es gibt allerdings das Gesetz der Kausalität. Einfach ausgedrückt: Du erntest, was du säest.«

»Hier im Knast gilt wohl eher: Wie man in den Wald hineinruft, so schallt es heraus. Ich habe in der Tat bemerkt, dass hier die Zeiten zwischen Ursache und Wirkung unglaublich kurz sind. Jede Freundlichkeit wird sofort belohnt, jede Bosheit kurz darauf bestraft.«

»Das hast du gut beobachtet. In Wirklichkeit ist ein Gefängnis ein viel besserer Ort zur Selbsterkenntnis als ein Kloster. In einem Kloster leben die Menschen abgeschirmt von den Marktplätzen dieser Welt, Menschen, die den Bezug zum alltäglichen Leben und ihren Emotionen fast vollkommen verloren haben. Sie lernen und diskutieren tiefste spirituelle Erkenntnisse, aber sie leben isoliert hinter dicken Mauern jahrelang mit einer Handvoll Gleichgesinnter zusammen und werden *unbewusst*. Hier bist du umgeben vom prallen Leben und es herrscht ein ständiges Kommen und Gehen. Du bist in ständiger Unsicherheit, also entwickelst du höchste Bewusstheit. Selbst deine Zelle bietet keinen Schutz, denn nicht du hast die Kontrolle über die Tür und den Schlüssel dazu, sondern für dich anonyme Staatsanwälte und Richter, deren Organe die hiesigen Beamten sind. Theoretisch kann jede Sekunde die Tür aufgehen und man sagt dir, dass du in ein anderes Gefängnis oder eine andere Abteilung verlegt wirst. Oder du wirst entlassen. Dann sind dein mühsam erschaffenes Ambiente und deine gerade aufgebaute Infrastruktur weg und du kannst irgendwo ganz von vorne anfangen. Hier lernst du hautnah, dass Besitz belastet. Je mehr du einzupacken hast, desto mühsamer ist das Ein- und Auspacken. Je mehr Bindungen du zu Mitgefangenen aufgebaut hast, desto schwerer fällt dir das Weggehen. Ein Buddhist versucht bindungslos zu sein … Ich will dir erklären, was ich damit meine. Einst kam ein Suchender zu einem Meister, der auf einem Berggipfel lebte. Der Mann war drei Tage unterwegs gewesen, hatte Wälder durchstreift und war schließlich mühsam zu dem Gipfel emporgeklettert. Schließlich stand er vor dem Meister, einem grimmigen bärtigen Gesellen, der ihn wild ansah und anbrüllte: ›Was willst du von mir?‹ Zaghaft antwortete der Ankömmling: ›Ich möchte dein Schüler werden.‹ Der Meister schrie ihn an: ›Warum bringst du dann das ganze Gesindel mit?‹ Verblüfft schaute sich der Mann um. ›Welches Gesindel, ich bin ganz allein?‹ ›Du lügst‹, brüllte der Meister, ›in deinem Kopf hast du deine Frau, deine Kinder, deine Verwandten und deine Freunde dabei. Dauernd denkst du an sie. Erst, wenn du nicht mehr von ihnen abhängig bist, ist dein Geist frei und bereit zu einem Gefäß zu werden, in das die göttliche Weisheit eindringen kann. Wenn du soweit bist, kannst du gern wieder zu mir kommen …‹ So viel zu deinen Belastungen durch emotionale Bindungen, die dich verschließen für alles Neue und dich unfrei und schwerfällig werden lassen. Und was deinen Besitz angeht, gilt die alte indianische Erkenntnis: Ein Mann braucht nicht mehr, als er an seinem Sattel befestigen kann.«

Ich dachte an die vielen Bücher, Akten, Kleider und Nahrungsmittel, die ich inzwischen in meiner Zelle angesammelt hatte und sorgfältig unter dem Bett, im Schrank und Regal verstaut hatte.

»Ein denkwürdiger Satz. Aber ich kenne niemanden, der sich daran hält.«

»Die Ursache dafür ist tiefsitzende Angst. Besitz belastet zwar, doch er schützt scheinbar auch vor imaginären Bedrohungen. Denk mal an den Schwachsinn mit den Kühltruhen. Wie viel Energie man aufwenden muss, um nahrungstechnisch minderwertige Lebensmittel aufzubewahren, damit die Menschen das Gefühl haben, sie haben immer genug im Haus und müssen nicht verhungern.«

Ich war sehr nachdenklich geworden.

»Dann bist du deshalb so fröhlich pfeifend hier angekommen, weil es für dich ein idealer Platz zur Selbstfindung ist?«

»Bravo, genau das ist es. Du musst es nur aus der richtigen Perspektive betrachten: Du bist beschützt und behütet, hast gute medizinische Versorgung und bekommst ausgewogene Nahrung, die du beliebig durch Einkäufe und Paketsendungen von draußen ergänzen kannst. Ich probiere da übrigens gerade etwas. Ich bin Vegetarier und da reicht meines Erachtens die Ernährung hier nicht aus. Ich habe deshalb beantragt, mich komplett selbst ernähren zu können und sie haben es mir genehmigt. Meine Lebensgefährtin ist deshalb zum Viktualienmarkt gegangen und hat eingekauft. Mal sehen, ob sie mir alles aushändigen.«

Ich war skeptisch und erzählte ihm, wie es mir mit meinem Essen von Käfer ergangen war.

»Mein Fall ist anders, aber wir werden sehen.«

Kurz darauf erlebte ich hautnah das Prinzip des Loslassens.

Der Hofgang war beendet und mein neuer Freund Öppes wurde zum Stationschef gerufen. Der stand grimmig neben einem Transportwagen, der voll beladen war mit den feinsten Delikatessen des Viktualienmarktes: Obst, Gemüse, Käse, Fisch, Joghurt, Sahne und Butter. All das türmte sich in unfassbaren Mengen auf dem Wagen.

Als Öppes auf ihn zuging, schrie ihn der Stationschef an:

»Das ist ja völlig unmöglich, das kann ich Ihnen niemals aushändigen. Das ist alles vollkommen unkontrollierbar. Wir können doch nicht jeden Becher öffnen und jedes Obststück aufschneiden.«

»Sie haben vollkommen Recht. Behalten Sie alles und verteilen Sie es an Ihre Beamten.«

Öppes drehte sich um und ging in seine Zelle zurück.

Ich konnte es nicht fassen. Wie konnte er ohne Widerstand zu leisten alles aufgeben, wofür er gekämpft und es fast erreicht hatte? Der alte Krieger in mir schüttelte ungläubig den Kopf. Meine Verwunderung wurde noch größer, als ich das weitere Geschehen miterlebte. Der Stationschef rief Öppes zurück und sah ihn prüfend an.

»Also schön, nehmen Sie die Karre und verstauen Sie alles in Ihrer Zelle. Aber dalli. Ich will das ganze Zeug hier nicht mehr sehen.«

Die nächsten Minuten waren wir damit beschäftigt, die Waren in seiner Zelle unterzubringen.

Mit jeder Köstlichkeit, die ich Öppes reichte, begriff ich, dass man durch Loslassen alles erreichen kann. Vollkommen logisch natürlich. Alles, was man krampfhaft zu halten versucht, will entkommen. Bedränge eine Frau und sie weicht dir aus. Lehne dich entspannt zurück, entziehe dich ihr und du gibst ihr Raum, sich zu entfalten. Schon wird sie sich in deiner Nähe wohlfühlen, weil sie sich nicht durch dein Besitzergreifen eingeengt fühlt, und sich dir gern hingeben. Mir fiel eine Szene aus Billy Wilders *Some like it hot* ein. Um Marilyn Monroe zu verführen, täuscht Toni Curtis Impotenz vor, und schon versucht Marilyn, ihn zu verführen. Also lass alles Machohafte und Virile los und löse dich sogar von deinem Elementarsten, deiner Potenz, und du wirst vom Jäger zum Gejagten. Lass dich im Strom treiben und klammere dich an nichts, sei bereit für die Wasserfälle des Lebens. Wenn du an einen kommst, spring – und vertraue in das »soft landing«.

Ich beschloss, dieses Prinzip sofort in die Tat umzusetzen und gab in Gedanken alles frei, was ich (scheinbar) besaß: meine

Häuser und Wohnungen, meine Autos, meine Kleidung, meine Bücher, meine Musik, meine Bilder und – last but not least – meine Frau.

»Ein Mann braucht nur das, was er am Sattel befestigen kann.« Diesen Satz erhob ich ab sofort zur Maxime.

So kam es, dass ich am späteren Nachmittag dieses Tages mit einem Becher frischer Erdbeeren mit Schlagsahne aus Öppes' Lieferung am Fenster meiner sonnendurchfluteten Zelle saß, mir Dvořáks *Neue Welt* anhörte und glücklich war.

Glücklich im Sinne der Émilie du Châtelet, die in ihrer Mitte des 18. Jahrhunderts entstandenen *Rede vom Glück* schrieb:

»Um glücklich zu sein, ist es nötig, tugendhaft zu sein, frei von Vorurteilen, es sich gut gehen zu lassen, Vorlieben zu haben und für Illusionen empfänglich zu sein, denn wir schulden den Großteil unserer Vergnügen der Illusion, und unglücklich ist, wer sie verliert. Weit entfernt von dem Versuch, sie mit der Fackel der Vernunft zu vertreiben, versuchen wir lieber, den Lack zu verstärken ... Versuchen wir also, es uns gut gehen zu lassen, keinerlei Vorurteile zu hegen, Leidenschaften zu haben und sie unserem Glück dienlich zu machen, unsere Leidenschaften durch Neigungen zu ersetzen, mit größter Sorgfalt unsere Illusionen zu bewahren, tugendhaft zu sein, niemals zu bereuen, uns von traurigen Wertvorstellungen fernzuhalten und unseren Herzen nie zu erlauben, auch nur ein Fünkchen Neigung für jemanden zu bewahren, dessen Neigung schwindet und der aufhört, uns zu lieben. Da man altert, muss man auf die Liebe eines Tages verzichten, und dieser Tag sollte der sein, an dem sie uns nicht mehr glücklich macht. Nehmen wir uns vor dem Ehrgeiz in Acht und vor allem seien wir uns im Klaren, was wir sein wollen: entscheiden wir uns für den Weg, den wir für unser Leben einschlagen wollen, und versuchen wir, ihn mit Blumen zu säumen.«

Beim Hofgang am nächsten Morgen gab mir Öppes ein Buch mit einem lächelnden indischen Guru auf dem Cover.

»Ein Buch, das dein Leben verändern wird. Überleg dir, ob du es lesen willst!«

Natürlich wusste er, dass damit klar war, dass ich es lesen würde, zumal ich den Autor schon kannte. Das Buch hieß *Tantra – die höchste Einsicht*. Es war von Osho, dem Begründer der Neo-Sannyas-Bewegung, und ich verschlang es. Öppes sollte Recht behalten. Es veränderte mein Leben. Oshos Text ist eine Interpretation des *Gesang des Tilopa*, jenes erleuchteten Meisters, der sein Leben in einer Höhle verbrachte und als Essenz seiner meditativ erlangten Erkenntnisse sein »Lied« hinterließ. Darin heißt es unter anderem:

> *Die Leere braucht keine Stützen,*
> *Mahamudra ruht auf Nichts.*
> *Ohne jede Anstrengung,*
> *Einfach, indem du gelöst und natürlich bleibst,*
> *kannst du das Joch zerbrechen –*
> *und Befreiung erlangen.*

Es dauerte Wochen, bis ich diese Botschaft wirklich verstanden und verinnerlicht hatte. Doch dann fing ich an, authentisch zu leben und das LOLA-Prinzip (LOLA = Loslassen) anzuwenden. Statt mich mit »Positivem Denken« selbst zu programmieren und mich in einer Welt der Erwartungshaltungen zu verlieren, ließ ich einfach alles los und gab mich meiner Situation hin. Ich wurde zum hohlen Bambus und verwirklichte das »Surrender«, wie es bei Osho heißt, die »totale Hingabe«. Von einem Moment zum anderen wurde ich unbeschwert und heiter. Endlich hatte ich verstanden, dass mir in Wirklichkeit nichts geschehen konnte. In einem anderen Buch Oshos, dem *Buch der Geheimnisse*, fand ich weitere wertvolle Details über die hundert möglichen

Meditationsarten, und nach einiger Zeit konnte ich jederzeit meditieren und mich in meinen inneren Raum zurückziehen, in den mir nichts und niemand folgen konnte. Ich brauchte nur meine Meditationshaltung einzunehmen, die Augen zu schließen, ein paar Mal tief und bewusst zu atmen. Schon erfüllte mich ein tiefer innerer Frieden.

Doch ich wollte mehr als Frieden. Ich wollte wissen, wer ich bin und warum ich lebe. Wieder kam mir der Zufall bei meiner Suche zu Hilfe. Diesmal in Form eines ungebetenen Gastes. Es war ein junger Zigeuner, der eines Morgens unaufgefordert meine Zelle betrat. Normalerweise duldete ich das nicht und das wurde auch von allen respektiert. Doch natürlich hält sich das Schicksal nie an unsere Verbote. Er begrüßte mich freundlich, stellte sich sehr höflich als Ronald vor und fragte mich, ob er meine Bücher ansehen dürfe.

Ich nickte. Nachdem er meine umfangreiche Bibliothek bestaunt hatte, fragte er mich, ob ich schon etwas von dem Buch *Little Ed und seine Reise zu den Tieren der Kraft* und dem indianischen Chakraheilen gehört hätte. Als ich verneinte, erzählte er mir, dass der Autor, Eligio Stephen Gallegos, zunächst als Professor an einer kleinen Universität in den USA Psychologie gelehrt habe. Dort hatte er sich vor allem mit C. G. Jung auseinandergesetzt. Später habe er sich als Psychotherapeut niedergelassen und sogenannte Imaginationsreisen eingesetzt. Irgendwann hatte er eine Vision, beim Joggen. Er sah plötzlich Tiere in seinem Inneren, zum Beispiel einen Bären in seinem Herzen und einen Adler in seinem Kopf. Durch eine Reihe rätselhafter Zufälle wurde er auf Tierbilder und Totempfähle nordamerikanischer Indianerstämme aufmerksam und stellte fest, dass die Totempfähle geschnitzte, übereinander sitzende Tiere darstellen, die den sieben Chakren, den Energiezentren unsere Körpers, entsprechen. Die Totempfähle bildeten also nichts anderes als unsere inneren Tiere ab. Gallegos innere Tiere sprachen zu ihm, gleichzeitig stellte er aber fest, dass die Tiere untereinander kaum Kontakt hatten, und sie baten Gallegos darum, sie miteinander bekannt zu machen.

Plötzlich sehr interessiert, fragte ich Ronald, wie man mit seinen Tieren in Kontakt treten kann und ob er es schon versucht habe. Er bejahte und erklärte mir, dass er dadurch seine Drogenabhängigkeit überwunden habe.

»Um mit meinen Tieren in Kontakt zu treten, lege ich mich bequem auf eine angenehme Unterlage und versetze mich durch autogenes Training in den Alpha-Zustand. Diese tiefe Entspannung trägt mich ›an den Ort, an dem die geistigen Bilder‹ entstehen können. Dort bitte ich, dass sich mir ein bestimmtes Tier zeigen möge, zum Beispiel das Tier meines Stirnchakras. Wenn sich das Tier zeigt, begrüße ich es und frage, was ich für es tun kann. Wenn ich kann, erfülle ich den Wunsch oder das Bedürfnis meines Tieres. Die Tiere bringen mir als Gegenleistung wesentliche Informationen oder Hinweise, die mir geholfen haben, eine tiefe Beziehung zu mir selbst aufzubauen, und die meine Entwicklung nähren und unterstützen«, erklärte er mir, »sie sind meine besten Freunde und Ratgeber geworden. Sie haben mir erzählt, dass ich alles Wissen und alle Weisheit in mir habe. Sie sind die Boten, über die ich an das alles herankommen kann. Sie antworten direkt und schonungslos offen auf alle meine Fragen. Durch die Tiere wurde ich mit meiner wahren Größe und verlorenen Ganzheit in Kontakt gebracht. Meine Heilung erfolgte von innen heraus, in ihrem eigenen Rhythmus. Eine dringende Notwendigkeit ist, alle Teile unseres Ichs zusammenzufügen und mit ihnen offen zu kommunizieren. Auf diese Weise können unsere Handlungen von einem Mittelpunkt ausgehen, der in Kontakt und Harmonie mit unserem ganzen Ich steht. Nachdem ich alle meine Chakra-Tiere getroffen hatte, habe ich ein Konzil einberufen, an dem alle Tiere teilnahmen und wo sie einander kennenlernten. Das Treffen mit den Tieren leitete die Beziehung zu mir selbst ein, und die Einberufung des Rates der Tiere stellte den ersten großen Schritt der Erweiterung hin zur Ganzheit dar. So wurde ich der Mann, der ich von jeher hätte sein sollen: ein Mann mit wirklicher Größe und wahrer Persönlichkeit. Ein Mann, der weiß. Nicht, weil man es mir beigebracht hatte, sondern weil ich mich entwickelt hatte. Nicht, weil ich andere nachgeahmt hatte, sondern weil ich den Wert meiner eigenen Erfahrungen anerkannte. Ich wurde auf diese Weise ein Mann, dem es gelungen war, er selbst zu sein.«

So detailliert hatte mir noch niemand sein inneres Wachstum beschrieben. Selbst Öppes nicht.

Ich erkannte den Unterschied zwischen einem Theoretiker und einem Praktiker. Fasziniert und tief beeindruckt ließ ich mir die Details der einfachen Übungen schildern und beschloss, es am Nachmittag sofort auszuprobieren.

Als die Tür um sechzehn Uhr endlich geschlossen wurde – soweit war ich schon, dass ich das Türenverschließen herbeisehnte – legte ich mich auf mein Bett, atmete tief und ruhig und rief mein Herztier. Eine Herde von Tieren lief an meinem geistigen Auge vorbei, bis ganz zum Schluss ein hinkender Löwe mit einer zerzausten Mähne und löchrigem Fell auftauchte. Er sah mich durchdringend an. Das musste mein Herztier sein, dachte ich und fragte, was ich für ihn tun könne.

»Sei natürlich, sei spontan, sei bewusst – lass diese drei Worte zum Schlüssel für alles werden. Es ist ein Meisterschlüssel, der alle Türen öffnen kann«, sagte er sofort, besser gesagt, waren das die Gedanken, die mich durchströmten. Kaum hatte ich diese Gedanken gehabt, fing der Löwe an, sich zu verändern. Seine Mähne wurde voll und stark und sein etwas räudiges Fell fing an zu glänzen.

»Lass dich wie eine Wasserpflanze im Fluss treiben«, fuhr er fort, »es gibt nichts Konstantes, alles fließt, nur die Bewegung ist dauerhaft. Das Bedürfnis nach dem Festhalten des glücklichen Augenblicks ist vollkommen sinnlos. Wenn Glück ein Ausdruck von Harmonie ist, dann kann es nur durch das Mitfließen im Strom erreicht werden. Nur wer fließt, ständig in Bewegung ist, hat Aussicht auf Glück, denn mit der Bewegung stellt sich Harmonie ein. Und nur, wer sich bewegt, ist im Hier und Jetzt, mit dem Strom fließend und keinen Widerstand gegen den Rhythmus des Lebens leistend.«

Verblüfft stellte ich fest, dass er die Aussagen des Tilopa ergänzte, und unterbrach meine Meditation, um mir diese Worte zu notieren.

Aber als ich kurz darauf meine Konversation mit dem Löwen fortsetzen wollte, war er nicht mehr allein. Er hatte eine kleine silberne Schlange bei sich und stellte sie mir als mein Kehlkopfchakra-Tier vor. Die Schlange glitt auf mich zu, wickelte sich blitzschnell um mein Handgelenk und zog mich hinauf in den Himmel. Wir rasten immer schneller werdend durch das Universum, bis wir auf einem Planeten landeten, dessen Vegetation, Landschaft und Dörfer mir sehr vertraut vorkamen.

»Das ist deine wahre Heimat«, zischelte die Schlange, »ich bringe dich jetzt zu deinen Eltern.«

Kurz darauf stand ich in einer großen Halle, an deren Ende ein schönes Herrscherpaar auf hohen Stühlen saß, vor denen eine lange Schlange von Wartenden stand. Offensichtlich fand hier gerade eine Audienz statt. Es wunderte mich nicht im Geringsten, dass die Wartenden alle in mittelalterliche Gewänder gekleidet waren und Kappen und Hüte mit bunten Federn trugen. Auf einmal erblickte mich die auf dem Stuhl sitzende Frau, sprang auf und lief an den Wartenden vorbei auf mich zu.

»Da bist du endlich! Wir haben schon so lange auf dich gewartet. Warum hast du nie mit deiner Schlange gesprochen?«, fragte sie mich, nachdem sie mich mehrfach umarmt und geküsst hatte.

»Weil ich sie vergessen hatte«, antwortete ich wahrheitsgemäß, »ich wusste nicht mehr, dass es sie gibt.«

Alle im Saal lachten und auch meine Mutter – denn das war sie offensichtlich – schmunzelte.

»Immer noch der alte Trotzkopf, der selbst alles neu entdecken will«, sagte sie und führte mich zu meinem Vater, der sich ebenfalls von seinem Stuhl erhoben hatte und mir entgegenkam. Er sah mich prüfend an, dann umarmte er mich herzlich.

»Du siehst müde aus, mein Sohn. Aber ich sehe, dass du anfängst, dich zu erholen. Komm setz dich neben uns und nimm an der Audienz teil.«

Wie von Zauberhand war ein dritter Stuhl aufgetaucht. Ich setzte mich neben meine Eltern, die ich mir jetzt aus der Nähe genauer ansehen konnte. Beide waren schlank. Meine Mutter hatte lange, blonde, glatte Haare, die ihr fast bis zur Hüfte reichten und einen Mittelscheitel, mein Vater trug seine dichte grauschwarze Mähne schulterlang. Ihre Gesichter waren fein und ebenmäßig, strahlten Güte, aber auch eine gewisse Strenge aus, hinter der sich jedoch viel Humor verbarg, wie ich an den zahlreichen Lachfältchen um ihre strahlend blauen Augen bemerkte. Sie waren beide in dunkelblaue samtene Gewänder gekleidet, die mit kostbaren goldenen Stickereien versehen waren. An ihren nackten Füßen trugen sie goldene Sandalen. Als ich verschämt an mir heruntersah, erblickte ich statt der erwarteten Jeans mit weißem T-Shirt ein ebenso kostbares Gewand wie das meines Vaters. Ich freute mich sehr und war sehr stolz, ihr Sohn zu sein.

Dann trat der erste Wartende vor. Er sah mich lächelnd an und fragte: »Warum bist du so egozentrisch?«

Ich war verblüfft. Ging es bei der Audienz etwa um mich? Ich drehte mich zu meinen Eltern, die mich beide erwartungsvoll ansahen.

»Antworte ihm!«, befahl mein Vater und meine Mutter nickte mir auffordernd zu. Ich antwortete das Erstbeste, was mir einfiel.

»Weil ich das Zentrum der Welt bin.«

Alle Versammelten prusteten los und ihr tosendes Gelächter erfüllte den ganzen Saal. Mein Vater lachte, dass ihm die Tränen über die Wangen liefen. Auch meine Mutter kicherte fröhlich. Ich wurde wütend und wollte etwas sagen, doch da wickelte sich die Schlange blitzschnell um meinen Arm und zog mich fort. Das Letzte, was ich sah, war, wie mir die Menschen im Saal hinterherwinkten. Ich hörte meine Mutter »Bis bald, mein Sohn« rufen. Erstaunlicherweise hörte ich auch noch, wie sie etwas leiser zu meinem Vater sagte: »Er ist wohl mehr dein Sohn, denn er hat dein mächtiges Ego geerbt, das du einst besessen hast.«

Wieder lachte der ganze Saal, und als ich kurz darauf auf meinem Bett die Augen öffnete und mich etwas verwirrt in meiner Zelle umsah, merkte ich, dass auch ich grinste. Dann brach es aus mir heraus. Ich musste schallend lachen. Ich – das Zentrum der Welt! Und so wurde ich schon bei meinem ersten Kontakt zu meinen Tieren zu einem Witz, der mich erheiterte. Ich lernte, mich und meine Gedanken einfach nicht mehr so ernst zu nehmen, weil mich sonst wieder der ganze Saal – und ich mich selbst – auslachen würde. Den Rest des Abends war ich in äußerst vergnüglicher Stimmung und amüsierte mich über Heinrich Heine, der einst Folgendes schrieb: »Ich habe die friedlichste Gesinnung. Meine Wünsche sind: eine bescheidene Hütte, ein Strohdach, aber ein gutes Bett, gutes Essen, Milch und Butter, sehr frisch, vor dem Fenster Blumen, vor der Tür einige schöne Bäume, und wenn der liebe Gott mich ganz glücklich machen will, lässt er mich die Freude erleben, dass an diesen Bäumen etwa sechs bis sieben meiner Feinde aufgehängt werden. Mit gerührtem Herzen werde ich ihnen vor ihrem Tode alle Unbill verzeihen – die sie mir im Leben zugefügt –, ja, man muss seinen Feinden verzeihen, aber nicht früher, als bis sie gehenkt werden.«

In dieser Nacht schlief ich tief und traumlos. Als ich am nächsten Morgen im Hof Ronald von meiner ersten Reise berichten wollte, unterbrach er mich. »Sprich mit niemandem darüber.

Das sind Botschaften, die nur dich angehen. Erst, wenn du sicher bist, dass du sie wirklich verstanden hast, kannst du sie mit anderen teilen. Denn jeder hat eine andere Sicht der Dinge und wie du weißt, beeinflusst der Beobachter das Experiment.«

Ich dachte kurz über seine Worte nach und wusste, dass er Recht hatte. Deshalb unterließ ich es, mit Öppes, Otto oder Gus über meine Reisen zu sprechen, die ich von nun an jeden Abend mit meiner Schlange und meinen anderen Tieren unternahm. Durch diese Erlebnisse mit den Tieren hatte ich von nun an mein eigenes Kinoprogramm. Allerdings mit dem Unterschied, dass es immer um mich ging. Das Verblüffende war, dass die Gedanken und Erkenntnisse zwar einerseits aus mir zu kommen schienen und offensichtlich dort vorhanden gewesen waren, mir aber trotzdem bewusst war, dass ich sie niemals in dieser Klarheit und Direktheit hätte formulieren können, wie es die Tiere taten. Diese ganz persönlichen Erfahrungen möchte ich dem geneigten Leser nicht vorwegnehmen. Deshalb rate ich jedem, mit seinen Krafttieren in Kontakt zu treten, und er wird verstehen, was ich meine.

Deine Krafttiere sind wirkliche Meister. Sie vertreten weder irgendwelche Machtinteressen noch sind sie Lehrer religiöser Gebote. Sie sind die direkte Verbindung zu deinem wahren Selbst, deine ganz persönliche Telefonleitung zu Gott. Es reicht schon, wenn du den Hörer abnimmst und ihre Nummer wählst. In diesem Augenblick beginnt deine Transmutation, aus der du verwandelt hervorgehst.

SCHULD UND KARMA

Wie man erkennt, dass alles dem Gesetz von Ursache und Wirkung unterliegt

Zen, die höchste Entfaltung des Buddhismus, geht davon aus, dass jeder Mensch ein Buddha, ein Gott ist. Er muss sich nur daran erinnern, sich dessen bewusst werden. Die Zen-Methode besteht vor allem darin, das Leben so zu akzeptieren, wie es ist. Dabei verschwinden die Wünsche. Sobald es keine Wünsche mehr gibt, stellt sich ein Zustand grundloser permanenter Freude ein. Nur wenn die Freude keinen Grund hat, kann sie andauern, sogar für immer. Wenn ich meinen unersättlichen Wünschen folge, in Richtung auf mehr Geld, mehr Macht, mehr Ruhm, orientiert sich mein Kopf nach draußen. Mein Kopf will die Welt erobern. Zen ist das genaue Gegenteil. Mit Zen eroberst du dein Inneres. Zen ist Meditation – sehen, was ist, ohne Kopf. Es ist nicht-denkendes, reines Bewusstsein.

Wenn das Wünschen eingestellt wird, verschwinden die Gedanken ganz von selbst. »Wenn ein Mensch ohne Gedanken ist«, heißt es bei Osho, »wird er äußerst sensibel. Er ist viel aufmerksamer, er sieht mehr, er hört mehr, er riecht mehr, er fühlt mehr, er liebt mehr. Alles wird mehr.« Ist das nicht paradox? Wenn du wünschst, kannst du nie genug kriegen, du willst immer mehr und bist immer unzufrieden. Aber wenn du nichts wünschst, bekommst du fast zu viel von allem. Die kleinen Dinge machen dir Freude: Holzhacken, Wasser vom Brunnen holen, die Hand eines Freundes halten, die Obstblüte sehen und so weiter. Verstehe, dass Wünschen inneren Aufruhr bedeutet, und gib es auf.

Acht intensive Monate waren dank meiner täglichen Meditationen, meinem Training und meinen Reisen und Gesprächen mit meinen Tieren wie im Flug vergangen. Ich war immer entspannter und ruhiger geworden. Wie alles andere auch blieb diese Entwicklung dem Überwachungssystem der Anstalt nicht verborgen. Während eines unserer samstäglichen Fußballspiele zog ich mir bei einem Zweikampf eine leichte Verletzung zu und humpelte an die Seitenauslinie. Dort legte ich mich entspannt in die Sonne. Einer der uns beaufsichtigenden Beamten, ein mir sehr sympathischer Zweimetermann mit einem offenen Kindergesicht und Brille, setzte sich zu meiner Überraschung neben mich.

»Haben Sie sich eine ernste Verletzung zugezogen?«, fragte er freundlich. Ich verneinte und erklärte ihm, dass es sich vermutlich nur um eine Muskelzerrung handeln würde.

»Das ist gut. Aber sagen Sie mal, Herr Woitzig, Sie kommen doch aus einer Welt des Großbürgertums, des großen Geldes und konnten sich draußen alles leisten. Wie schaffen Sie es, mit dieser Situation hier so gut zurechtzukommen?«

Ich war vollkommen verblüfft und wusste einen Moment lang nicht, wie ich reagieren sollte. Bisher hatte ich jeglichen näheren Kontakt zu den mich bewachenden Beamten vermieden und meine Gespräche mit ihnen auf das unbedingt Notwendige beschränkt. Auf eine solch intime Frage war ich daher nicht vorbereitet. Intuitiv fühlte ich aber, dass ihn eine Trauer umgab und dass mehr hinter seiner Frage stecken musste. Also antwortete ich ihm offen und ehrlich. Ich erklärte ihm, wie ich mithilfe von körperlichem Training und täglichen Meditationen sowie dem Umsetzen von tantrischen Erkenntnissen, den Gesetzen des *Kybalion* sowie des Prinzips des Loslassens meine innere Mitte gefunden und ruhig und gelassen geworden war.

Er hörte mir aufmerksam zu, aber ich merkte, dass er nicht begriff, von was ich sprach. Trotzdem bedankte er sich höflich bei mir, stand auf und nahm wieder seinen Beobachtungsposten ein.

Einige Tage später las ich in meiner mir morgens ausgehändigten *Abendzeitung*, dass er sich mit einer Schrotflinte in einem Wald bei München in den Mund geschossen hatte. Der Hintergrund war folgender: Er hatte mit einem anderen Justizvollzugsbeamten zusammen anscheinend Gelder von seinen Kollegen gesammelt und ihnen eine Rendite von fünf Prozent pro Monat versprochen, weil sein Kollege und Partner angeblich ein todsicheres Roulettesystem entwickelt hatte. Doch das System erwies sich als Flop. Als sie die Renditen nur noch in Form eines Schneeballsystems mit den Geldern neuer Kunden auszahlen konnten, sah er keinen Ausweg mehr und brachte sich um.

Einige Tage später saß ich beim »Umschluss« in Ottos mit Akten und Büchern vollgestopfter Zelle, und wir diskutierten den inzwischen zu einem Riesenskandal hochgeschriebenen Fall.

»Vermutlich konnte er mit seiner Schuld und dem drohenden Verlust seiner bisherigen Existenz nicht mehr weiterleben«, sagte Otto. Und er sah mich fragend an: »Dein Fall ist ja nicht ganz unähnlich. Wie gehst du damit um? Fühlst du dich schuldig?«

»Ich habe es die letzten Monate immer wieder durchdacht und darüber meditiert und bin zu dem Ergebnis gekommen, dass ich mich auf zwei Ebenen schuldig gemacht habe. Zum einen auf der rechtlichen Ebene, weil ich gegen Gesetze verstoßen und die Gier meiner Mitmenschen ausgenutzt und sie manipuliert habe. Dafür trage ich die volle Verantwortung. Dann ich habe mich auch auf der ethischen Ebene schuldig gemacht, weil ich gegen mein Gewissen handelte, mich von mir selbst entfernt und meine wahre Identität verloren habe. Ich war freiwillig ein Sklave des Materialismus geworden und bereit, fast jedes Mittel zur Aufrechterhaltung meines Lebensstandards und meines Firmenimperiums einzusetzen, dessen Zusammenbruch ich inzwischen aber als Befreiung von einer großen Last empfinde. Zwar halfen mir meine geschäftlichen Erfolge, ein gewaltiges Ego aufzubauen, aber sie lähmten die freie Selbstverwirklichung meiner Persönlichkeit. Damals sah ich das natürlich anders. Deswegen bin ich zu Recht hier und akzeptiere den Knast als Strafe und Sühne. Aber auch als große Chance, mein wahres Selbst wiederzufinden und meine Beziehung zu ihm endlich wiederherzustellen«, antwortete ich.

»Du bist auf deinem Weg dahin ein gutes Stück weitergekommen, wie ich an deiner Entwicklung der letzten Monate erkennen kann«, erwiderte Otto lächelnd, »neunzig Prozent der hier Einsitzenden denken da ganz anders. Nimm mal als Beispiel unseren Neuankömmling, Fritz. Er war Prokurist in der größten Viehhandelsfirma Bayerns und sein größtes Idol war sein Chef, ein weltgewandter Kaufmann und Intimus des bayerischen Ministerpräsidenten. Für den ist er durchs Feuer gegangen. Als sie Probleme mit dem rechtzeitigen Erhalt der für ihre Firma dringend erforderlichen EU-Subventionen bekamen, weil die Zollpapiere aus Saudi-Arabien ohne hohes Bakschisch nicht fristgerecht bei ihnen eintrafen, forderte sein Chef Fritz auf, sich was einfallen zu lassen. Fritz dachte nach und spielte dabei mit arabischen Münzen herum, die er von einer Geschäftsreise mitgebracht hatte. Als er sie sich näher anschaute, hatte er die Lösung. Er fuhr zu einer Druckerei und ließ aus drei arabischen Münzen Stempel herstellen. Mit diesen Stempeln beglaubigte er in Zukunft sämtliche Zollpapiere Saudi-Arabiens selbst und reichte die Papiere bei der EU in Brüssel ein. Während sie anfänglich tatsächlich noch Rinder nach Saudi-Arabien exportierten, kam sein geschmeidiger Chef eines Tages auf die nahe liegende Idee, sich den Transport der Rinder zu sparen und nur noch die selbst abgestempelten Zollpapiere in Brüssel bei der EU einzureichen und die Subventionen zu kassieren. Das ging über drei Jahre lang gut und sie lebten in Saus und Braus. Dann flogen sie auf, weil irgendjemand in Brüssel auf die Idee kam, tatsächlich in Saudi-Arabien abgestempelte Zollpapiere mit denen von Fritz' Firma zu vergleichen. Der Schaden liegt angeblich bei mehreren Milliarden D-Mark. Meinst du, dass Fritz sich schuldig fühlt? Der sitzt heulend in seiner Zelle und jammert, er habe doch nur getan, was sein Chef von ihm verlangt hat. Er versteht überhaupt nicht, dass die Staatsanwaltschaft acht Jahre für ihn fordert.«

»Du hast Recht«, sagte ich, »fast alle hier lehnen jede eigene Verantwortung ab. Sie flüchten sich in Illusionswelten, in denen sie die Opfer und nicht die Täter sind. Schuld sind ihre Opfer, ihre unglücklichen Lebensumstände, ihre Eltern, ihre Vorgesetzten oder der Staat, der sie im Stich gelassen hat. Diese Verzerrung der Sichtweisen führt nicht nur zu Realitätsverlusten, sondern zu ihrer Unfähigkeit, zuhören zu können. Sie nehmen nur noch das wahr, was ihre selbst erzeugten Chimären unterstützt und in ihre Fantasiewelten passt, deshalb sind Gespräche mit ihnen nicht möglich.

In Wirklichkeit setzen sie ihre draußen gelebten Verhaltensmuster stringent fort. Oder meinst du, dass Fritz nicht genau wusste, auf was für dünnem Eis er sich mit seinen gefälschten Stempeln bewegte und dass er nur mithilfe seiner täglichen Verdrängung der Realität leben konnte? Sein Verteidiger muss kläglich scheitern, weil er seinen Mandanten gar nicht erreichen kann. Der hat sich abgeschottet, sitzt in seiner Sandburg und verweigert jede Selbstreflexion. Selbst wenn er verurteilt wird, wird das nichts an seiner festen Überzeugung ändern, das alles sei ein gewaltiges Missverständnis und er sei ›im falschen Film‹. Er – und alle anderen – verpassen natürlich eine Riesenmöglichkeit im Sinne der alten Wahrheit: Selbsterkenntnis ist der erste Schritt zur Besserung.«

Otto nickte zustimmend und erwiderte: »Du hast gerade eine christliche Sichtweise eingenommen. Doch ich möchte darauf hinweisen, dass es buddhistisch gesehen keine Schuld gibt. Im Buddhismus gibt es nur Ursache und Wirkung, oder: Karma. Karma ist ein Wort aus dem Sanskrit, dessen Wurzel *kar* ›machen‹ bedeutet. Das spirituelle Konzept des Karma besagt, dass jede meiner Handlungen eine notwendige Folge zeitigt, physisch wie geistig, außen wie innen. Jede Handlung wirkt auf ein Objekt, ein Äußeres, aber auch auf mich, das Subjekt, nach innen. Der Buddhist sagt: ›Ich bin, was ich bin, aus dem, was ich vorher war und tat.‹ Aber um zu dieser Erkenntnis zu gelangen, müssen wir viele Erfahrungen machen, um schließlich unsere persönliche Selbstverwirklichung zu vervollkommnen. Es mag sein, dass die Ursachen für unser Handeln in einem anderen Leben liegen und wir uns nicht mehr an sie erinnern können. Dennoch sind wir verpflichtet, jede Situation zu akzeptieren und im Hier und Jetzt jeden Augenblick bewusst zu erleben. Irgendwann haben wir bei einer Entscheidung einen Umweg eingeschlagen und der muss korrigiert werden. Wenn du das begreifst, hast du hier tatsächlich eine wundervolle Möglichkeit, deinen Umweg zu korrigieren und auf deinen Weg zurückzukehren.«

Ich hatte fasziniert zugehört und jedes seiner Worte in mich aufgesogen. Nach einer Weile der nachdenklichen Stille sah er mich prüfend an und fuhr fort:

»Hast du nicht genau diese Erfahrungen der Egotrips, der Gier und des damit verbundenen Hasses gemacht? Oder was war der Grund, warum die Leute euch das Geld tonnenweise hinterhergetragen haben?«

»Natürlich die Gier, ohne eigene Leistung das Geld überdurchschnittlich vermehren zu können. Dann sicher der Versuch, sich als besonders clever und den Mitmenschen weit überlegen zu fühlen, also ein Egotrip. Wir hatten das erkannt, mein Kompagnon und ich, und wir bedienten die Eitelkeit unserer Kunden. Zum Beispiel haben wir ihnen eine eigens für uns erstellte und ausgegebene Platin-Amexco-Kreditcard angeboten, die es bei jeder Eröffnung eines Kontos über fünfhunderttausend D-Mark gratis gab. Mit dieser Karte konnten sie nicht nur weltweit über ihr Geld verfügen, sondern wir haben ausschließlich für diese Kartenbesitzer exklusive Events veranstaltet. Wie zum Beispiel den Besuch des internationalen Tennisturniers in Monte Carlo inklusive täglichem Mittagessen in unserem dort angemieteten Firmenzelt und anschließendem Anschauen der Spiele von einer Loge direkt neben der Fürstenloge aus, wobei es Champagner bis zum Abwinken gab. Oder wir haben einen Segeltörn im Südpazifik auf dem Nachbau der *Bounty* angeboten und durchgeführt. Beeindruckend war auch die Teilnahme an einer Generalprobe des griechischen Nationaltheaters der *Antigone* im Amphitheater von Epidauros, an der nur die von uns eingeladenen Karteninhaber teilnehmen durften, die wir mit Luxusyachten von Athen aus dorthinbringen ließen ... Diese Events erschöpften mich sehr, denn ich musste überall den Gastgeber spielen und kreuz und quer durch die Welt fliegen. Was einerseits sehr spannend, andererseits aber auch sehr, sehr kräftezehrend und ermüdend war. Das ging so weit, dass ich irgendwann in einem Hotel aufwachte und nicht mehr wusste, in welcher Stadt ich war. Erst als ich die Vorhänge zurückzog und auf den Zürichsee blickte, wusste ich wieder, dass ich in Zürich im Baur au Lac war.«

»Interessant. Du erzählst mir gerade, dass deine Seele nicht mehr hinterherkam, wie die Indianer sagen, und es dich psychisch und physisch sehr viel Kraft gekostet hat, die Gier anderer zu befriedigen. Wie sah es denn mit deiner eigenen Gier aus?«

»Ich konnte theoretisch mit meiner Unterschrift bis zu sechshundert Millionen D-Mark bewegen, besaß ein Achthundert-Quadratmeter-Haus mit über zweitausend Quadratmetern Grundstück in Grünwald, ein Ferienhaus am Schliersee und vier Eigentumswohnungen in Schwabing, dazu fünf Autos der Luxusklasse. Unserer Firma gehörte ein Firmenjet, und mir wurde zusätzlich ein ›Kingair‹ Turboprop-Flugzeug inklusive zweier

Piloten und einer Stewardess für meine europaweiten Flüge von meinem Fernsehsender zur Verfügung gestellt. Durch meine engen Geschäftsbeziehungen zu griechischen Reedern hatte ich jederzeitigen Zugang zu einigen der schönsten Yachten der Welt. Damit war meine Gier nach Materialismus vollkommen befriedigt. In Wirklichkeit langweilte mich das ganze Theater um Geld schon längst, weil ich es selbst zur Genüge besaß und begriffen hatte, dass es mich nicht glücklich machte.«

Diesmal sah Otto mich beeindruckt an, sagte aber nichts.

»Bei meinen millionenschweren Geschäftspartnern irritierte mich sehr, dass jemand, der neun Millionen besaß, unbedingt zehn Millionen haben wollte, ebenso wie jemand, der neunhundert Millionen sein Eigen nannte, unbedingt die Milliarde voll haben wollte. Gier ist in Wirklichkeit abstrakt und sinnlos, denn letztendlich mündet sie in einer tiefen Verlustangst und in Sandkastenspielen.«

»Wie meinst du das?«

»Bei meinen griechischen Reederfreunden erreichten die Egotrips Sandkastenniveau, weil sie wie kleine Kinder mit ihren Sandburgen versuchten, sich immer mit der Länge ihrer Luxusyachten zu übertrumpfen. Ließ sich der eine ein Zweiundvierzig-Meter-Boot bauen, gab der andere sofort ein Dreiundvierzig-Meter-Schiff in Auftrag. Wer hat die schönste Sandburg. Ein teures Spiel, denn diese Spielzeuge kosteten jeweils etwa zwanzig Millionen US-Dollar. Sie sahen das genau so, einer von ihnen sagte mir bei der Jungfernfahrt seiner neuen Bennetti-Yacht grinsend: ›Alle Männer sind kleine Kinder, der einzige Unterschied ist der Preis ihrer Spielzeuge.‹ Wenn sie dann alles besaßen, was man mit Geld kaufen konnte, kam das große Misstrauen. Natürlich hatten sie sich ihr Geld mit List und Tücke erschlichen, selten gibt es Vermögen, die nur auf einer genialen Idee beruhen. Die von mir gern zitierten Grimaldis zum Beispiel haben zwei Mönche ins Staatswappen von Monte Carlo prägen lassen, weil sie sich dereinst als Mönche verkleidet mit Waffen unter den Kutten in der Nacht Zutritt zum Fürstentum verschafften und alle dort Lebenden eiskalt ermordeten und von da an die Macht besaßen.

Onassis hat sich sein Vermögen ebenso tollkühn, aber weniger grausam und ohne Blutvergießen erworben. Er erfuhr eines Tages, dass der saudi-arabische Prinz, der über die Vergabe der Lizenzen zum Transport des saudi-arabischen Öls entschied, Geburtstag hatte und sich nichts sehnlicher wünschte, als eine ganz bestimmte Yacht, die damals fünfundzwanzig Millionen US-Dollar kostete. Onassis, der nur ein verhältnismäßig kleines Vermögen besaß, ging zu seinen Freunden und lieh sich das Geld zusammen. Dann kaufte er die Yacht und ließ sie nach Saudi-Arabien bringen. Am Geburtstag des Prinzen empfing dieser jeden, der ihm ein Geschenk brachte, und nahm dieses relativ gelangweilt entgegen. Nur als Onassis ihm den Zündschlüssel für den Anlasser der Motoren der Yacht überbringen ließ, wurde er neugierig und fragte nach.

»Was ist das?«

Der Bote von Onassis erklärte es ihm, und sofort fuhr der Prinz zum Hafen und besichtigte die Yacht. Er war vollkommen begeistert und fragte, wer denn der Verrückte sei, der ihm ein solches Geschenk mache. Der Bote sagte es ihm, und der Prinz lud Onassis zum Abendessen ein. Natürlich erhielt er dann die Lizenz zum Transport des saudi-arabischen Öls, denn er war nicht nur listig wie Odysseus, sondern hatte auch noch das Charisma des Zeus. Mit der Lizenz in der Tasche fand er sofort diverse Banken, die bereit waren, ihm seine Tankerflotte zu finanzieren. Doch damit gingen die Machtspielchen erst los. Denn ein Tanker kostet neu etwa fünfundzwanzig Millionen US-Dollar, und die Banken finanzieren einhundert Prozent des Neupreises. Sobald der Tanker die Werft verlassen hat, hat er nur noch den sogenannten Schrottwert, den die Banken bei einer Verwertung erzielen können. Damit sind sie auf Gedeih und Verderb der Geschäftstüchtigkeit ihres Kreditnehmers ausgeliefert, was dieser in der Regel weidlich ausnutzt.

Einer meiner griechischen Reederfreunde hatte einen Bankdirektor einer internationalen Großbank zur Verfügung gestellt bekommen, der ihm ständig wie ein Schoßhündchen folgen musste und ihm vierundzwanzig Stunden am Tag zur Verfügung stand. Brauchte mein Freund um zwei Uhr morgens ein Affidavit in Hongkong über hundert Millionen US-Dollar, rief er ihn um ein Uhr Nachts an und befahl ihm, die Urkunde sofort zu beschaffen. Der arme Kerl kam zwar immer wie aus dem Ei gepellt daher, doch er war das reinste Nervenbündel, wie ein nervöses Zucken seines linken Augenlides verriet. Denn mein Reederfreund hatte wie Onassis eine kindliche Freude daran, mit ihm – und damit letztendlich mit der Bank – zu spielen. Das bereitete ihm genauso viel Freude wie seine Luxusyacht, seine Flugzeuge oder ein gelungener Vertragsabschluss. Und diese kindliche Freude an der Machtausübung ist dann auch das einzige Glücksmoment, das einem die erfüllte Gier beschert.«

»Aber was ist mit der durch die Gier nach Materialismus erreichten Sicherheit?«, fragte mich Otto.

»Damit triffst du den Kern des Ganzen: Ein gieriger Mensch ist zugleich auch immer ein ängstlicher Mensch, der kein Vertrauen zu sich selbst und schon gar kein Urvertrauen in die Existenz besitzt. Er hat Angst und investiert nun Unsummen in seine Sicherheit. So wie sein Vermögen wächst, so wachsen auch die inneren und äußeren Mauern, die er um sich herum errichtet. Sie sollen ihn vor der Welt und dem Leben schützen. Diese Mauern sind tatsächlich in materieller Form vorhanden, denn sie umgrenzen die riesigen Grundstücke und Häuser, in denen diese Menschen leben. Aber auch auf geistiger Ebene gibt es sie. Denn vor die physischen Mauern stellt man zusätzlich Wächter, die auf ihren Gebieten kompetent sind oder genug politische

Macht und Einfluss haben, um den Reichen ihren Besitz zu sichern.

Ich gehörte zu der ersten Kategorie dieser Wächter. Sie hielten mich für kompetent und vertrauten mir Teile ihres Vermögens an, um es zu vermehren und eventuelle Verluste in ihren Geschäften zu kompensieren.

Natürlich durchschauen die Wächter das Spiel, spielen es aber gern mit, weil sie gut dabei verdienen. Sobald jedoch die erste Gefahr droht, sind die Politiker unter ihnen schneller weg, als man schauen kann. Denn nichts fürchtet ein Politiker mehr, als in einen Skandal verwickelt zu werden, der eventuell seiner politischen Karriere schaden könnte. Der von den Reichen gern gesuchte Pakt mit der Politik ist daher ein sehr einseitiges Geschäft, das lediglich auf einer trügerischen Hoffnung beruht. Doch auch die angeblich Kompetenten machen Fehler, und damit wird die Sucht nach Sicherheit zu einer Ursache der Unsicherheit.

Hier im Knast habe ich begriffen, dass die einzige Sicherheit die Unsicherheit ist. Denn dickere Mauern, als die uns umgebenden gibt es nicht. Dennoch sind wir ständig der sich öffnenden Tür ausgesetzt, durch die alles hereinkommen kann, was unser mühsam hier eingerichtetes Leben auf den Kopf stellen könnte. Erstaunlicherweise können wir nach kurzer Zeit gut damit leben, weil wir uns auf diese ständigen direkten Konfrontationen einstellen und lernen, damit umzugehen, ohne Angst zuzulassen und uns ihnen zu stellen.

Wenn wir diese Situation auf unser Leben draußen übertragen, haben wir ein wunderbares Bild. Zwar kannst du deinen Körper von außen mit einer Rüstung umgeben und dich vom Leben abschotten, doch deine Gedanken und Gefühle haben jederzeit freien Zugang zu deinem Inneren. Die Jungs in ihren Riesenhäusern und hinter den Panzern um ihre Körper haben verlernt, ihre Gedanken und Gefühle zu beobachten und wertfrei zuzulassen, weil sie nur noch mit ihren äußeren Schutzwällen beschäftigt sind. Sie haben keine Zeit mehr, nach innen zu schauen, und werden zu gefühlskalten Robotern, die nur noch gemäß ihren Programmierungen, aber nicht mehr authentisch reagieren. Deshalb müssen sie zwangsläufig irgendwann scheitern.«

Otto hatte mir aufmerksam zugehört. Wieder nickte er zustimmend. Ich fuhr fort.

»Meine Geschäftspartner waren mir zunächst nur lästig, weil sie mir so viel Energie absaugten und mich erschöpften. Irgendwann jedoch begriff ich, dass ich auf demselben Trip war wie sie. Zum Beispiel habe ich meiner Frau an einem Nachmittag in Athen aus einer Laune heraus sündteuren Schmuck gekauft und ihr kurz darauf ein BMW-Cabriolet geschenkt. Einfach nur so, ohne irgendeinen Anlass. Und da begann ich, sie dafür zu hassen, dass ich ihre Verhaltensweisen übernommen hatte und sie kopierte. Ich wusste genau, dass ich dadurch mein wahres Selbst verriet, das strikt dagegen war, sich durch Äußerlichkeiten zu definieren. Aber ich sah keine andere Möglichkeit, meine wachsende innere Leere zu kompensieren. Ich verhielt mich wie ein Vater, der keine Zeit mehr für seine Kinder hat und sie mit Spielzeugen zuschüttet, um sich ihre Zuneigung zu kaufen. Bei Strindberg las ich den Satz ›Wen die Not nicht adelt, hat die Rettung nicht verdient‹. Ich frage mich oft, ob der Knast nicht die Adelung dieser Not ist?«

Otto lächelte und meinte dann:

»Auf jeden Fall wird hier deinem aufgeblähten Ego kräftig in den Arsch getreten und das ist sehr gut so. Je aufgeblähter es ist, desto mehr Probleme hat es, sich in diese Situation zu fügen. Ein Mensch, dem die Dualität des Seins bewusst ist und der nicht wertet, hat überhaupt keine Schwierigkeiten hier. Er passt sich so problemlos dieser Situation an, wie Wasser sich der Form jeden Gefäßes anpasst. Du warst oft in der Karibik und im Südpazifik. Dort gibt es keine Eichen, sondern nur Palmen. Warum? Wenn ein Hurrikan über die Inseln fegt, biegen sich die Palmen einfach um. Sie legen sich parallel zum Erdboden und werden zu einem Strich, weil ihre Blätter in Verlängerung des Stammes im Orkan flattern. Ist der Sturm vorbei, richten sie sich wieder auf und haben nur ein paar der sowieso schon abgestorbenen Blätter verloren. Im Knast muss man sein wie die Palmen. Du hast den ersten Schritt in diese Richtung getan, als du erkannt und akzeptiert hast, schuldig zu sein, in welchem Sinne auch immer, und auch im buddhistischen Sinne akzeptiert hast, dass diese Situation eine Möglichkeit ist, auf deinen Weg zur Entwicklung deiner Persönlichkeit zurückzufinden. Warum zerbrach ein Nelson Mandela nicht in den siebenundzwanzig Jahren Knast in den Gefängnissen des rassistischen weißen Regimes, sondern wurde der erste schwarze Präsident seines Landes und ein in der ganzen Welt geachteter Friedensnobelpreisträger? Mandela leiteten sein friedfertiger Charakter und seine hohe Würde. Nie wurde er ausfallend zu seinen Wärtern, großmütig deutete er seine Lage. Das System sei schlecht, nicht die darin verwobenen Menschen. Und er setzte sich Aufgaben, die er bewältigen konnte. Er studierte Bücher, unterrichtete seine Mitgefangenen im Lesen und Schreiben und putzte gründlich seine Zelle. ›Will man im Gefängnis überleben, muss man Wege finden, um sich im täglichen Leben Zufriedenheit zu verschaffen‹, hat er einmal gesagt. Auch Sabine Dardenne hat ihre innere Freiheit geholfen, zu überleben. 1996 wurde die damals Zwölfjährige Opfer des Kinderschänders Marc Dutroux. Achtzig Tage lang sperrte er sie in ein Verlies und missbrauchte sie. Acht Jahre sprach sie über diese Zeit kein einziges Wort. Dann verfasste sie ein Buch. Darin sagt sie: ›Alle erwarteten, dass ich in Selbstmitleid versinke. Aber ich bin nicht so. Mir kann keiner helfen, nur ich selbst.‹ Diese ›Selbstwirksamkeit‹, diese Mischung aus Selbstvertrauen, praktischer Intelligenz und der Fähigkeit, Probleme zu lösen, ist der mächtigste der inneren Schutzfaktoren, denn diese Selbstwirksamkeit gibt die Kraft, sein eigenes Leben zu gestalten.

›Ich habe die Erfahrung gemacht, dass es hoffnungslose Situationen nicht gibt, solange man sie nicht als solche akzeptiert‹, sagte Willy Brandt gegen Ende seines Lebens, in dem er nicht nur Bundeskanzler und Friedensnobelpreisträger geworden war, sondern auch die Spuren von Krieg, Verfolgung, Armut und Niederlagen in sich trug.

All diese Menschen sind die Oliver Twists des wahren Lebens. Ihre Biografien ähneln denen der Protagonisten der Mythen, Märchen und Hollywood-Epen: Parzival, ein Kind aus der Wildnis, wird Hüter des Heiligen Grals. Der von seinen Stiefeltern gequälte Waisenjunge Harry Potter besiegt am Ende das Böse in der Welt.

Und was zeichnet diese realen und fiktiven Helden aus? Sie habe eine robuste Psyche, die von zweierlei Kräften geschützt wird: solche, die sich erwerben lassen, und jene, die angeboren sind. Die Veranlagung zur inneren Stärke und der Schutz durch die erworbenen Fähigkeiten können sich dabei wechselseitig verstärken. Grundeigenschaften eines psychisch stabilen Menschen sind das Selbstvertrauen und der Wille, das eigene Leben zu gestalten. Er ist bereit, ständig Entscheidungen zu treffen, sie umzusetzen und deren Konsequenzen zu tragen. Ihn zeichnet die Lust an der Herausforderung aus und er hat Ziele, die das Leben sinnvoll erscheinen lassen. Um diese zu erreichen, ist ihm jeder Weg recht, denn er weiß, der Weg ist das Ziel. Resilienz ist in Wirklichkeit ganz gewöhnlich und einfach. Nichts anderes nämlich, als die Fähigkeit, zu denken, zu lachen, zu hoffen, zu handeln, um Hilfe zu bitten, sie anzunehmen und dem Leben einen Sinn zu geben.

Wie ich beobachtet habe, besitzt du diese Fähigkeiten. Daher dürfte es dir leichtfallen, kurzfristig in die Knie zu gehen, dein kluges Haupt zu beugen und den Sturm über dich hinwegblasen zu lassen. Und dann wie Phönix aus der Asche wieder aufzustehen, allerdings vom Orkan gesäubert und gereinigt.«

»Schönes Bild«, lächelte ich, »und warum verhältst du dich nicht danach?«

Inzwischen kannte ich nämlich Ottos Geschichte. Seine U-Haft dauerte bereits drei Jahre. Er war ein begnadeter Entwickler und Designer von Mikrochips, ein verschrobenes Genie und ein absoluter Außenseiter. Wenn er einen neuen Chip entwickeln wollte, zog er in eine Hütte in den Slums von Hongkong, bis er den Bauplan seines neuen Chips auf einem Stück Papier gezeichnet hatte.

Er erklärte mir, dass er den Lärm, den Gestank und das gefährliche Leben am Rande der Gesellschaft bräuchte, weil ihn das alles motiviere und inspiriere. Den fertigen Plan sandte er dann per Fax an die Techniker in seiner Firma in West Palm Beach, die anhand seiner Skizze einen Prototyp des neuen Chips anfertigten. Dieser Prototyp wurde an seine andere Firma auf den Philippinen geschickt, wo die Massenproduktion des Chips durchgeführt wurde. Von dort wurden die Chips zur Endkontrolle an seine deutsche Firma nach Berlin geliefert, in der sie überprüft und eingeschweißt wurden. Und genau das war ihm zum Verhängnis geworden. Der damalige Wirtschaftssenator von Berlin hatte ihn mit erheblichen Subventionsversprechen nach Berlin gelockt, wenn er dort mindestens hundert Arbeitsplätze schuf. Nach drei Monaten arbeiteten zweihundert Leute in Ottos Berliner Firma und er beantragte achtundvierzig Millionen D-Mark Subventionen. Der Senat rastete aus, denn das war mehr als der gesamte Subventionsetat Berlins. Otto erzählte mir, dass er am Heiligabend aus Florida mit seinem Steuerberater zu einer Besprechung mit dem Bayerischen Finanzministerium angereist war, weil er auch in Bayern eine Niederlassung eröffnet hatte und die steuerliche Situation klären wollte. Als er sich nach der sehr angenehm verlaufenen Sitzung verabschieden und zu seiner Frau fahren wollte, um Weihnachten zu feiern, sagte sein Gesprächspartner: »Moment, da sind noch zwei Herren, die Sie sprechen wollen.« Aufs Stichwort kamen zwei Kripobeamte ins Zimmer, hielten ihm einen Haftbefehl wegen einer Anzeige des Berliner Wirtschaftssenats wegen Verdachts des Subventionsbetrugs in Höhe von achtundvierzig Millionen D-Mark unter die Nase und brachten ihn nach Stadelheim. Kurz darauf saß Otto am Heiligabend in einem dunkelblauen Nadelstreifenanzug in seiner Zelle und hatte nicht die geringste Ahnung, warum. Er sollte insgesamt viereinhalb Jahre in U-Haft verbringen, weil er nach zweieinhalb Jahren zu sechs Jahren verurteilt worden war und sofort in Revision gegen das Urteil ging. Die Revision dauerte zwei Jahre, dann ging sie durch. Der Bundesgerichtshof in Karlsruhe hob das Urteil des Landgerichts München in allen Punkten auf und verfügte seine sofortige Entlassung ohne eine erneute Verhandlung, was sehr ungewöhnlich war.

Als Otto zum Direktor der Anstalt gebracht wurde und der ihm einen Scheck mit seiner Haftentschädigung, immerhin neunzehn D-Mark pro Tag, übergeben wollte, lächelte Otto, zerriss den Scheck und verließ die Anstalt in einem seiner grauen Schlabberjogginganzüge. Er ließ sich von einem seiner Angestellten zum Flughafen bringen, bestieg seinen Learjet und flog nach Florida. Dort beauftragte er die besten Anwälte des Staates und verklagte Berlin auf vierhundertfünfzig Millionen D-Mark und Bayern auf zweihundertfünfzig Millionen D-Mark Schadensersatz. Beide Prozesse endeten mit einem Vergleich. Otto erhielt insgesamt dreihundert Millionen.

Als ich ihm damals meine Frage stellte, lag all das noch in weiter Ferne. Doch Otto, hinter dessen weichem Äußeren sich ein stahlharter Kern verbarg, lächelte nur und erwiderte sybillinisch:

»Lebe niemals nach irgendeinem Programm! Jeder Mensch muss seine eigenen Erfahrungen machen. Deshalb leben wir. Sun Tsu nennt sein Buch über die Kriegskunst zu recht *Wahrhaft siegt, wer nicht kämpft*. Doch wenn man heimtückisch angegriffen wird, muss man sich wehren – das ist nicht zu ändern.«

Gottes einziger Plan ist, zu sein, damit alles und jedes das Leben zum Ausdruck bringen kann. Wenn Gott einen Plan hätte, würde er den Menschen die Freiheit nehmen, den Gott in ihrem Innern zum Ausdruck zu bringen, und das würde ihnen ihre Einzigartigkeit nehmen und die Fähigkeit, sich selbst weiterzuentwickeln und das Lebensprinzip, Gott genannt, zu erweitern. Gottes einziger Plan ist, *dass er ist.* Er ist alles, was im Einssein schwingt und sein Schwingungsniveau zunächst auf den Gedanken gründet, dann vom Gedanken in Materie übergeht, um einen weiteren Augenblick des Lebens zum Ausdruck zu bringen. Er schwingt, gibt und nimmt vom Bewusstsein und dehnt sich aus. Alles Sein drückt sich Seite an Seite mit allem anderen Sein in einem neuen Augenblick der Ewigkeit aus. Würde Gott planen, wäre alles, was noch kommt, begrenzt.

DIE ANDERE SEITE
DES KNASTES

Wie man seine Situation
durch Rebellion akzeptiert

Die Menschen haben Jesus umgebracht, weil er ihnen einen
Spiegel vorhielt. Er zeigte sie in ihrer Nacktheit und Hässlichkeit.
Die Menschen haben Sokrates vergiftet. Auch er konfrontierte
sein Umfeld mit unschönen Wahrheiten. Die Menschen geraten
in Wut, wenn sie sich sehen müssen, wie sie wirklich sind. Sie
begreifen und verstehen es nicht, und deshalb richtet sich ihre
Wut gegen den Spiegel. Auch die realen und virtuellen Gefängnisse hängen voller Spiegel. Sie zeigen dich in deinem Dreck und
deinen Perversionen. Nur wenn du Mut hast, erträgst du den
Anblick und begreifst ihn als Aufforderung, gegen deine dunk-
len Seiten vorzugehen – indem du sie als Schwächen erkennst.
Dafür musst du zum Zeugen werden – wach, aufmerksam, bewusst – und dein Gefängnis wird zu einer Alchemistenküche, in
der Blei zu Gold wird.

Der Tag, an dem Dimitri in mein Leben trat, begann wie üblich
mit dem entspannten Lesen der Tageszeitungen. Die Meldung
des Tages war, dass es in der JVA Straubing zu einem Gefange-
nenaufstand gekommen war, der von Sondereinsatzkommandos
der Polizei blutig beendet worden war. Es hatte mehrere Verletz-

te gegeben und die Rädelsführer des Aufstandes waren auf Gefängnisse in ganz Bayern verteilt worden. Ich las mit fassungslosem Staunen. Das war anscheinend eine völlig andere Form des Strafvollzugs, als ich sie bisher kennengelernt hatte. Nachdenklich trat ich an diesem Tag aus meiner Zelle, als sie zum Hofgang geöffnet wurde.

»Du, er ist hier«, begrüßte mich ein Hausarbeiter.

»Wer ist hier?«, fragte ich verdutzt.

»Na, Todorov, der Bankräuber, er ist einer der Rädelsführer des Aufstandes in Straubing. Sie haben ihn gestern Abend hierher verlegt.«

In diesem Moment trat er aus seiner Zelle und nickte mir freundlich lächelnd zu. Ein mittelgroßer, athletischer Typ, mit einem gutgeschnittenen Gesicht, dem eine große Kassenbrille etwas Professorenhaftes verlieh. Aber das Auffälligste an ihm waren seine Augen: sanft und gutmütig, die Augen eines Mönchs. Der Eindruck wurde nur etwas getrübt durch eine blutige Strieme auf seiner linken Wange.

Verblüfft und fasziniert sah ich ihn an. Das also war der berühmteste Bankräuber der Republik. Todorov hatte zusammen mit seinem Komplizen, Georg Rammelmayr, im August 1971 eine Filiale der Deutschen Bank in der Prinzregentenstraße in München überfallen. Sie forderten zwei Millionen D-Mark und einen Fluchtwagen. Um ihre Forderung Nachdruck zu verleihen, taten sie etwas, was es bis dahin bei einem Bankraub in Deutschland noch nicht gegeben hatte: Sie nahmen die knapp zwanzig Angestellten der Bank als Geiseln, ein Novum in der deutschen Nachkriegsgeschichte. Nach zähen Verhandlungen mit der Polizei wurden ihnen schließlich das Geld und das Fluchtfahrzeug bereitgestellt. Als Rammelmayr daraufhin mit einer Geisel die Bank verließ, eröffneten Scharfschützen das Feuer auf ihn. Bei dem Schusswechsel wurden die Geisel und Rammelmayr getötet. Dimitri befand sich noch in der Bank. Als die Polizei das

Gebäude stürmte, feuerte er aus seinem Revolver einen Schuss ab. Wie später ein Gutachter behauptete, habe ein Polizist nur deshalb überlebt, weil er blitzschnell seinen Kopf zur Seite gerissen hätte, sodass ihn die angeblich gezielt auf ihn abgefeuerte Kugel verfehlte. Dimitri hatte hingegen immer erklärt, er habe nur einen Warnschuss durchs offene Fenster abgegeben. Anschließend hatte er sich den Polizeibeamten, die in die Bank eingedrungen waren, ergeben. Die waren aber so wütend, dass sie ihn brutal zusammenschlugen, obwohl sich sogar einige der Geiseln schützend vor ihn gestellt hatten. Die Tat fand eine besondere Aufmerksamkeit in der Öffentlichkeit: Zum ersten Mal in der Geschichte des deutschen Fernsehens wurde eine Geiselnahme live übertragen. Man konnte am Bildschirm sogar den Schusswechsel verfolgen. Dimitri wurde in einem umstrittenen Urteilsspruch wegen Raubes, Waffenbesitzes, Vergehen gegen das Sprengstoffgesetz und fahrlässiger Tötung zu fünfzehn Jahren verurteilt und wegen versuchten Mordes zu lebenslänglich. Gerhard Mauz, der berühmte Gerichtsreporter des *Spiegel*, hatte das Urteil mit den Worten »Wenn kein Weg zum Lebenslang führt, muss einer erfunden werden« kommentiert. Auch ich hatte den Fall als Rechtsreferendar ausgiebig mit Kollegen diskutiert und wir waren alle einer Meinung mit Mauz. Das Urteil war nicht angemessen. Und dieser angebliche Schwerverbrecher stand mir also jetzt gegenüber.

Er lächelte mich freundlich an.

»Ist jetzt Hofgang?« fragte er.

Ich nickte.

»Okay, dann lass uns gehen, ich brauche die frische Luft.«

Wir gingen los und ich bemerkte, dass er leicht hinkte.

»Was war los bei euch in Straubing?« fragte ich.

Dimitri zögerte kurz, aber dann begann er zu erzählen.

»Das Ganze begann mit dem Käse. Das Essen war in den letzten Wochen immer schlechter geworden. Als ein angeblich vergammelter Käse ausgeteilt wurde, war das der Tropfen, der das Fass zum Überlaufen brachte. Die Jungs weigerten sich, nach der Essensausgabe in ihre Zellen zurückzukehren. Erst nach einigem Palaver mit den Stationsbeamten ließen sie sich schließlich einschließen. Aber in der Nacht wurden Kassiber ausgetauscht und von Fenster zu Fenster die Parole ausgegeben, am nächsten Tag nach dem Hofgang nicht mehr einzurücken.

Während des Hofganges besprachen wir dann, dass nicht alle Gefangenen im Hof bleiben, sondern dass einige versuchen sollten, ein Dach der Anstalt zu besetzen, wenn der Hofgang vorbei wäre. Als die Wärter den Hofgang beendeten, verteilte sich ein Teil der Gefangenen wie vereinbart im Hof und verweigerte das Einrücken. Eine Gruppe von etwa sechzig Mann stürmte an den verdutzten Beamten vorbei in eins der Gebäude und schaffte es tatsächlich, über das Treppenhaus auf den Dachboden und von dort durch eine Luke aufs Dach zu gelangen. Zu dieser Gruppe gehörte auch ich. Nachdem sich unser heftig schlagender Puls wieder beruhigt hatte, ließen wir uns auf den warmen Dachziegeln nieder. Andächtig genossen wir die freie Sicht auf das unter uns liegende Straubing und die Alpen, hinter denen gerade blutrot die Sonne versank. Es war ein wundervolles Gefühl, den farbenprächtigen Sonnenuntergang ohne Beeinträchtigung durch Gitterstäbe beobachten zu können. Der laue Abendwind, der uns umwehte, wirkte wie eine zärtliche Liebkosung auf meiner Haut. Über mir war nur noch der Himmel. Ich hatte das Gefühl der absoluten Freiheit.«

Dimitri erzählte bedächtig und emotionslos. Aber sein Blick verriet mir, dass seine Gedanken weit weg waren und er in der Erinnerung an diesen Moment schwelgte. Ich hörte ihm fasziniert zu.

»Unter uns brach plötzlich die Hölle los«, fuhr er fort. »Auf die im Hof befindlichen Häftlinge stürmten aus allen Gebäuden Einsatzkommandos los. Sie wurden mit Gummiknüppeln geschlagen, mit Handschellen gefesselt und zusammengetrieben. Die an ihren Zellenfenstern stehenden Gefangenen, die nicht aktiv an dem Streik teilnahmen, aber ihn solidarisch unterstützten, begleiteten den ungleichen Kampf mit einem ohrenbetäubenden Gejohle und Gepfeife. Sie bewarfen die Greiftrupps mit allen erdenklichen Gegenständen. Doch es half nichts. Die Jungs im Hof hatten keine Chance. Wir lagen auf dem Bauch und beobachteten über den Dachrand blickend, wie einer nach dem anderen im Polizeigriff in die Gebäude abgeführt wurde. Bei Einbruch der Dunkelheit war der von oben wie eine Müllhalde aussehende Hof von den Gefangenen geräumt. Es wurde totenstill. Uns beschlich ein mulmiges Gefühl, als wir daran dachten, was uns spätestens am nächsten Morgen erwarten würde. Wir stellten zwei Posten neben die Dachluke, die wir mit auf dem Dachboden gefundenen Gegenständen beschwerten. Dann ließen wir uns auf den von der Sonne erwärmten Ziegeln nieder. Wir saßen in Gruppen von fünf bis zehn Mann auf dem ganzen Dach verteilt um kleine Feuer, die wir aus Verpackungsmaterial entzündet hatten, und aßen unsere mitgebrachten Lebensmittel. Die innere Anspannung entlud sich in heiteren Kommentaren über die verblüfften und völlige Hilflosigkeit ausstrahlenden Gesichter der Beamten, die offensichtlich niemals mit einer solchen Aktion gerechnet hatten. Wir lachten laut und viel. Es war das fröhlichste Picknick meines Lebens.

Später in der Nacht ging ich zu einem noch warmen Schornstein und streckte mich mit hinter dem Kopf verschränkten Armen neben ihm aus. Seit fast neunzehn Jahren hatte ich das erste Mal wieder einen Sternenhimmel über mir. Die unendlich vielen Lichtpunkte am Firmament schienen mir zum Greifen nahe. Mein Geist flog von einem Sternenbild zum anderen. Ich fühlte mich leicht und frei. Nach einiger Zeit wurde ich vollkommen ruhig. In mir war Frieden und Stille. Der Morgen war weit weg, nur dieser Augenblick zählte. Erst nach mehreren Stunden fiel ich in einen tiefen Schlaf. Ich wachte auf, als mich ein Mithäftling an der Schulter rüttelte. Schlaftrunken und verwirrt sah ich ihn an.

›Sie kommen!‹, sagte er aufgeregt und deutete zur Dachluke. Ein Kratzen und Scharren war an ihrem Holz zu hören. Einige von uns hatten sich auf die Luke gestellt, um sie noch mehr zu belasten und ihr Aufstemmen zu verhindern. Sofort war ich hellwach, sprang auf und lief zu ihnen. Wir hüpften auf der Luke herum, um zu signalisieren, dass wir alarmiert waren. Tatsächlich verstummten die Geräusche. Erleichtert legten wir uns wieder hin, doch an Schlaf war nicht mehr zu denken. Langsam vertrieb die Morgendämmerung die Dunkelheit der Nacht. In der Ferne war plötzlich ein leises Brummen zu hören, das immer lauter wurde. Eine Hubschrauberflotte von fünf Maschinen hielt direkt auf unser Dach zu. Bohrgeräusche an der Luke waren zu vernehmen. Die Hubschrauber positionierten sich direkt über uns und ließen Seile hinab, deren Enden über unseren Köpfen baumelten. Wir hielten Stuhl- und Tischbeine in den Händen, die wir von auf dem Dachboden gefundenen Möbeln abgebrochen hatten, um sie gebührend zu empfangen. Ein lauter Knall ließ uns zusammenzucken. Das war das Signal und jetzt ging alles blitzschnell. Die Luke krachte zusammen und fiel mit einem Donnerschlag auf den Boden des Dachstuhls. Während immer mehr vermummte SEK-Leute sich durch die entstandene Öffnung aufs Dach schwangen, ließen sich ihre Kollegen an den Seilen herabgleiten. Die kampferprobten und gut ausgebildeten Nahkämpfer fielen über uns her. Mit ein paar platzierten Karate-Schlägen wurden wir einer nach dem anderen außer Gefecht gesetzt und mit Handschellen gefesselt. Nach wenigen Minuten lagen wir alle besinnungslos und bewegungsunfähig auf dem Dach. Einige stöhnten leise. Aber bis auf einige leichte Prellungen und Blutergüsse hatte es keine Verletzungen gegeben. Nachdem sie uns mit leichten Ohrfeigen aus dem Reich der Träume zurückgeholt hatten, wurden wir einzeln über Leitern nach unten geführt und von grimmig schauenden Justizbeamten zurück in unsere Zellen gebracht. Sie nahmen uns die Handschellen ab und schlossen uns ein. Und das war´s dann.

Allerdings hatten sie noch eine kleine Überraschung parat. Am Nachmittag wurde uns über Lautsprecher mitgeteilt, dass wir unsere Habe zusammenpacken sollten. Alle, die sich auf dem Dach befunden hätten, würden in andere Anstalten verlegt werden. Ich war misstrauisch, folgte aber der Aufforderung und packte. Dann hörte ich, wie die Zellentüren meines Ganges nacheinander aufgesperrt und die Insassen einzeln abgeholt wurden. Nach einiger Zeit war ich an der Reihe. Klirrend wurde der Schlüssel ins Schloss gerammt und die Tür aufgerissen. Zwei Beamte starrten mich wütend an.

›Ihre Habe lassen Sie hier. Sie wird später abgeholt. Los, kommen Sie mit! Sie werden nach Stadelheim verlegt.‹

Ich glaubte ihnen kein Wort und bewegte mich nicht. Sie ergriffen grob meine Arme und führten mich in den Keller zu der Rampe, von wo die Transporte abgingen. Als wir den Korridor betraten, an dessen Ende der Transportbus wartete, erstarrte ich und blieb stehen. Links und rechts des Ganges hatten sich mindestens zwanzig Wärter zu einem Spalier aufgebaut, die mich erwartungsvoll ansahen. Jeder hielt einen Knüppel in der Hand, keiner sagte ein Wort.

Einer der mich am Arm haltenden Beamten zischte mir ins Ohr: ›Jetzt bekommst Du, was Du verdient hast, Du Schwein.‹

Sie versetzten mir einen heftigen Stoß und ich taumelte vorwärts. Sofort prasselten die ersten Hiebe auf mich nieder. Jeder Schlag trieb mich weiter nach vorne. Instinktiv schützte ich meinen Kopf mit beiden Armen, doch es war sinnlos. Sie schlugen unbarmherzig und hart auf jeden Körperteil, den sie treffen konnten. Die Schmerzen wurden so heftig, dass mein Gehirn die Nervenbahnen kappte. Obwohl pausenlos Knüppel auf meinen

Körper einschlugen, empfand ich nichts als dumpfe Hiebe. Nach einer mir endlos erscheinenden Zeitspanne war das Spießruten-laufen beendet. Die Schläge hörten abrupt auf. Mühsam stolper-te ich mit weichen Knien über die Rampe in den engen Gang des Transportbusses. Ein Wärter packte mich hart am Genick und stieß mich in eine der engen Viermannkabinen. Drei Mithäftlin-ge, die mit mir auf dem Dach gewesen waren, hingen blutüber-strömt und bewusstlos in ihren Sitzen. Meine Beine versagten ihren Dienst. Stöhnend sank ich auf den einzigen noch freien Sitz. Die Tür wurde zugesperrt. Ich sackte zusammen und wurde ebenfalls ohnmächtig.

In Stadelheim brachten sie uns zur Krankenstation, wo sie mich oberflächlich untersuchten. Anscheinend ist nichts gebro-chen, aber mein Körper schmerzt bei jeder kleinen Bewegung. Er ist von Kopf bis Fuß mit Blutergüssen übersät. Doch dieser Abend mit dem Sonnenuntergang hinter den Alpen und die Nacht unter dem Sternenhimmel, die waren das alles wert.« Die Erinnerung ließ ihn lächeln. Dann verdunkelten sich seine Züge.

»Weißt du, Uwe, das Schlimmste für mich waren nicht die Schläge. Damit kann ich umgehen. Aber als sie mich in den Gang zum Transport stießen, erkannte ich in dem Spalier der Wärter einige, mit denen ich fast achtzehn Jahre friedlich zusammenge-lebt hatte. Und ausgerechnet die waren es, die besonders brutal zuschlugen. Hast du dafür eine Erklärung?«

»Vielleicht, weil sie meinten, dass du sie die ganze Zeit verarscht hast und sie erst jetzt dein wahres Gesicht gesehen haben? Wie du weißt, glaubt einem Verurteilten kein Justizbeamter mehr was, selbst als Zeuge vor Gericht ist er untauglich. Wenn du dich an-ständig und korrekt verhältst, wirst du immer misstrauisch beob-achtet und dir wird unterstellt, dass du nur eine Rolle spielst. Und bei dir war deine Rolle eben beendet, als du mit aufs Dach gegan-gen bist. Damit hast du dein wahres Gesicht als außerhalb der Gesellschaft und ihrer Ordnung Stehender gezeigt und sie in ihrem Misstrauen bestätigt. Vielleicht waren sie aber auch enttäuscht, dass sie Recht hatten und du dich nicht als der gewandelte Mensch entpuppt hast, den sie in dir sehen wollten.«

Dimi sah mich nachdenklich an.

»Ich glaube, das siehst du zu philosophisch. Als sie auf mich einschlugen, habe ich die Fratzen ihrer wahren Gesichter gesehen: Der ganze Frust und die aufgestauten Aggressionen ihrer sinnlos dahinplätschernden Leben entluden sich in dem Moment. Ich war nur ein Katalysator, der die in ihnen tickende Bombe zündete. Dabei war ich immer nur authentisch und bin meinen Weg gegangen. Ich habe nie gearbeitet, sondern trotz aller Widerstände seitens der Anstalt mein Abitur nachgemacht und studiert. Für meine Liebe zu Jay, einem Mithäftling, habe ich mit allen legalen Mitteln das System bekämpft, aber mich nie mit einem Beamten angelegt. Sie sind für mich in Wirklichkeit unbedeutende Schergen, die mechanisch und abgestumpft ihre Pflicht tun. Viele sind Alkoholiker oder gesundheitlich angeschlagen. Das deutsche Strafvollzugsystem ist es, was krank ist und sie krank macht. Während es in anderen Ländern zum Beispiel regelmäßig Amnestien gibt, also Gnade ausgeübt wird, hat es bei uns noch nicht einmal zur Wiedervereinigung eine solche gegeben. Jeder Verurteilte wird gnadenlos entrechtet und entmündigt, die im Gesetz verankerte Resozialisierung ist in den meisten bayerischen Gefängnissen nur auf dem Papier vorhanden. In der JVA Bernau zum Beispiel gibt es keinen Freigang und kaum Hafturlaube.«

Wieder hatte er völlig emotionslos gesprochen, aber ich sah ihn verwundert an. »Na ja, das habe ich anders gehört. Ich bin zwar noch in U-Haft, aber soweit ich weiß, gibt es die Zweidrittelregelung und den offenen Vollzug.«

»Schon, aber nur für Ersttäter, und auch da nicht zwingend.«

Wir gerieten in eine lebhafte Diskussion über das deutsche Strafvollzugsrecht, bis ich ihn fragte: »Sag mal, wie bist du eigentlich damals mit deinem Urteil umgegangen? Wie verkraftet man es, wenn man zu lebenslänglich plus fünfzehn Jahren verurteilt wird?«

»Ich bin sofort in Revision gegangen. Aber nicht, weil ich hoffte, dass das Urteil aufgehoben würde, sondern weil ich mir einen Schlüssel angefertigt hatte und ausbrechen wollte. Jeden Tag ließ ich mich zum Arzt bringen, damit ich eine Gelegenheit bekam, den Schlüssel des mich begleitenden Beamten zu studieren und mir einzuprägen. In meiner Zelle zeichnete ich seine Konturen nach und gab die Skizze dann einem in den Plan eingeweihten Mitgefangenen, der den Schlüssel mit einer eingeschmuggelten Feile und einem Rohling produzierte. Doch der Plan scheiterte, weil ich den Schlüssel ausprobieren wollte und einen Hausarbeiter bat, das für mich zu tun. Er verriet mich. Man fand den Schlüssel und ich wurde sofort nach Straubing verlegt. Dort versuchte ich, eine Pistole einzuschmuggeln, um mit Gewalt auszubrechen. Wieder wurde ich verraten und auch das scheiterte. Als Nächstes plante ich eine Flucht mit einem der Lieferantenwagen. Kurz vor der Ausführung wurde das Anlieferungssystem geändert. Wieder musste ich mir etwas Neues überlegen. Aber inzwischen waren bereits mehr als zwei Jahre vergangen. Als die Revision verworfen wurde, fing ich an, zu rechnen. Vermutlich würde ich nach spätestens fünfzehn Jahren entlassen werden. Zwei Jahre vorher könnte ich in den Freigang kommen. Blieben noch etwas mehr als elf Jahre hinter Gittern. Dafür wollte ich nicht noch ein Lebenslänglich wegen eines gewalttätigen Ausbruchs riskieren. Ich beschloss, Abitur zu machen und ein Studium abzuschließen. Damit habe ich für mein Leben im Knast sogar einen Sinn gefunden. Was meine Rechnung angeht, habe ich mich allerdings gründlich verschätzt, denn inzwischen sitze ich schon fast neunzehn Jahre und sie verweigern mir sogar Hafturlaube und Ausgänge. Und ich vermute, dass ich mir mit der Teilnahme an der Dachbesetzung ein paar weitere Jahre eingefangen habe.«

Damals wusste ich es noch nicht, aber er sollte Recht behalten. Dimitri kam erst nach zweiundzwanzig Jahren frei, und das ohne vorbereitende Maßnahmen. Seinen ersten Ausgang enthielt er einen Monat vor seiner Entlassung, obwohl er bei seinem Banküberfall weder einen Menschen verletzt noch getötet hatte.

Auf jeden Fall hatte er mir meine letzten Illusionen bezüglich der hier Diensttuenden genommen. Ich nahm mir vor, im Umgang mit Beamten noch zurückhaltender zu sein, als ich es sowieso schon war, und vor der unterschwelligen Rachsucht des Strafvollzugssystems ständig auf der Hut zu sein und jede Angriffsfläche zu vermeiden.

Am nächsten Tag wollten wir beim Hofgang unser Gespräch fortsetzen, doch diesmal gesellte sich ein junger Albaner zu uns, der vor einigen Wochen ebenfalls von Straubing zu uns verlegt worden war und der sich freute, Dimitri wiederzusehen. Er hatte wegen Drogenhandels im großen Stil eine Strafe von vierzehn Jahren abzusitzen und war als Zeuge zu einem wichtigen Prozess geladen, der gerade in München lief. Er war ein gutaussehender, athletisch gebauter Bursche. Seit seiner Ankunft hatte er jeden Tag im Hof Laufübungen kombiniert mit Weitsprüngen gemacht, und ich hatte bewundernd festgestellt, dass er von Tag zu Tag besser wurde. Genauso bewunderte ich ihn allerdings wegen seines Wellensittichs, den er in einem Käfig mitgebracht hatte, und den er liebevoll versorgte und frei in seiner Zelle herumfliegen ließ. Langzeithäftlinge erhielten nämlich in Straubing die Erlaubnis, sich einen Vogel zu halten. Der Albaner unterhielt uns mit Geschichten aus seiner Heimat und seinem wilden Leben. Er war Mitglied einer Kommandoeinheit der albanischen Armee gewesen und hatte nach seiner Militärzeit einen Aufstieg vom Drogenkurier zum Drogenboss gemacht. Wir lachten viel, denn er erzählte anschaulich und besaß einen guten Humor.

Als ich am Abend nach dem Einschluss am offenen Fenster saß, bemerkte ich plötzlich einen Mann in Anstaltskleidung, der über den Rasen vor meinem Fenster direkt auf das unserem Zellentrakt gegenüberliegende Verwaltungsgebäude zulief. Zielstrebig rannte er auf die Dachrinne zu und kletterte geschickt an ihr hoch. Fasziniert schaute ich ihm zu, wie er sich katzengleich an dem Rohr hochhangelte und nach wenigen Augenblicken das Flachdach des Gebäudes erreichte. Schwer atmend stand er gebückt am Dachrand. Dann streckte und dehnte er sich und ich erkannte den Albaner, mit dem Dimi und ich heute Morgen im Hof herumgealbert hatten. Aber was hatte er vor? Ich sah noch keinen Sinn darin, auf das Dach zu steigen, denn zwischen dem Verwaltungsgebäude und der Anstaltsmauer klaffte eine Lücke von etwa sechs Metern. Moment, dachte ich. Sechs Meter? Du bist während der Bundesjugendspiele ohne großes Training fünf Meter vierzig gesprungen. Der Albaner aber hatte täglich geübt und war in glänzender körperlicher Verfassung. Sollte er wirklich …?

Während ich noch überlegte, zog er aus seinem Hemd zwei Handtücher hervor und umwickelte damit seine Hände. Dann ging er in die Hocke wie ein Hundertmeterläufer, verharrte so ein paar Sekunden und startete. Die am Dachrand sitzenden Tauben flogen erschreckt auf, als er immer schneller werdend an ihnen vorbeirannte. Bei jedem seiner Schritte stiegen links und rechts von ihm Tauben in die Luft. Am Ende des Daches hatte er seine Höchstgeschwindigkeit erreicht und schnellte sich ab. Eine Kavalkade von Tauben sammelte sich in seinem Rücken, als sein schlanker Körper durch die Luft auf die Mauer zu segelte, und bildete eine weiße Wolke, die fast wie ein großes Paar Flügel aussah. Die Krone der Gefängnismauer lag ungefähr zwei Meter höher als das Dach des Verwaltungsgebäudes. Aber er schaffte es. Ich hielt den Atem an, als er mit seinen mit Handtüchern umwickelten Händen den Natodraht, der die gesamte Gefängnismauer bedeckte, niederdrückte und sich an der Mauerkante festklammerte. Mit einer kurzen Kraftanstrengung zog er sich hoch und richtete sich auf. Auf der Mauer stehend streckte er triumphierend seine Arme in den Himmel. So verharrte er mehrere Sekunden. Dann sprang er in die Tiefe.

Mein Herz raste. Ich atmete tief durch und war plötzlich sehr dankbar, dass ich diese Leistung miterleben durfte. Ich hoffte für ihn, dass ich der einzige Zeuge gewesen und seine Flucht gelungen war. Doch ich irrte. Plötzlich klopfte jemand mit seinem Essgeschirr rhythmisch gegen seine Gitterstäbe. Wie auf ein geheimes Zeichen brach ein gewaltiger Jubel los. Offensichtlich hatte fast jeder Insasse am Fenster gesessen und den tollkühnen Sprung beobachtet. Wir alle wünschten ihm, dass ihm seine Flucht gelungen sei.

Wie enttäuscht waren wir aber, als der Albaner mit verbundenen Händen am nächsten Morgen wieder vor seiner Zelle stand. Er erzählte uns, dass ihn etwa zwanzig Wärter auf der anderen Seite der Mauer erwartet und sofort wieder eingeliefert hätten. Offensichtlich hatten nicht nur wir seinen Aufstieg auf das Dach des Verwaltungsgebäudes beobachtet und jemand hatte sofort Alarm geschlagen.

»Wie bist du überhaupt aus deiner Zelle rausbekommen?«, fragte ein Hausarbeiter unseren Helden.

Der Albaner grinste. »Ich hatte eine kleine Säge, mit der habe ich zwei Stäbe des Gitters vor meinem Fenster durchgesägt.«

»Und wie hast du die Säge hier reinbekommen?«, fragte ich. »Du bist doch bei deiner Abfahrt in Straubing und bei deiner Ankunft hier sicher komplett gefilzt worden.«

Er zwinkerte mir zu. »Die Säge hatte ich in der Schaukelstange meines Wellensittichs versteckt, da haben sie nicht gesucht.«

Wir lachten schallend. Was für ein genialer Einfall und ein wunderbares Symbol, ein Fluchtgerät in der Schaukel eines Vogels zu verstecken.

Am nächsten Tag waren Dimitri und der Albaner verschwunden. Sie waren von der Anstaltsleitung zu mehreren Wochen »Bunker« verurteilt worden, eine Art Knast im Knast. Dimitri wegen seiner Teilnahme an der Revolte in Straubing, der Albaner wegen des Fluchtversuchs. Sie wurden in Zellen mit gekachelten Wänden und Glasbausteinen als Lichtloch gesperrt, die nur mit einer Gummimatratze und einem Loch im Boden als Toilette ausgestattet waren. Sie mussten sich bis auf die Unterhose ausziehen, durften nichts von ihrem Einkauf mitnehmen, hatten kein fließendes Wasser, keinen Kaffee, keine Zigaretten und kein Radio. Zum Lesen gab es nur die Bibel. Vierundzwanzig Stunden brannte das Licht in dem klimatisierten Raum, dessen Temperatur willkürlich geregelt wurde. Abwechselnd war es zu heiß, dann wieder zu kalt. Ihr Hofgang fand separat statt. Eine komplette Isolierung. In Wirklichkeit Folter. Das System rächte sich gnadenlos.

Ich sollte Dimitri erst nach seiner Haftentlassung wiedersehen. Nach Verbüßung seiner Bunkerstrafe wurde er nach Straubing zurückgebracht, wo er den Rest seiner Haftzeit absaß. Der Albaner wurde in ein anderes Gebäude mit einer höheren Sicherheitsstufe verlegt und verschwand aus meinem Leben.

DIE LEBENDIGKEIT DER MONOTONIE

Wie man entdeckt, wie vielfältig
ein Mikrokosmos sein kann

Der Tod ist nicht der Feind. Er erscheint dir nur so, weil du dich zu sehr an das Leben klammerst. Solange du so sehr am Leben hängst, kannst du nicht verstehen, was Tod ist. Nicht nur das, du verstehst auch das Leben nicht. Du möchtest gern stehen bleiben, einfrieren, nicht fließen. Einfach irgendwo auf dem Weg hängen bleiben, damit du nicht den Ozean erreichst und in ihm verschwindest. Der Tod ist aber Teil der Existenz, die dich geboren hat und dich dein Leben lang bemuttert und behütet. Wenn du stirbst, gehst du einfach nur zurück zu deiner ursprünglichen Quelle, um dich auszuruhen und dann wiedergeboren zu werden.

Am besten kannst du beim Liebesakt beobachten, dass der Tod Teil des Lebensprozesses ist. Dabei manifestiert sich das Leben prominent und kühn im Orgasmus. Aber nach jedem Höhepunkt fällt der unbewusste Liebende in eine stille Trauer (»omne animale post coitum triste est«). Denn auf dem Gipfel des Lebens wird die Sicht frei auf das Tal des Todes, das ihn umgibt. Aus dieser Erfahrung sind in der Welt zwei Arten von Kulturen entstanden. Die eine ist Anti-Sex und die andere ist Anti-Tod. Die Anti-Sex-Kultur weist immer wieder auf die Frustration hin, die dem Liebesakt folgt. Sie wertet den Orgasmus als Illusion ab und verherrlicht die Idee der Transzendierung, der Überwindung des Sex.

Die Anti-Tod-Kultur hingegen ist sex-besessen. Sie sieht beim Höhepunkt nur den Gipfel, aber verdrängt das Tal.

Im Osten sind die Menschen Anti-Sex und träumen vom Tod. Ihr größtes Ideal ist, so gründlich zu sterben, dass sie nie wiedergeboren werden. Im Westen dagegen möchte man den Tod am liebsten völlig verdrängen und ewig leben. Beide Einstellungen sind unrealistisch und bringen die Menschen aus dem Gleichgewicht.

Du kannst dich niemals gegen die Realität wenden, deshalb haben die Meister immer so großen Wert auf die Hingabe gelegt. Wenn du dich der Realität hingibst und dich ihr unterwirfst, bist du ein Sieger. Unterwirf dich deinen Gefängnissen und höre auf, sie zu bekämpfen mit deinen Phantomen von Idealen und Wünschen. Dann fallen die Mauern.

Der Knastalltag läuft nach einem genau festgelegten Programm ab. Die Zeiten des Aufschlusses, des Hofgangs, der Essensausgabe, des Wäsche- und des Büchertausches sowie des »Umschlusses«, des Sports am Wochenende – all das ist genau festgelegt und bildet den festen Rahmen, in dem sich das Leben eines Gefangenen abspielt. Dazu kommen noch Anwaltsbesuche und Besuche der Angehörigen, die für die meisten eine willkommene Abwechslung bedeuten, weil man aus der Zelle herauskommt und Kontakt zu Menschen außerhalb des Gefängnisses hat. Doch je länger ich in diesem System war, desto weniger interessierten mich diese Ablenkungen durch Besuche. Immer mehr verinnerlichte ich die Situation, fühlte mich von Tag zu Tag wohler mit meinen Gesprächen, meinen Meditationen, meinen Büchern und meiner Musik.

In meiner Zelle war ich ab sechzehn Uhr absolut frei. Ich konnte tun und lassen, was ich wollte. Ich konnte mich nackt auf meinem Bett in die Sonne legen, lesen, meine Musik hören und zwischendurch trainieren und meditieren. Oder am offenen Fenster mit Otto zu meiner Rechten oder Öppes zu meiner Linken plaudern. Ab und zu bekam ich von einem der Hausarbeiter einen Elektrokocher aus der Gangküche, um mir aus meinen Lebensmitteln ein wohlkomponiertes Abendessen zuzubereiten. Nun entdeckte ich, wie glücklich Kochen machen kann, wenn man es als Meditation betrachtet und immer bereit ist, den eigenen Geschmacksnerven und nicht irgendwelchen Vorgaben zu folgen. Ich spürte am eigenen Leib die Wahrheit der Aussage: »In der Ruhe liegt die Kraft.« In meinem früheren Leben war ich ständig in Bewegung gewesen, ständig unterwegs, um irgendwo auf der Welt Kunden zu treffen. Der Knast hatte mich im Vergleich dazu fast völlig stillgelegt und meinen Aktionsradius auf ein Minimum begrenzt.

Meine Begegnungen mit Menschen beschränkten sich auf einen kleinen Personenkreis, der nur ab und zu durch Neuankömmlinge ergänzt wurde. Doch dafür waren sie intensiv und kreativ. Mein früheres Leben hatte meine Nerven angegriffen und mir zu einem Magengeschwür verholfen, jetzt, in der Monotonie und Beengtheit der Zelle erfuhr ich eine vollkommene Gesundung meiner geschwächten Physis, die dank des regelmäßigen Trainings und der ausgewogenen Ernährung mit einem täglichen Kraftzuwachs einherging.

Natürlich spielte auch der nicht vorhandene Stress des Alltags eine wichtige Rolle. Längst war die bösartige Briefflut der ersten Wochen verebbt und ich bekam nur noch Post von Freunden und meiner Frau. Ich bemerkte, dass die Gesichtszüge jedes länger Inhaftierten weich und schön wurden. Sie verloren in der Zuverlässigkeit der Routine des Knastalltages die Härte und die Kanten, die einem die Unwägbarkeiten und bösen Überraschungen des Lebens draußen verpassen.

Martino besuchte mich nach wie vor jeden zweiten Tag. Wir sprachen inzwischen nicht mehr über meinen Fall, sondern nur noch über meine Erkenntnisse während der U-Haft, die ihn wirklich interessierten. Als er mir eines Tages sagte, dass ich blendend aussähe, erzählte ich ihm von meinem Trainingsprogramm. Er bat mich, ihm eins erstellen zu lassen. Gus schrieb aufgrund meiner Beschreibung ein Spezialprogramm für ihn, das ich ihm bei seinem nächsten Besuch mitgab.

Das war für mich ein deutliches Signal, dass die Impulse nicht mehr nur auf mich einwirkten, sondern ich auch welche aussenden konnte. In mir war ein tiefer Frieden, den ich nie zuvor erlebt hatte. Doch der Friede war nicht von allzu langer Dauer. Im Knast bekommst du deinen Tritt in den Arsch immer dann, wenn du es nicht erwartest.

Wie an jenem Morgen, als plötzlich um sieben Uhr meine Tür geöffnet wurde und es statt des gewohnten »Guten Morgen« hieß: »Zellenkontrolle, bitte ziehen Sie sich an und verlassen Sie sofort ihren Haftraum!« Fünf Beamte, das sogenannte Sicherheitskommando des Gefängnisses, standen vor meiner Zelle und achteten genau darauf, dass ich außer einer Tasse mit etwas Kaffeepulver nichts mitnahm. Ich ging zum Aufenthaltsraum der Hausarbeiter, die mich fragend ansahen.

»Zellenrazzia«, erklärte ich ihnen, während ich mir Kaffeewasser kochte.

»Das wird dauern bei dir«, erwiderte einer der Jungs.

Er sollte Recht behalten. Meine Zelle war inzwischen proppenvoll mit Akten, Büchern, Zeitschriften, Lebensmitteln und Kleidern, und als wir um zehn Uhr zum Hofgang in den Hof rausgingen, waren sie immer noch nicht fertig. Erst nach dem Hofgang war das Durchsuchungskommando verschwunden. Etwas Verbotenes hatten sie nicht gefunden, aber meine Zelle sah aus, als hätte eine Bombe eingeschlagen. Es gab nichts, was sie nicht in ihren Händen gehabt und achtlos irgendwohin geworfen hatten. Meine gesamte Ordnung und mein System waren zerstört. Vor allem aber war die Unversehrtheit meiner Privatsphäre verletzt worden und sie hatten mir gezeigt, wer hier das Sagen hatte.

Ein paar Monate früher wäre ich vermutlich ausgerastet. Doch dank meiner durch meine Meditationen und meinen Gesprächen mit Öppes und Otto sowie meinen Tieren erlangten Erkenntnisse verstand ich die Sicherheitsbeamten als Knöpfchendrücker meines Egos. Ich lächelte nur und machte mich achselzuckend daran, alles wieder so einzuräumen, wie es gewesen war.

Ich brauchte einen ganzen Tag. Da ich dabei gründlich putzen konnte, war die Zelle hinterher sauberer als zuvor. Ich hatte auch mehr Platz, da ich einiges entdeckte, was ich nicht mehr brauchte, und es an Mitgefangene verschenkte.

Als ich mir am Abend des nächsten Tages in meiner wieder aufgeräumten Zelle einen Kaffee kochte, dachte ich mir: »Irgendwie ist dieser Ort wie ein Spiegel, der dir den ganzen Dreck und deine Perversionen zeigt, die in dir sind. Wenn du mutig hinschaust und akzeptierst, was dir gezeigt wird, hast du die Chance, über deine Perversionen und deine Schwächen hinauszuwachsen. Du musst ein Zeuge werden, wach, aufmerksam und bewusst. Gerade wurde dir gezeigt, dass du tatsächlich schon sehr viel gelassener geworden bist. Selbst ein willkürliches Eindringen in deinen intimsten Bereich erträgst du ohne Aufregung, was ein deutliches Zeichen ist, dass dein Ego anfängt, unbedeutend zu werden. Freue dich über diese Entwicklung, denn nur um die geht es. Vergiss nicht, was du bei deinen Tieren gelernt hast: Nimm dich nicht so ernst, sondern sei dir selbst ein Witz, der dich erheitert.«

Tatsächlich waren unser schwarzer Humor und das tägliche viele Lachen sehr wichtig. Es war nicht jenes Gelächter, das Wolfgang Borchert in seiner Szene in einem Schützengraben beschreibt, der unter heftigem Beschuss liegt und in dem sich ein Soldat mit zitternden Fingern eine Zigarette drehen will. Die anderen beobachten ihn und lachen schallend los, als sie ihm runterfällt. Borchert: »Und sie lachten sich über das dunkle Tal.«

Nein, bei uns war es ein authentisches Lachen, befreiend und aus tiefster Seele kommend. Wir frozzelten uns von früh bis spät, und immer hatte jemand einen guten Spruch parat, über den wir herzhaft lachten. Oder ein Neuankömmling erzählte uns seine Geschichte und erheiterte uns damit.

Wie eines Tages Wolfi. Schon als er bei uns auf dem Gang auftauchte und eines Morgens etwas wirr um sich blickend vor seiner Zelle stand, erheiterte er mich. Wolfi wog locker hundertfünfzig Kilo, war etwa eins fünfundachtzig groß und gerade wegen seiner anstehenden Verhandlung von einem anderen Gefängnis hierher verlegt worden. Er hatte das gutmütigste Gesicht der Welt und trug als Gipfel der Verharmlosung eine dicke Hornbrille, die ihm das Aussehen eines biederen Volksschullehrers verlieh. Als ich ihn linkisch und tapsig zum Hofgang ausrücken sah, tippte ich, dass er wegen eines kleinen Betruges oder einer nicht bezahlten Geldstrafe hier war. Doch ich irrte mich gewaltig.

»Ich bin ein Bankräuber«, erzählte er uns nicht ohne Stolz, als wir ihn kurz darauf im Hof umringten. Schon prusteten die Ersten los. Er erzählte uns äußerst wortgewandt und witzig seine ganze Geschichte, und da gab es kein Halten mehr. Wir lagen im Gras und lachten Tränen.

Wolfi hatte sich auf Kredit ein Haus gebaut und war glücklich mit einer Krankenschwester verheiratet.

»Einst lebte ich wie ein Gott, was brauche ich mehr«, kommentierte er sein damaliges Sein mit einem Hölderlin-Zitat. Doch dann verlor er seinen Job bei einer Versicherungsgesellschaft. Die Bank kündigte ihm den Kredit, weil er seine Zinsen nicht mehr bezahlen konnte. Sein freundliches Kindergesicht verfinsterte sich, als er uns davon berichtete. »Da habe ich mir gesagt, wer Wind sät, wird Sturm ernten.«

Er fing an, in der Gegend herumzufahren und sich Filialen seiner Gläubigerbank anzusehen, die ihm für einen Überfall geeignet schienen. Eines Tages fand er eine, die ihm gefiel. Er beschloss, sie am Faschingsdienstag zu überfallen und zu berauben, weil dann alle betrunken wären. Also besorgte er sich einen Overall (erster Heiterkeitsausbruch bei uns Zuhörern). Er kaufte sich eine Schreckschusspistole und stahl sich ein Hollandfahrrad – wegen des besonders stabilen Rahmens (lautes Gelächter). Er hatte sich überlegt, dass er am besten kurz nach zwölf Uhr in die Bank gehen sollte, weil dann auf der am nächsten gelegenen Polizeiwache gerade Mittagspause sei und die nicht so schnell auf einen eventuellen, heimlich ausgelösten Alarm reagieren würden (wieder Gelächter).

Am Faschingsdienstag fuhr er mit seinem Wagen bis auf fünfhundert Meter an die Bank heran und parkte ihn dort. Dann zog er sich den Overall an, setzte sich auf das Fahrrad und fuhr hochaufgerichtet darauf zur Bank. Wir stellten uns das bildlich vor und lachten Tränen. Er zog sich eine Skimütze über den Kopf, betrat die Bank und rief:»Das ist ein Überfall!«

Die Bankangestellten brachen in schallendes Gelächter aus (wir auch).»Du bist heute schon der Dritte, der uns überfällt. Willst du einen Schnaps?«, fragte ihn die Schalterbeamtin freundlich. Wolfi überlegte kurz, denn ihm war vor Aufregung übel und der Schnaps hätte ihm gutgetan. Dann besann er sich und ballerte mit seiner Schreckschusspistole gegen die Decke. »Nein, das ist ernst gemeint! Jetzt her mit der Kohle!«

Er schob eine Plastiktüte in die Kassiererbox und forderte den Kassierer auf, genau 15.826,46 D-Mark einzupacken.

»Warum?«, fragten wir ihn.

»Weil das genau die Summe war, die ich der Bank an aufgelaufenen Zinsen schuldete«, erklärte er uns treuherzig. Brüllendes Gelächter.

Der Kassierer zählte ihm das Geld vor und reichte ihm die volle Tüte.

»So, keiner rührt sich«, schrie unser Held, nahm die Beute und verließ gemessenen Schrittes – wie auch sonst – die Bank. Draußen schwang er sich auf sein Rad und radelte frohgemut davon.

Was er aber nicht wusste war, dass die Filiale schon dreimal überfallen worden war und jedes Mal hatten die Angestellten den Täter selbst überwältigt. Auch diesmal waren vier von ihnen sofort durch einen Hintereingang zu einem ihrer Autos gerannt und hatten die Verfolgung aufgenommen. Die massige Gestalt Wolfis auf dem Fahrrad war nicht zu übersehen. Listig fuhren sie an ihm vorbei und einer von ihnen, ausgerechnet auch noch ein Bodybuilder, versteckte sich zwischen zwei geparkten Autos. Als Wolfi an ihm vorbeiradeln wollte, sprang er hervor und versetzte ihm einen kräftigen Schubs. Wolfi flog mitsamt Rad und der Plastiktüte voller Geld durch die Luft und knallte auf den Bürgersteig. Der Bodybuilder setzte sich sofort auf den völlig benommenen und entsetzten Wolfi, der seine Brille verloren hatte und sowieso nicht so richtig wusste, wie ihm geschehen war. Jeder Knochen in seinem Leib schmerzte. Der Kassierer sprang aus dem Auto und setzte sich auf Wolfis Beine. Dann warteten sie gelassen, bis die von ihren beiden Kollegen herbeigerufene Polizei erschien. Sie waren leicht zu finden, denn inzwischen hatte sich eine große Menschentraube um den regungslos daliegenden Wolfi und seine auf ihm sitzenden Peiniger gebildet, die sich köstlich amüsierte. Wolfi fand das gar nicht komisch, Zielscheibe des allgemeinen Spotts zu sein und war heilfroh, als endlich zwei Polisten erschienen, die ihn von den beiden auf ihm sitzenden Typen erlösten und ins Gefängnis von Landshut brachten.

Wir lachten noch tagelang über diese Heldentat.

Wolfi, der ein vielbelesener Philosoph und Feingeist war, wurde später mein Hausmeister, mit dem ich sehr erheiternde philosophische Gespräche führen und zahllose spannende Schachpartien spielen sollte. Er wurde übrigens für seinen Bankraub zu einer Haftstrafe von drei Jahren verurteilt. Das war und ist vermutlich das mildeste Urteil, das je in Deutschland für einen bewaffneten Bankraub ausgesprochen wurde. Selbst Justitia schien ausnahmsweise einmal Humor zu haben.

Durch Taten, die unsere Schöpfungen sind, wächst der göttliche Geist. Sie sind der Sinn unseres Seins, es gibt keinen Unsinn. Am Anfang war Gott nur die Leere, ohne jede Form, Raum oder Licht. Und das wäre er immer geblieben, hätte er nicht über sich selbst nachgedacht und den Gedanken, der er war, in sich aufgenommen. Als er das tat, erweiterte er sich zum Licht, der ersten Erweiterung des Gedankens. Aus diesem Licht sind wir alle hervorgegangen. Warum? Um die Erweiterung des Vaters bis in alle Ewigkeit fortzusetzen, und zwar durch denselben Prozess des Nachdenkens, den Gott bei der Geburt unserer Lichtformen begann. Von dem grandiosen Augenblick an, in dem unsere Seelen geboren werden, begann jeder von uns sich zu entwickeln und zu erweitern. Unsere Seelen ermöglichen es uns, unsere Gedanken in Form von Emotionen festzuhalten. Dadurch können wir nach innen gehen, den Gedanken betrachten und ihn zur Schöpfung erweitern und uns selbst definieren. Der Gedanke wird zur Tat, die Tat wird zur Gewohnheit, die Gewohnheit wird zum Charakter. Der Gedanke ist für sich genommen nicht manifestierte Emotion. Erst wenn der Gedanke in der Seele gefühlsmäßig erfasst und aufgezeichnet ist, wird er real. Dann hat er Form, Struktur und Beständigkeit.

HOFGANG IM HANDSTAND

Wie man Mauern transzendiert, indem man sich auf den Kopf stellt

Der Westen hat den Psychotherapeuten geschaffen, im Osten gibt es den Meister. Die westliche Psychotherapie geht irrtümlicherweise davon aus, dass der Mensch ein gesundes, starkes Ego brauche. Ein starkes Ego aber führt in Wirklichkeit zu immer mehr Krankheit. Die ganze westliche Erziehung zielt auf die Stärkung des Egos ab. Deshalb gibt es überall Wettstreit, Kampf, Hast, Angst, Frustration. Ab fünfundzwanzig fängt der Blutdruck an zu steigen, ab dem fünfzigsten Lebensjahr drohen erste Herzattacken. Der Mensch wird zittrig, er zweifelt, ob er auf dem richtigen Weg ist. Er hat Erfolg im Leben, Geld, Prestige – aber irgendwie ist er darin verschwunden. Seine Ruhe, sein Frieden sind dahin, stattdessen fieberhafte Rastlosigkeit, Psychosen und Neurosen. Nach östlicher Ansicht ist so ein Mensch ein Patient, der den Kontakt zu Gott, den Zugang zur Quelle des Lebens verloren hat. Grundsätzlich ist Therapie nichts weiter als eine Funktion der Liebe. Liebe kann aber nur fließen, wenn es kein Ego gibt. Man kann einem anderen nur bis zu einem gewissen Grad seiner eigenen Egolosigkeit helfen. Nur wenn der Therapeut sein Ego überwunden hat, ist er im Einklang mit Gott, und seine heilenden Energien beginnen zu fließen. Lernt Psychotherapie, lernt alle möglichen Therapiemethoden, aber stellt eure Kenntnisse Gott zur Verfügung! Lasst *ihn* die Quelle der Heilung sein!

Das ist Liebe. Liebe schafft Vertrauen und Entspannung. Liebe heilt alle Wunden.

Angst vor dem Tod ist die Ursache vieler seelischer Erkrankungen. Die Angst vor dem Tod kann nur durch Religion beseitigt werden, deshalb spielt die Religion bei der Behandlung von Patienten eine so große Rolle. Ohne ein religiöses Weltbild kann es kein seelisches Gleichgewicht geben. Der westliche Materialismus hat zwar die Überflussgesellschaft geschaffen, doch das Leben hat keinen Sinn mehr, keine Herrlichkeit, keine Würde. Die Seele ging verloren.

Meine Gemütsverfassung war seit Wochen stabil und ich wähnte mich endgültig aus dem Tal der Tränen heraus. Der einzige Stein in meinem Schuh waren Viktorias Besuche. Sie sah es als ihre Pflicht an, alle vierzehn Tage zu Besuch zu kommen und mich mit frischer Wäsche zu versorgen. In dieser Pflicht war sie hervorragend, sie erschien pünktlich und zuverlässig. Doch mir fehlte die Kür. Obwohl sie mir damals am Bahnsteig von Waterloo Station ein klares Signal gegeben hatte, wollte ich unsere Ehe noch nicht aufgeben. Aber jedes Mal, wenn ich an dem Besuchertisch in einem der kargen Besucherräume der Anstalt neben vier anderen Gefangenen Platz genommen hatte und sehnsüchtig auf ihr Erscheinen und auf eine herzliche Begrüßung wartete, wurde ich enttäuscht. Sie trat immer mit derselben starren Miene ein, und während es mir anfangs noch gelungen war, ihr ab und zu ein warmes Lächeln zu entlocken, wurde sie von Besuch zu Besuch reservierter. Zwar hielten wir die ganze Zeit Händchen und küssten uns, doch nie gab sie mir ein Signal, dass sie noch an eine gemeinsame Zukunft dachte. Nicht ein Wort sagte sie darüber, wie sie sich die Zeit nach meiner Entlassung vorstellte. Sie wich geschickt meinen Fragen danach aus, sodass auch ich dieses Thema vermied, das in Wirklichkeit das einzige war, das mich interessierte. Dieses Um-den-heißen-Brei-Herumreden und Auf-winzige-Signale-Warten nervte mich und kostete mich ungeheuer viel Kraft. Ich brauchte jedes Mal einige Tage, bis ich jedes Detail ihrer Aussagen zigmal interpretiert und schließlich meinen Gleichmut wieder gefunden hatte. Natürlich wusste ich, wie sehr ich ihr behütetes und geordnetes Leben durcheinandergewirbelt und auf den Kopf gestellt hatte. Statt mit mir in Grünwald ein großes Haus zu führen, ständig interessante Gäste zu haben und um die Welt zu fliegen, lebte sie jetzt wieder im Haus ihrer Eltern und schlief in ihrem Kinderzimmer.

Immer noch besser als im Knast, dachte ich zornig, und ohne mich wäre sie aus ihrem Kinderzimmer gar nicht erst herausgekommen und hätte dieses Leben nicht kennengelernt. Aber vermutlich unterzieht sie ihre Familie gerade einer Gehirnwäsche und redet ihr ein, dass sie unmöglich mit einem Betrüger und Ex-Knacki zusammenleben kann, der sowieso nur riesige Luftschlösser gebaut hat.

Intuitiv hatte ich richtig geraten, denn mein Schwiegervater sagte mir Jahre nach meiner Entlassung, dass er fast ein Jahr gebraucht hätte, um Viktoria wieder an »normale Maßstäbe« zu gewöhnen. Als ich das hörte, musste ich bitter lächeln. Viktoria war an meiner Seite zu einer selbstbewussten, weltgewandten Person geworden. Als ich sie das erste Mal mit nach New York nahm, waren wir abends mit meinem dortigen Partner und seiner Frau zum Abendessen verabredet. Nach der herzlichen Begrüßung nahm ich mir die Speisekarte und sagte zu ihr: »Erzähl den beiden doch mal, wie wir uns kennengelernt haben.« Viktoria errötete und funkelte mich wütend an, weil sie ihren Englischkenntnissen misstraute. Doch ich versteckte mich hinter der Karte und hörte zufrieden lächelnd zu, wie sie mit ihrem bayerischen Akzent flüssig Englisch sprach. Ich stieß sie häufiger auf diese Weise ins kalte Wasser, weil ich wusste, dass sie dann sofort losschwamm.

»Weißt du, dass ich sehr stolz bin, deinen Namen zu tragen?«, hatte sie mir zugeflüstert, als wir zum Abschluss des Opernballs in Wien morgens um fünf Uhr engumschlungen im Parkett der Oper standen und zu den Klängen von *Brüderlein fein*, das ein Stehgeiger der Wiener Symphoniker spielte, rosa Nelken von den Logen auf uns heruntergeworfen wurden. Und jetzt wurde dies alles verteufelt und als »unnormal« bezeichnet, was sie selbstverständlich in eine tiefe Identitätskrise stürzen musste, für die sie letztendlich mich verantwortlich machte.

Als ich mit Öppes nach einem ihrer Besuche darüber sprach, was er davon hielt, wenn ich ihr sagen würde, sie solle die Besuche einstellen und die Scheidung einreichen, erwiderte er: »Warte, bis es von ihr kommt. Sei geduldig und lass sie innerlich los. Gib ihr die Kraft, für sich die richtige Entscheidung zu treffen. Aber nimm keinen Einfluss, sondern akzeptiere ihre Entscheidung.«

»Na super, ich soll also hier untätig sitzen und abwarten, bis sich Madame irgendwann entschließt, was sie will?«

»Genau«, antwortete er, »mach einfach mal das Gegenteil von dem, was sie von dir gewohnt ist!«

Ich wusste, dass er Recht hatte. Meine Gespräche mit Öppes waren täglich intensiver geworden, je tiefer ich in die von ihm empfohlenen Bücher eindrang. Wir sprachen bei unseren »Umschlüssen« und während des Hofganges über Kant, Nietzsche, Krishnamurti und immer wieder Osho, der uns beide besonders faszinierte. Als wir uns eines Tages über dessen Buch *Esoterische Psychologie* unterhielten, mussten wir allerdings passen. Wir verstanden einfach nicht mehr, was und wovon er da schrieb. Die von ihm dargestellten Anforderungen des fünften Körpers erschienen uns bereits nebulös, von denen des sechsten und siebten Körpers begriffen wir überhaupt nichts mehr. Auch mit den Tieren konnte ich darüber nicht sprechen, denn sie reagierten nur auf Fragen, die mich ganz persönlich betrafen.

Öppes kommentiert dies mit den Worten: »Um das zu verstehen, brauchst du einen erleuchteten Meister, der dir das erläutert. Wenn die Ohren der Schüler bereit sind zu hören, dann kommen die Lippen, um sie mit Weisheit zu füllen.«

Und tatsächlich war ein solcher Meister bereits auf dem Weg zu uns. Während wir uns über das Buch unterhielten, saß er in Begleitung von zwei Polizisten im Flieger von Bombay nach München, wo ihn das BKA wegen angeblichen Schmuggels von Tonnen von Haschisch verhaftet hatte, nachdem sie ihn mit einem Trick aus Tibet herausgelockt hatten.

Als ich am nächsten Tag in den Hof kam, traute ich meinen Augen nicht. Ein Typ lief im kerzengeraden, perfekten Handstand durch den Hof, wobei seine zu einem Zopf zusammengebundenen Haare über den Boden schleiften.

Was ist das denn für ein Verrückter, dachte ich erheitert.

Ich stellte mich wie immer an meinen Baum mitten im Hof, und als er auf seinen Händen laufend bei mir vorbeikam, rief ich ihm zu: »Interessante Art, den Hof zu fegen. Die Hofarbeiter nehmen dazu Besen.«

Er stoppte seinen Lauf, sprang elastisch auf seine Füße und meinte, ohne im Geringsten außer Atem zu sein, lächelnd:

»Mit Besen fegt man den Waldboden, Meister.«

Der Kerl verwirrte mich. Als hätte er meine Gedanken gelesen fuhr er fort:

»Die Anforderungen wachsen mit der Entwicklung. Nichts, was dir präsentiert wird, ist unlösbar. Du hast immer alles bei dir, was du dazu brauchst. Übrigens, wir werden an deiner Schwingung arbeiten müssen.«

Völlig verblüfft starrte ich ihn an, während er mich wie ein Kobold angrinste. Er erinnerte ein wenig an Johnny Depp und gehörte sicherlich zu den bestaussehendsten Männern, denen ich je begegnet war. Sein selbstsicheres Grinsen und seine blitzschnell abgefeuerten Sätze hatten mich allerdings mächtig verunsichert.

»Wie kommst du darauf, dass wir an irgendetwas arbeiten werden?«, fragte ich.

Er trat dicht an mich heran, legte mir eine Hand auf die Schulter und sah mir tief in die Augen. Ich fühlte, wie ich gescannt wurde, und hatte das Gefühl, vollkommen durchschaut zu werden. Gleichzeitig durchströmte mich ein warmes Gefühl der Liebe.

»Weil du mich gerufen hast und ich deinetwegen hier bin«, erwiderte er. Ein entwaffnendes Lächeln erhellte seine Züge. Wenn ich mich nicht an den Baum gelehnt hätte, wäre ich umgefallen. Denn ich wusste, dass er die Wahrheit sagte.

»Sag einem Beamten, dass du heute Umschluss mit mir machen möchtest. Dann erkläre ich dir mehr«, sagte er, drehte sich um, ging in den Handstand und lief lächelnd auf seinen Händen davon.

Am Nachmittag saßen wir tatsächlich in meiner Zelle. Er lag entspannt auf meinem Bett und ließ seinen Blick über meine Büchersammlung schweifen.

»Gefällt mir, dass du einiges von diesem genialen Clown in Poona da hast. Hast du das alles gelesen?«

Ich nickte. »Mir gefällt, was er schreibt, weil er mein Herz anspricht«, sagte ich. »Bei Krishnamurti habe ich immer das Gefühl, er ist der perfekte Logiker. Nichts als Ratio.«

»Gut erkannt. Weißt du, was Osho über Krishnamurti sagt, den er allerdings sehr schätzt? Er sagt, er sei ein Flötenspieler, er aber, Osho, dirigiere ein Orchester.«

Ich musste grinsen. »Jetzt erzähl mir, wieso du mich ›Meister‹ genannt hast und was du gemeint hast, als du sagtest, wir müssen an meiner Schwingung arbeiten?«

»Ich nenne dich Meister, weil du ein Held bist. Jeder, der die Mühsal des Lebens auf dieser Ebene auf sich nimmt, um die Landschaften seiner Seele zu erforschen und kennenzulernen, ist ein Held, und um sie unternehmen, musst du nur deine eigene

Begrenztheit lösen. Ich bin hier, um dir genau dabei zu helfen.« Er hatte unter meinen Büchern das *Kybalion* entdeckt und holte das Buch hervor.

»Hast du das bereits gelesen?«

Ich bejahte.

»Lies es noch einmal, die ersten drei Gesetze, und die Kommentare dazu, noch heute Abend, damit wir sie morgen beim Hofgang besprechen können. Am Nachmittag werden wir dann mit den praktischen Übungen zu ihrer Umsetzung auf der materiellen Ebene anfangen. Wir haben nicht viel Zeit, denn ich werde nicht lange hier sein.«

Wieder schaute ich ihn verblüfft an.

»Woher weißt du das? Weshalb bist du überhaupt hier?«

»Sie werfen mir Schmuggel von Haschisch aus Tibet und Nepal heraus vor. Das Bundeskriminalamt hat mich aus Tibet herausgelockt, damit sie mich in Indien verhaften konnten. Dann haben sie mich von Bombay hierhergeflogen, weil die Staatsanwaltschaft München das Verfahren an sich gerissen hat. Aber ihre Beweise sind sehr dünn. In Wirklichkeit wollen sie mich als Kronzeugen, denn ich habe mit der ganzen Sache nichts zu tun, aber kenne natürlich alle Drahtzieher. Tibet ist ein kleines Land, dort bleibt nichts verborgen. Doch ich werde selbstverständlich nichts sagen und sie werden mich in genau vier Wochen und zwei Tagen von heute an freilassen. Woher ich das weiß? Nun, das ist für dich unerheblich.«

In dem Moment wurde die Tür aufgesperrt. Ich war keineswegs erfreut über die Unterbrechung.

»Ihr Anwalt ist da. Bitte kommen Sie mit«, sagte der Beamte zu meinem Besucher, der sich erhob und lächelnd meine Zelle verließ.

»Ist in Ordnung, alles hat seine Zeit. Für heute haben wir unsere erste Lektion beendet.«

Ich schaute ihn ungläubig an. Doch mir war völlig klar: Ich

hatte meinen Meister gefunden, von dem Öppes immer gesprochen hatte.

Die folgenden Tage waren angefüllt mit Lesen und Diskutieren der *Sieben Gesetze des Kybalion,* aber auch des *Gesangs von Mahamudra* und des *Weißen Buches* von Ramtha, das er mir mitgebracht hatte. Dazu kamen noch praktische Übungen, die ich in dem Buch *Der Weg zum wahren Adepten* von Franz Bardon lesen und anwenden musste.

»Natürlich wirst du sie in der kurzen Zeit nicht beherrschen, aber ich kann dir zeigen, wie du sie erlernst. Es bleibt dann allerdings dir überlassen, ob du sie anwendest oder nicht. Denn es ist nicht ungefährlich, sie einzusetzen, und manche Erfahrungen kann man nicht abkürzen.«

Ich sollte bald verstehen, was er damit meinte. Auf unserem Gang war ein sehr gepflegter älterer Herr aufgetaucht. Ein echter Gentleman, dem vorgeworfen wurde, seine Frau ermordet und im Wald vergraben zu haben. Er war ein sehr bekannter Antiquitäten- und Kunsthändler und die Zeitungen waren voll mit seiner Geschichte. Er hatte große Probleme mit seiner Inhaftierung, stand apathisch vor seiner Zelle, während ihm die Tränen über die Wangen liefen. Als ich mit meinem Meister an ihm vorbeiging, sah der alte Mann ihn aufmerksam an und fragte unvermittelt: »Kannst du mir helfen und mich hier rausholen?«

»Natürlich«, erwiderte der spontan, »aber ich sage dir gleich, du musst jetzt diese Erfahrung der Begrenzung deiner Freiheit machen, damit du dich weiterentwickeln kannst. Ich kann die Ebene verändern, aber nicht deine karmisch bedingten Notwendigkeiten aufheben.«

»Es ist mir völlig egal, ich will hier raus. Ich halte die Zelle nicht aus und werde verrückt«, schrie der Kunsthändler so verzweifelt, dass jeder im Gang aufmerksam wurde.

»Also gut, ich helfe dir. In spätestens zehn Tagen wirst du entlassen.«

Alle, die diese Worte hörten, grinsten ungläubig, machten alberne Witze oder wandten sich kopfschüttelnd ab. Auch ich zweifelte. Wie sollte das gehen?

Mein Meister sagte zu mir: »Ich werde jetzt eine Woche fasten und meditieren müssen und mich völlig zurückziehen. Wir werden unsere Lektionen unterbrechen. Du kannst inzwischen an den praktischen Übungen weiterarbeiten. Versuche, die Zeit deiner Gedankenstille auf dreißig Sekunden zu erhöhen.« Tatsächlich sah ich ihn eine ganze Woche nicht mehr.

Am achten Tag erhielt der Kunsthändler Besuch von seinem Anwalt, der ihm mitteilte, dass die Kripo die DNA-Spuren an der Kleidung der Leiche seiner Frau analysiert habe. Es stünde eindeutig fest, dass sie nicht von ihm stammen. Es müssten jetzt nur noch ein paar Formalitäten geklärt werden, aber er würde morgen entlassen. Der Kunsthändler kam freudestrahlend zurück, rannte sofort zu meinem Meister, der mit leuchtenden Augen vor seiner Zelle stand. Er umarmte ihn. »Danke, mein Freund, ich habe keine Ahnung, was du gemacht hast, aber ich danke dir von Herzen.«

»Bedanke dich nicht bei mir, ich bin nur ein Werkzeug. Ich sage dir noch einmal, ich kann deine karmischen Verwicklungen nicht auflösen. Du wirst eine sechsmonatige Begrenzung deiner Freiheit durchleben müssen, das steht fest. Du warst drei Wochen hier, also sind noch fünf Monate und eine Woche offen. Doch jetzt leb wohl und genieße dein Leben!«

Damit drehte er sich um und ging in seine Zelle zurück. Wenig später las ich in der Zeitung, dass der Kunsthändler wegen einer Infektion in eine Klinik eingeliefert worden war. Als ich ihn Jahre später wiedertraf, erzählte er mir, dass sein Aufenthalt dort genau fünf Monate und eine Woche gedauert habe.

Natürlich war diese Blitzentlassung des Kunsthändlers das Thema Nummer eins auf dem Gang. Fast jeder bestürmte den Meister, ihn herauszuholen, koste es, was es wolle. Er bat jeden Bittsteller zu sich in seine Zelle und erklärte, zehn Minuten lang nicht gestört werden zu wollen. Danach beschied er allen, dass ihre derzeitige Situation die beste aller denkbaren für sie wäre. Das löste natürlich wieder heftigste Debatten und wütendes Abwinken bei den weniger Entwickelten aus. Ich gehörte zu denen, denen er das auch sagte, aber ich fragte nach.

»Warum fragst du denn, du Dummkopf«, fuhr er mich an, »du weißt doch ganz genau, dass du nur hier das Surrendern, das Sich-Hingeben, lernen kannst. Das ist eine Riesenchance für dich, einen Quantensprung in deiner Entwicklung zu machen. Du bist hier in einen Apparat (der Justiz und des Strafvollzugs) geraten, der mindestens zweitausend Jahre Erfahrung hat. Er hat sein eigenes Tempo, seinen eigenen Rhythmus und seine ureigene statische Identität, ist gleichzeitig höchst flexibel und kann sich auf jede Situation blitzschnell einstellen. Egal, ob es sich um einen Fluchtversuch oder um die Kontrolle eines eingehenden Pakets handelt, das System ist bestens gerüstet. Wenn du in die Mühlen dieses Systems gerätst, hast du nur eine einzige Chance: Gib dich dem System hin und verschmelze mit ihm. Gib dein aufgeblähtes Ego auf und entwickle ›Awareness‹, also Bewusstheit. Mach jeden Moment zur Meditation und werde zum Zeugen. Alles, was hier geschieht, betrifft deinen Körper, vielleicht deinen Verstand. Dein wahres Selbst, dein ›Spirit‹, dein Geist sind nicht berührt und bleiben klar und rein wie ein Gebirgsbach. Akzeptiere es, wenn dir ein Beamter erklärt, er könne um sieben Uhr morgens deine Post nicht annehmen, weil die ganze Post schon abgeholt wurde. Lächle und wirf den Brief beim Hofgang um zehn Uhr in den Briefkasten, dann geht er eben erst am nächsten Tag raus, so what? Akzeptiere, wenn du um ein anderes Radio bittest, weil dir eins mit einer abgebrochenen Antenne gebracht wurde und nur vor sich hin rauscht, und dir ein Wächter erzählt, sie hätten nur solche. Du hörst aber in deiner Nachbarzelle glockenklare Töne einer Symphonie. Lass los, zersprenge dein Ego und du wirst frei! Wie innen, so außen, heißt es im

Kybalion. Das musst du lernen. Allerdings allein, denn ich werde dich in Kürze verlassen. Meine Zeit hier ist um, und ich habe noch andere Aufgaben.«

Ich sah ihn mit großen Augen an.

»Wann wirst du gehen?«

»Wann immer ich will, das weißt du doch«, erwiderte er sanft. Er wandte sich einer hinkenden Katze zu, die sich gerade in seine Zelle schleppte. Alle kranken und verletzten Katzen des Knastes kamen mysteriöserweise zu ihm. Manchmal hatte er vier Katzen gleichzeitig in seiner »Praxis«. Er legte ihnen die Hände auf die verletzte oder schmerzende Stelle ihrer Körper, murmelte etwas Unverständliches, und die Tiere sprangen auf ihre Pfoten und waren offensichtlich geheilt. Aber keine Katze verließ seine Zelle, ohne sich schnurrend auf seinen Schoß gesetzt und ihn zärtlich mit ihren Pfoten gestupst zu haben.

Die neue Patientin, eine schwarz-gelb gemusterte mit leuchtend grünen Augen, sah ihn hilfesuchend an und maunzte kläglich. Er nahm sie zärtlich hoch, setzte sie auf sein Bett und legte ihr eine Hand auf den Bauch und eine auf den Rücken. Sofort fing sie an zu schnurren und ich sah ihr ihr Wohlbehagen an.

Bevor ich etwas dazu sagen konnte, raunte er mir plötzlich zu: »Auch du wirst dieses Haus kurzfristig verlassen. Dir steht eine kleine Reise bevor. Das ist eine Chance für dich, dich weiterzuentwickeln. Nutze sie!«

Ich schaute ihn verständnislos und skeptisch an. Was sollte das denn wohl für eine »Reise« sein, die mir hier angeblich bevorstand? »Werde ich verlegt?«, fragte ich, weil das das Einzige war, was mir dazu einfiel.

»Du bist immer noch sehr ungeduldig. Warte einfach ab und akzeptiere alles, was dir widerfahren wird. Denk an meine Worte: Surrender – gib dich hin! Um nichts anderes wird es gehen. Und jetzt, mein Freund, genug fürs Erste. Wir werden uns wiedersehen, wo und in welcher Form auch immer. Du gehörst zu meiner Familie, schon seit vielen, vielen Leben. Jetzt ist gleich Einschluss, ich muss noch etwas erledigen. Ciao und bis bald.«

Mit diesen Worten umarmte er mich, nahm zärtlich die Katze vom Bett und verließ mit ihr in seinen Armen seine Zelle. Ich folgte ihm und sah ihn mit einem Beamten sprechen, der ihm daraufhin die Tür zum Hof aufschloss. Er setzte die Katze ins Freie, winkte mir noch einmal kurz zu und betrat das Büro des Beamten.

Nachdem die Zellentür geschlossen wurde, wollte ich es wissen. Ich legte mich auf mein Bett, atmete tief und ruhig und konzentrierte mich auf die Lücke zwischen meinen Gedanken. Nach und nach wurde diese immer größer. Schließlich trat die erwünschte Gedankenstille ein. Nun begann ich, zu visualisieren, wie ich aus dem Gefängnistor trat und füllte die Leere in meinem Kopf mit diesem Bild: Forsch verließ ich mit ein paar Akten unter dem Arm den Knast und ging zur Bushaltestelle. Immer wieder sah ich diese Sequenz vor mir, bis sie sich förmlich in mein Hirn eingebrannt hatte und noch stundenlang vor meinem geistigen Auge stand, nachdem meine Meditation schon längst beendet war. Ich wurde dieses Bild nicht mehr los und nahm es mit in den Schlaf.

Am nächsten Tag wurde ich wieder einmal aus meiner Zelle geholt, weil Martino gekommen war. Nach unserem Treffen stand ich etwas unschlüssig vor dem Anwaltsbesprechungszimmer, als ich spürte, dass ich zur Toilette musste. Ich ging mit den Akten unter dem Arm, die Martino mitgebracht hatte, zu einem jungen Beamten, der mich freundlich ansah.

»Würden Sie mich bitte auf die Toilette lassen?«, fragte ich ihn höflich.

»Aber natürlich«, erwiderte er und sperrte zu meiner Verblüffung eine Tür auf, hinter der ich die Eingangshalle des Gefängnisses liegen sah. Ich sagte nichts, bedankte mich und trat in die Halle. Anwälte und Angestellte des Knastes standen dort herum oder eilten an mir vorbei, ohne mich zu beachten. Ich hob mich auch wirklich nicht von ihnen ab. Wie üblich hatte ich mir zu Martinos Besuch meine Privatkleidung angezogen und ich wirkte in meinem Kaschmirpullover, meinem blauen Hemd und meiner tadellos gebügelten Hose wie einer von ihnen. Ich sah die Pforte, an der in einem Glaskasten ein zeitungslesender, unglaublich dicker Beamter saß. Offensichtlich war er die letzte Barriere zwischen mir und der Freiheit, denn er musste einen Knopf betätigen, um die Tür nach draußen zu öffnen. Da pausenlos Leute rein und rausgingen, machte er das automatisch und schaute kaum noch hin, wer da kam oder ging. Um mir zu überlegen, wie ich absolut risikolos an ihm vorbeikäme, ging ich auf die Toilette. Während ich pinkelte, fiel mir ein, wie ich ihn überlisten würde. Ich würde einen Anwalt ansprechen und mit ihm zusammen zur Pforte gehen. Wenn er für den anderen die Tür öffnen würde, würde ich einfach mit hinausgehen. Selbst wenn er Verdacht schöpfen würde, würde es viel zu lange dauern, bis er Alarm ausgelöst hätte und aus seinem Häuschen war. Bis dahin wäre ich schon längst in Giesing untergetaucht, das ich kannte wie meine Hosentasche. Doch dann dachte ich plötzlich an die Worte meines Meisters, dass ich genau an dem Platz sei, wo ich hingehörte, um zu wachsen. Sollte ich ihn verlassen, würde ich in eine ähnliche Situation geraten, und das konnte nur Krankenhaus bedeuten. Ich vertraute ihm völlig. Also beschloss ich, in meine Zelle zurückzukehren. Ich verließ die Toilette und trat zu drei Beamten, die vor der Verbindungstür zum Zellentrakt standen und sich unterhielten. Ich grinste sie freundlich an, als ich auf sie zutrat und sie mich verwundert ansahen.

»Jungs, sperrt mir mal die Tür auf, ich will zurück in meine Zelle!«

Ihnen entgleisten die Gesichtszüge. Dann erkannte mich einer. »Herr Woitzig! Wie? Was?«, stammelte er. »Das ist ein Gefangener!«, rief er seinen Kollegen zu, die genauso verwirrt waren wie er und mich anstarrten. Immer noch wie in Trance sperrten sie mir die Tür auf und brachten mich in eine Wartezelle.

Am nächsten Tag gab es eine Riesenuntersuchung, um die augenscheinliche Sicherheitslücke zu schließen. Denn sie konnten sich beim besten Willen nicht erklären, wie ich es geschafft hatte, auf die andere Seite der Tür des Zellentraktes zu gelangen, und sie waren sich vollkommen unsicher, ob ich nicht sogar zwischenzeitlich »draußen« gewesen war. Ich habe ihnen trotz zahlloser Befragungen nie verraten, dass es ein netter junger Beamter gewesen war, der mir aufgesperrt hatte. Sie hätten mir nicht geglaubt, dass ich ihn kraft meiner Gedanken zu einem Werkzeug des Universums gemacht hatte, und ihn womöglich hart bestraft.

Ich freute mich darauf, dieses Abenteuer meinem Meister zu erzählen und war gespannt, was er dazu sagen würde. Doch als am nächsten Morgen um kurz vor zehn Uhr meine Tür zum Hofgang aufgeschlossen wurde und ich auf den Gang trat, sah ich entsetzt und tief traurig, dass seine Zelle leer war und bereits von den Hausarbeitern geputzt wurde. Sie mussten immer wieder eine Pause einlegen und die Zelle verlassen. Ich fragte sie, was los sei.

»Da drin ist ein Druck, den hältst du kaum aus. Mir schmerzt der Schädel und ich kann mich nur in Zeitlupe bewegen, wenn ich in der Zelle bin. Weiß der Henker, was da los ist.«

Ich war sicher, dass ein Henker so ziemlich der Letzte sein würde, der dieses Phänomen verstehen würde, sagte aber nichts mehr. Ich fühlte mich plötzlich unsagbar verlassen und ging langsam in den Hof. Dort drehte ich allein meine Runden und vermied jedes Gespräch. Bis Gus zu mir kam, der genau wusste, was mich beschäftigte.

»Er wurde heute Morgen geholt. Als sie ihn an meiner Zelle vorbeiführten, hörte ich, wie ein Beamter sagte, er würde nach Indien abgeschoben. Dein Meister lachte und meinte nur, das wisse er bereits.«

»Er hat es tatsächlich gewusst, denn er hat sich gestern von mir verabschiedet. Und dann hat er mir noch erklärt, dass ich bald eine kleine Reise unternehmen werde. Hast du eine Idee, was das sein sollte?«

Gus sah mich nachdenklich an. »Das könnte bedeuten, dass du irgendwohin verlegt wirst. Musst du irgendwo eine Zeugenaussage machen oder hast du irgendwo ein Verfahren offen?«

Ich überlegte, aber mir fiel nichts ein.

Ich dachte an die Worte meines Meisters, als ich ihn nach dem Sinn und Zweck des Lebens fragte: »Sinn und Zweck des Lebens ist es, all die Gedanken zum Ausdruck zu bringen, mit denen du dich im Innern deines Seins beschäftigst. Und zu welchem Ausdruck dich das auch führen mag, wisse, dass du es in jedem Augenblick ändern kannst, wann immer du willst. Der Sinn des Lebens ist, ein Teil von ihm zu sein, sein Schöpfer zu sein, es zu erleuchten. Es gibt keine andere Bestimmung, als zu leben und dir selbst zu erlauben, genau das zu sein, was du dir wünschst, so, wie sich das Leben in dir von Augenblick zu Augenblick entfaltet. Beim Erfüllen dieses Zweckes hast du die unbegrenzte Freiheit, zu werden, zu tun und zu sein, was auch immer du willst.«

»Aber wenn man alles tun kann, würden dann nicht bestimmte Dinge gegen die Gebote Gottes verstoßen?«, fragte ich.

»Mein lieber Uwe, Gott hat keine Gebote, er ist unbegrenzt. Er hat uns die Freiheit gegeben, unser Leben gemäß unserem souveränen Willen auszudrücken. Allein durch die Ausübung unseres Willens werden wir das Bewusstsein allen Lebens erweitern. Gott ist keine gesetzgebende Wesenheit. Er hat uns nicht die Ausdrucksfreiheit genommen, die es dem Leben erst erlaubt, sich zu entwickeln. Es wäre sonst begrenzt und hätte ein Ende. Die Ewigkeit hat kein Ende.«

DAS LEBEN IST SCHÖN

Wie man in der Auster die Perle findet

Deine Situation in diesem Gefängnis und in den Fängen der Justiz wird niemals so sein, wie du es möchtest. Es wird immer Dinge geben, die dir nicht gefallen. Na und? Pass dich einfach an und gib dich hin. Lebe in dieser totalen Hingabe und du wirst erleben, wie alchemistisch sie ist. Sie wird dich verwandeln. Entspanne dich und höre auf zu urteilen. Nach ein paar Monaten des Entspannens und des einfachen Akzeptierens wirst du verstehen.

Das absolut Unangenehmste, was dir in deutschen Gefängnissen außer einem selbst verschuldeten »Bunker«-Aufenthalt oder einer zwangsweise verabreichten »Betonspritze« widerfahren kann, ist, wenn du zu einem Gericht in einem anderen Bundesland musst. Sei es, um eine Zeugenaussage zu machen, sei es, weil du dort angeklagt bist.

Bei mir ging es um Letzteres. Ich war wegen einer Überschreitung der Höchstgeschwindigkeit zu einer Geldstrafe verurteilt worden und hatte gegen den Strafbefehl Widerspruch eingelegt. Nun kam es zu einer Gerichtsverhandlung vor dem Amtsgericht Bensheim, zu der ich als Angeklagter persönlich erscheinen musste. Wie immer im Knast erfährt man gravierende Eingriffe ins Leben erst im allerletzten Moment. An einem Mittwochmittag kurz nach dem Essen öffnete sich meine Tür und ein Wachtl sagte zu mir: »Sie gehen morgen auf Schub nach Darmstadt. Sie haben in vierzehn Tagen einen Termin am Amtsgericht Bensheim. Packen Sie sofort alles zusammen, was Sie mitnehmen wollen, damit wir es zur Kammer bringen können. Richten Sie sich darauf ein, mindestens vier Wochen unterwegs zu sein.«

Ich sah ihn fassungslos an.

»München, Darmstadt und zurück in vier Wochen? Sind Sie wahnsinnig, das geht locker in acht Stunden.«

»Tja, mit ihren ehemaligen Autos vielleicht. Aber wenn Sie mit der Justiz reisen, werden Sie ins Postkutschenzeitalter zurückversetzt. Und jetzt überlegen Sie sich, was Sie mitnehmen wollen, und packen Sie. Drücken Sie den Notrufknopf, wenn Sie fertig sind, damit ich Sie und Ihre Sachen zur Kammer bringen kann. Morgen früh um halb sieben geht der Transport los, Sie werden um halb sechs abgeholt.«

Er schloss die Tür, drehte den Schlüssel um und schon war ich mit meinen Gedanken allein. Ein unheimlicher Frust kam auf, als mir klar wurde, dass mindestens zwei der kostbaren Besuche meiner Frau ausfallen würden. Dann dachte ich an die Horrorstorys, die ich über Schubzellen und das Leben als Transportgefangener gehört hatte. Mir wurde etwas übel.

Vier Wochen ohne die in Fleisch und Blut übergegangene Routine des Lebens im Stadelheim und vor allem ohne die mir inzwischen vertrauten Gesichter, von denen ich einige zu meinen besten Freunden zählte.

Noch nicht einmal richtig verabschieden würde ich mich können, weil die Türen zur Abendessensausgabe nur ganz kurz geöffnet wurden. Nur meinen beiden Nachbarn, Öppes und Otto, konnte ich Bescheid sagen. Die anderen würden anhand des halb herausgezogenen schmalen Pappstreifens, der in dem Plastikfach neben meiner Zellentür steckte, sehen, dass ich »unterwegs« war und denken, ich hätte eine meiner üblichen Vernehmungen. Ich seufzte und beschloss, mich dem Unabänderlichen zu fügen.

Was sollte ich mitnehmen? Bücher? Etwas von meinem Einkauf? Mein kleines Radio? Ich dachte an die Worte des Meisters: »Besitz belastet. Ein Mann braucht nur das, was er an seiner Satteltasche befestigen kann.«

Also packte ich mir einige »Bomben« Nescafé, meinen Tauchsieder, um heißes Wasser machen zu können, ein bisschen Obst und sonstige verderbliche Ware ein, die ich in meiner Zelle hatte. Dazu die Bücher, mit denen ich gerade arbeitete, und einige *Spiegel*-Ausgaben, die ich noch nicht vollständig gelesen hatte. Das war nicht viel, doch ein Umzugskarton war voll geworden, obwohl ich nichts von meiner Privatkleidung eingepackt hatte. Nach dem, was ich über den Zustand der Schubzellen gehört hatte, wollte ich mir nicht meine teuren Klamotten darin ruinieren. Ich drückte auf den Knopf.

»Sind Sie fertig, Herr Woitzig?«, ertönte die Stimme des Beamten. Ich bejahte.

»Gut, dann hole ich Sie in fünf Minuten.«

Kurz darauf öffnete er die Tür, und einer unserer Hausarbeiter stand neben ihm mit einer Sackkarre, was mich angenehm überraschte. Denn ich hatte mir schon ausgemalt, die schwere Kiste durch die endlosen Knastgänge schleppen zu müssen. Die beiden brachten mich zur Kammer, wo die Kiste für die Reise zugeklebt und verplombt wurde. Dann wurde der Karton verräumt und ich zu meiner Zelle zurückgebracht.

»Meinen Sie, dass ich das alles wiedersehen werde?«, fragte ich den Beamten. »Oder geht es mir wie so oft bei der Lufthansa?«

»Sie haben es mit Vollprofis zu tun, da können Sie ganz beruhigt sein, Ihr Gepäck wird sie immer begleiten und mit Ihnen ankommen«, gab er zurück.

Zurück in der Zelle erzählte ich Öppes und Otto von Fenster zu Fenster, was los war. Sie sahen das ganz entspannt und wünschten mir eine angenehme Reise. Aber ich schlief unruhig in dieser Nacht, wachte immer wieder auf und dämmerte dann vor mich hin.

Pünktlich um halb sechs wurde meine Zelle aufgesperrt und ich wurde zu den Abgangszellen gebracht, ganz üblen, schwarz gekachelten Verliesen direkt gegenüber der Rampe, an der die grün-weißen Transportbusse mit den kleinen Sehschlitzen parkten, um ihre Passagiere für die Reise zu Gefängnissen in ganz Deutschland aufzunehmen.

Als ich mit einigen Schicksalsgenossen in einer der Zellen eingesperrt wurde, begann eine lebhafte Konversation.

»Welche Route fahren wir eigentlich?«, fragte ein am ganzen Körper Tätowierter. »Nürnberg, Würzburg, Darmstadt, nehme ich an«, gab ein anderer zurück, der mit glasigen Augen vor sich hinstarrte.

»Auf keinen Fall«, mischte sich ein zahnloser Penner ein, »ich habe morgen einen Termin in Memmingen. Also schätze ich, dass ihr über Memmingen, Ulm, Heimsheim, Mannheim und Darmstadt fahren werdet.«

»Das wäre ja ein Riesenumweg«, meinte ich entsetzt.

»Kilometermäßig vielleicht, zeitlich nicht unbedingt. Je nachdem, wie sie es koordinieren, hast du Glück und musst maximal eine Nacht in einem Knast übernachten, bevor es weitergeht. Nürnberg und Würzburg sind beschissen, weil von dort nur einmal die Woche Busse fahren. Wenn du Pech hast, wartest du eine Woche in Nürnberg, bis es weitergeht nach Würzburg. Dann noch eine Woche, bis du endlich nach Darmstadt weiterfährst. Deshalb kann es über Heimsheim viel schneller gehen. Und ich sitze lieber in einem Bus als in einer Transportzelle.«

Blöderweise hatte ich vergessen, zu fragen, welche Route ich »gebucht« hatte. Einerseits hätte es sowieso nichts geändert, andererseits hätte ich plötzlich doch gern gewusst, wie lange ich unterwegs sein würde.

Ein Beamter mit einem Stapel Karteikarten in der Hand öffnete die Zellentür und rief unsere Namen auf. Der Reihe nach verließen wir die Zelle und spazierten an einem Spalier von Wachteln vorbei, das direkt in einer geöffneten Bustür mündete. Im Bus selbst erwartete mich ein schmaler Gang, von dem links und rechts Türen abgingen. Als ich den Bus betrat, stand eine der Türen offen.

»Dort rein«, herrschte mich ein Beamter an, als ich unschlüssig stehen blieb.

Ich betrat eine winzige Kabine mit vier Holzsitzen. In Kopfhöhe gab es einen Sehschlitz, der einen eingeschränkten Blick nach draußen ermöglichte, doch die beiden Fenstersitze waren bereits von einem gepflegten Weißhaarigen und einem vom Leben gezeichneten Brillenträger besetzt. Ich zwängte mich auf einen der Gangsitze neben dem Weißhaarigen, der mich in schwäbischer Mundart mit: »Hanoi, wie goht's?« begrüßte.

Neben Sächsisch ist Schwäbisch das Schlimmste für mich, was es im Deutschen gibt. Es überraschte mich nicht, als auch der mit der Brille mich schwäbelnd fragte: »Gehscht nach Heimsheim?«

Ich seufzte innerlich, aber immerhin kannte ich jetzt die Route.

»Vermutlich«, antwortete ich einsilbig, »mein Endziel ist Darmstadt.«

»Ach Gottle«, seufzte der Weißhaarige, »da bischte noch lang unterwägs.«

Und damit war ich aus ihrer Konversation entlassen. Denn nun fingen die zwei an, sich in einem mir völlig unverständlichen Dialekt ununterbrochen zu unterhalten. Es interessierte sie nicht im Geringsten, ob wir standen oder fuhren. Es wurde permanent drauflos geschwätzt. Ich empfand ihren unverständlichen Singsang irgendwann als Begleitmusik, und während der Bus Stadelheim verließ und auf die Autobahn Lindau einbog, schlummerte ich langsam ein.

Es musste eine geraume Zeit vergangen sein, als plötzlich Stille im Abteil herrschte und der Bus zum Stillstand kam. »Wo sind wir?«, fragte ich die beiden Schwaben.

»In Landsberg!«, antworteten sie wie aus der Pistole geschossen, »Jetzt wird ein- und ausgeladen und dann geht es weiter über Kempten und Memmingen nach Ulm.«

Tatsächlich setzte sich der Bus kurz darauf wieder in Bewegung. Da es sinnlos war, aus dem Sehschlitz zu schauen, schlief ich wieder ein. Nach einer guten Stunde hielt der Bus erneut, offensichtlich waren wir in der JVA Kempten. Nach einem weiteren Stopp in Memmingen erreichten wir um halb eins die JVA Ulm. Diesmal mussten alle aussteigen. Wieder erwartete uns ein Spalier von Beamten und wir wurden auf zwei große Wartezellen verteilt. Die Raucher rechts, die Nichtraucher links. Ein kurzer Blick auf die Raucher ließ mich erkennen, dass es ein wirklich verlorener Haufen war, der sich in der Zelle versammelte. Vom Leben getretene, zerschlagene Gesichter, typische Gaunervisagen und Penner schauten mich verwundert an. Natürlich hob ich mich von ihnen mit meiner hellen Leinenhose, dem grünen T-Shirt und meiner teuren Lederjacke schon rein äußerlich ab. Ich betrat die Nichtraucherzelle, in der ein kurzgeschorener, dunkelhaariger Muskelprotz mit Volltätowierung saß. Er hatte ein hartes Gesicht mit klugen braunen Augen.

Ich nickte ihm freundlich zu. »Wo kommst du her?«, fragte er mich mit einer weichen und sehr sanften Stimme, die Männer seines Aussehens sehr oft haben. Ich wusste genau, dass diese Stimmlage sich selbst dann nicht ändert, wenn sie lächelnd irgendjemanden fast totschlagen. Hinter diesem sanften Schnurren versteckte sich ein Raubtier. Doch ich werde von dieser Kategorie Mann immer als ebenbürtig akzeptiert. Irgendwie spüren sie, dass ich nicht im Geringsten von ihrem martialischen Äußeren beeindruckt bin, weil ich ihnen zwar nicht körperlich, aber intelligenzmäßig überlegen bin. Das respektieren sie genauso

wie ich ihre antrainierten und mit Hilfe von Anabolika vergrö-
ßerten Muskeln.

»Aus Stadelheim!«

»Interessant, da muss ich hin. Soll ein Scheißknast sein. Wie
lange bist du schon dort und wo musst du hin?«, fragte er nach.

»Nach Darmstadt, JVA Weiterstadt. In Stadelheim bin ich jetzt
elf Monate in U-Haft.«

Er schaute mich interessiert an. Jeder weiß: lange U-Haft, großer Fall.

»Was hast du? Steuerhinterziehung? Betrug?«

»Yes, aber nicht besonders aufregend«, spielte ich es herunter.
Er schaute mich prüfend an.

»Warte mal, ich kenne dich aus der Zeitung. Du bist doch dieser Woitzig, nicht wahr?«

Ich nickte.

»Na, so heftig wie bei mir wird es bei dir kaum werden«, fuhr
er fort und schaute mir direkt in die Augen.

»Heute sitze ich genau vierzehn Jahre, drei Monate und einundzwanzig Tage, und nur, wenn ich großes Glück habe, komme
ich im nächsten Jahr raus.«

»Weswegen?«, fragte ich.

»Ich habe im großen Stil mit Drogen gehandelt«, erzählte er,
»mein Schwager ist mit einer Kurdin verheiratet und dadurch
hatten wir plötzlich eine Connection. Ich bin Zigeuner, der viel
herumkommt. Ich wurde mit Rädern unter den Füßen geboren
und so kam eins zum anderen.«

Dann berichtete er mir mit leuchtenden Augen von seiner Familie, seinen Abenteuern und seiner Lust an der Freiheit, die völlig ungebrochen schien. Übergangslos meinte er plötzlich: »Ich
bin im Knast zum Christen geworden. Irgendwann ging ich mit
einem Typen im Hof rum und erzählte ihm meine Lebensgeschichte. Er sagte, du magst ein großer Kämpfer sein, aber es gibt
einen, der ist unbesiegbar. Als ich gelangweilt fragte, wer das sein

sollte, dachte ich an Mike Tyson oder Hulk Hogan. Aber der Typ antwortete: Jesus. Mit dem hatte ich überhaupt nichts am Hut und ich lachte nur. Doch dann sagte der Junge: Jesus hat gesagt, dass du deinen Nächsten wie dich selbst lieben sollst. Dieser Satz war die Wende. Ich dachte wochenlang darüber nach und erkannte, dass ich deshalb meinen Nächsten nicht lieben konnte, weil ich mich selbst nicht liebte. Ich drosch wahllos auf andere ein, um mir selbst wehzutun, um irgendetwas zu spüren. Schläge waren für mich eine andere Form der Zärtlichkeit. Das war vor sieben Jahren, und nach intensiver Auseinandersetzung mit Jesus und mir selbst habe ich ihn verstanden und bin Christ geworden. Heute liebe ich mich, so wie ich bin, mit all meinen Schwächen, Makeln und Fehlern. Ist das Leben nicht schön?«

Ich fiel fast vom Stuhl, als ich diesen Satz hörte.

Das wehleidige Gewinsel der überzüchteten Münchener Schickeria fiel mir ein, die sich grundlos über jede Kleinigkeit aufregte und wie die Habichte auf die Maus darauf wartete, dass irgendwo irgendetwas schiefginge, um sich darüber das Maul zu zerreißen. Alles, wirklich alles war denen ein Grund, zu lästern und zu klagen. Ich dachte an jene Episode, als wir fast hundert Geschäftspartner aus dieser Szene zu unserer Büroeröffnung nach Monte Carlo eingeladen hatten. Wir charterten eine Lufthansa-Maschine und ließen sie von München nach Nizza fliegen. Von dort ging es per Hubschrauber weiter nach Monte Carlo. Wir quartierten sie im Hotel de Paris und im Hermitage ein. Abends gab es einen Cocktailempfang im Büro, ein Galadiner mit Show im Casino und am nächsten Tag ging es wieder mit einer gecharterten Lufthansa-Maschine zurück nach München.

Alles auf unsere Kosten, selbst die Mini-Bar-Entnahmen haben wir bezahlt.

Und dann passierte Folgendes: Meine Frau und ich kamen als Letzte in den Flieger, der voll besetzt war, und wir setzten uns in die abgetrennte erste Reihe, die ein bisschen so aussah, als wäre es First Class.

Als ich am nächsten Tag ins Büro kam, nahm mich meine Chefsekretärin zur Seite.

»Sie haben gestern einen gewaltigen Aufruhr verursacht«, sagte sie leise.

Ich schaute sie verständnislos an.

»Die Herrschaften haben sich mächtig aufgeregt, dass Sie und Ihre Frau sich da vorne hingesetzt haben. Es fielen Sätze wie: Hält der sich für was Besseres? Wer ist der denn schon, der Schnösel! Und noch so ein paar, die ich Ihnen besser nicht sage.«

Mir blieb die Luft weg vor Zorn. Damals wusste ich nicht, dass Menschen, die nicht geben, auch nicht nehmen können. Und umgekehrt. Eine ungeheure Wut stieg in mir hoch und ich schwor mir, dass ich sie für diese kleinkarierte Undankbarkeit eines Tages gewaltig in den Arsch treten würde. Der Tag war gekommen, als wir mit ihrem Geld türmten. Doch blöderweise war das Echo des Trittes gewaltig und ich war in dieser verdreckten Durchgangszelle in Ulm gelandet, um auf den Transportbus nach Heimsheim zu warten.

Ausgerechnet hier traf ich auf dieses menschliche Juwel, der in einem so wohltuenden Kontrast stand zu den Mitgliedern der sogenannten Schickimickis von München und den geistig hohlen Witwen in Monte Carlo, die in ihren sündteuren Appartements langsam verfaulten. Ihr einziger Lebensinhalt war das Lästern über die Garderobe, den Schmuck und die Gigolos der anderen dort im höchsten Luxus dahinvegetierenden Weiber. Nie hörte ich von ihnen ein Wort der Freude oder sah ich ein Lächeln in ihren von Schönheitschirurgen entstellten Gesichtern. Diese grässlich erstarrten Fratzen, deren Haut so straff gespannt war, dass damit das Lachen genauso unmöglich war wie das Weinen, ließen mich unendlich traurig werden.

Besonders dann, wenn auch noch versucht wurde, mit offenherzigen, faltigen Dekolletés und unbezahlbarem Schmuck von diesen Clownsmasken abzulenken. Sie taten mir unendlich leid, diese lebenden Leichname mit ihren riesigen Vermögen. Aber sie sind der lebende Beweis für die alte Erkenntnis, dass man sieht, was Gott von Geld hält, wenn man sich die Menschen anschaut, denen er es gegeben hat. Und dieser Zigeuner nun, der stramm auf die Sechzig zuging, er strahlte mich nach einem wilden Leben inklusive vierzehn Jahren härtestem Knast an und sagte wörtlich: »Ist das Leben nicht schön!« Es überraschte mich nicht mehr, dass er plötzlich in seine Sporttasche griff, eine Packung Trüffelpralinen herausholte und mir eine von diesen Knastkostbarkeiten schenkte.

Während er mir ausführlich von den Sitten und Gebräuchen der Roma erzählte, wurde mir klar, dass sich allein wegen dieser Begegnung der Transport nach Darmstadt gelohnt hatte. Wir beide bedauerten es, dass um Viertel vor zwei unsere Busse bereitstanden und unsere Transporte fortgesetzt wurden. Wir umarmten uns zum Abschied und wünschten uns gegenseitig alles Gute, wohlwissend, dass wir uns vermutlich nie wiedersehen würden.

Diesmal wurde mir im Bus eine Einzelkabine zugeteilt und ich war angenehm überrascht, weil der Sitz gepolstert und der Sehschlitz ungefähr doppelt so breit wie der in dem anderen Bus war.

»Sieh an«, dachte ich, »das ist also der Unterschied zwischen Bayern und Baden-Württemberg.«

Die Fahrt ging unter anderem über die JVA Stammheim, wo ich vom Bus aus nachdenklich die Todeszellen der RAF-Mitglieder Andreas Baader, Ulrike Meinhof, Gudrun Ensslin und Jan Raspe betrachtete, direkt zur JVA Heimsheim. Wir kamen kurz vor achtzehn Uhr an und mich begeisterte schon die Anfahrt. Das Gefängnis liegt mitten im Wald und war hundert Meter von der Pforte entfernt gar nicht zu sehen. Alles sah ganz neu, sauber und gepflegt aus. Die aus rötlichen Steinen gebauten Gebäude gingen im Stil von Reihenhäusern ineinander über. Die Fenster waren normal groß und etwa auf Hüfthöhe ins Mauerwerk eingelassen.

Als ich kurz darauf zu meinem Haftraum geführt wurde und an einigen offen stehenden Zellen vorbeikam, war ich vollkommen überrascht, was hier alles erlaubt war. Ich sah Musikinstrumente und Stereoanlagen. Einige der Insassen hatten haufenweise Kassetten in ihren Zellen. Wenn ich an unsere kärgliche Ausstattung in Stadelheim dachte, wo nur ein kleiner Röhrenfernseher, ein kleines Radio und ein Tauchsieder erlaubt waren, erschien mir das unglaublich.

Auch mein Haftraum haute mich um. Er sah aus wie ein Hotelzimmer. In dem Raum gab es zwei Regale, einen an der Wand befestigten, schwenkbaren Fernsehtisch und Vorhänge vor dem – im Verhältnis zu Stadelheim – riesigen Fenster. Selbstverständlich war die Toilette abgeteilt. Ich war tief beeindruckt und konnte diesen Luxus kaum fassen. Noch überwältigter war ich allerdings, als plötzlich die Tür aufging, ein Beamter mit einem Ghettoblaster in der Hand dastand und freundlich sagte: »Ich will Ihnen ein Radio bringen, weil Sie ja jetzt sechs Tage bei uns bleiben, bis es am Mittwoch weiter in die JVA Weiterstadt geht.«

Ich war begeistert wegen des Radios. Als ich das Riesending angeschlossen hatte, suchte ich mir einen Klassiksender und setzte mich zum Sonnenuntergang mit einer Tasse Kaffee an das weit geöffnete Fenster, von wo ich direkt in den den Knast umgebenden Wald sah. Die tief stehende Sonne tauchte die Zelle in ein warmes rotes Licht und aus meinem neuen Radio ertönte in erstklassiger Qualität Händels *Halleluja*. Mein Geist flog von der Musik getragen davon. Plötzlich hatte ich eine Eingebung und wünschte mir, dass ich ein Zeichen erhalten möge, ob alles für mich gut ausgehen würde. Als ich nach einigen Minuten die Augen öffnete, sah ich einen riesigen Regenbogen über dem Wald.

Ich dachte an den Zigeuner in Ulm. Er hatte vollkommen Recht, das Leben ist schön!

Die sechs Tage Wartezeit in Heimsheim vergingen dank der guten Musik und den freundlichen Beamten, die mir meine Bücher ausgehändigt hatten, wie im Fluge. Ich bedauerte es sehr, als ich an einem Mittwochmorgen um acht Uhr wieder einen Transportbus bestieg, der mich zunächst in die JVA Mannheim als weitere Zwischenstation brachte.

Wir kamen in Mannheim kurz nach elf Uhr an und ich erfuhr, dass es erfreulicherweise um kurz nach dreizehn Uhr weitergehen würde nach Darmstadt. Als ich mich wieder als Nichtraucher outete, brachte man mich in eine leere Viermann-Zugangszelle mit einem Fenster, das vom Boden bis zur Decke reichte. Langsam fragte ich mich, warum alle diese üblen Geschichten über die Zellen während des Transportes erzählten. Aber das bezog sich wohl in erster Linie auf Bayern. Denn alles, was ich bisher erlebt hatte, war deutlich besser als meine Zelle im Neubau von Stadelheim. Doch wie würde es wohl in Weiterstadt aussehen, wo ich mindestens zwei Wochen bleiben würde?

Am frühen Nachmittag saß ich in dem Bus nach Darmstadt und war etwas enttäuscht. Zwar hatte ich wieder eine Einzelkabine mit gepolstertem Sitz, doch der Sehschlitz war mit einer Blaufolie überklebt worden, die die vorbeigleitende Landschaft aussehen ließ, als läge sie im Mondlicht.

Hessen scheint noch schlimmer als Bayern zu sein, dachte ich, die unterbinden sogar deine freie Sicht. Wie mag da erst der Knast aussehen?

Aber als ich eine knappe Stunde später in der JVA Weiterstadt ankam, staunte ich Bauklötze. Es ging schon beim Empfang in der Kammer los. Außer mir stiegen noch drei weitere Gefangene aus dem Bus, die ebenfalls hierhermussten.

»Der Mann aus München kommt bitte sofort mit«, rief ein Beamter, »nach der langen Anfahrt soll er sich erholen dürfen.«

Tatsächlich wurde meine Kiste nur oberflächlich angeschaut und mir wieder ausgehändigt. Ein auf mich wartender Beamter nahm mich mit zu meiner Zelle, die von der Ausstattung der in Heimsheim absolut ebenbürtig war. Der Riesenunterschied war allerdings, dass die Tür offen blieb. Denn in Hessen haben auch U-Häftlinge das Recht auf Freizeit, das heißt, die Türen sind am Tag bis zu drei Stunden offen. In dieser Zeit kann man duschen, sich in der Gangküche Essen kochen oder sich einfach unterhalten oder spielen: Schach oder Tischtennis. Dazu gibt es dann noch eine Stunde Hofgang. Sportmöglichkeiten wie Fußball, Krafttraining und – kaum vorstellbar – Schwimmen in einem Fünfzigmeterbbecken wurden ebenfalls angeboten. Ich fiel aus allen Wolken, als ich sah, was hier alles erlaubt war. Die Musikinstrumente hatte ich schon in Heimsheim gesehen, aber hier gab es noch Schachcomputer und Wasserkocher. Das war kein Gefängnis, das war ein hotelähnlicher Betrieb. Wobei das Niveau der Insassen durchaus der Ausstattung angemessen war. Bei der ärztlichen Zugangskontrolle traf ich einen Rechtsanwalt, der wegen irgendwelcher Steuergeschichten verhaftet worden war. Jochen klärte mich über die Details des hessischen Strafvollzuges auf. Er erzählte mir, dass bei Ersttätern wie mir die Halbstrafe fast obligatorisch sei. Ich überlegte sofort ernsthaft, mich nach meiner Verurteilung hierher verlegen zu lassen, wie es Martino mir bei unserem nach meiner Empfindung Ewigkeiten zurückliegenden ersten Gespräch in Paris schon empfohlen hatte.

Beim Hofgang und während der Freizeitstunden hielten Jochen und ich die mir seit Stadelheim vertrauten juristischen Sprechstunden ab, wobei wir uns die »Mandanten« teilten. Der Unterschied zu Stadelheim war, dass die Gefangenen hier viel internationaler waren, weil viele am Flughafen Frankfurt verhaftet wurden. Es gab eine Menge Afrikaner aus fast allen Staaten des Kontinents, viele Amerikaner, Engländer und Franzosen und einige wenige Asiaten. Dazu die inzwischen in jedem Knast übermäßig vorhandenen Jugos, Russen, Albaner und Rumänen, die eine eigene Welt für sich bildeten.

Ein kunterbuntes Völkergemisch, das sich allabendlich in einem babylonischen Sprachgewirr von Fenster zu Fenster unterhielt. Diese Internationalität gefiel mir gut, weil ich während der dreistündigen Freizeit und des Hofgangs meine eingestaubten Englisch- und Französischkenntnisse aufpolieren konnte und ebenso viele interessante Details über das Leben in der Welt erfuhr wie auf meinen zahllosen Reisen zuvor.

Der Anstaltspsychologe, der mich beim Zugangsgespräch mit den Worten begrüßt hatte, dass die JVA Weiterstadt kein Gefängnis, sondern ein Männerwohnheim sei, hatte völlig Recht. Hier ließ es sich angenehm leben.

Ich war sehr melancholisch, als ich zwei Wochen später nach der zehn Minuten dauernden Verhandlung des Amtsgerichts Bensheim die JVA wieder verlassen musste und es zurück nach Stadelheim ging. Erneut verbrachte ich einige sehr angenehme Tage in der JVA Heimsheim als Zwischenstation, bevor ich via Ulm direkt zurück nach Stadelheim gebracht wurde.

Als ich an einem Spätnachmittag wieder meinen stillen, sonnendurchfluteten Gang des Neubaus betrat und freundlich von den mir vertrauten Beamten begrüßt wurde, hatte ich das beglückende Gefühl, nach Hause zu kommen. Das verstärkte und vertiefte sich noch, als ich meine Zelle betrat. Lächelnd betrachtete ich die Berge von Zeitungen und Post, die sich auf meinem Tisch und meinem Bett stapelten.

Öppes und Otto hatten meine Tür gehört, und als sie fast gleichzeitig an meine gegenüberliegenden Zellenwände wummerten und unisono »Schön, dass du wieder da bist!«, riefen, war ich wirklich zu Hause.

Wer sind wir und warum sind wir hier? Was ist unser Zweck und unsere Bestimmung? Sind wir tatsächlich Geschöpfe des Zufalls, geboren, um nur einen Augenblick zu leben und dann nicht mehr zu sein? Das kann es nicht sein. Wir alle haben auf dieser Ebene Tausende von Leben gelebt.

Wir haben jedes Gesicht gehabt und jede Farbe, jedes Glaubensbekenntnis und jede Religion getragen. Wir waren König und Knecht, Kapitän und Matrose. Wir waren Eroberer und Eroberte. Wir waren alles, was es in der Geschichte der Menschheit gibt, die wir mit gestaltet haben und in uns tragen. Warum das? Zum Zwecke des Kennenlernens aller Emotionen, damit wir Weisheit erlangen mit dem Ziel das größte Mysterium aller Zeiten zu entschlüsseln – uns selbst.

RECHT UND GERECHTIGKEIT

Wie man aufhört, zu werten und zu urteilen

Du bist mit deiner Zustimmung schon viele Male hierhergekommen. Durch den Lauf der Inkarnationen, in denen du auf diesem Planeten geboren wirst, stirbst und wiederkommst, hast du eine Energie geschaffen, die im Osten Karma genannt wird. Das Karma wird immer wieder inszeniert und ausgeführt und entwickelt sich zu einem »Drehbuch« für die Umstände deiner Lebenszeiten auf der Erde. Die Eigenschaften und Lebensumstände, die du während der Schulung auf diesem Planeten besitzt, sind unmittelbar auf die Ereignisse zurückzuführen, die du in deiner Vergangenheit erlebt hast und die dich prägten. Jedes energetische Merkmal von Karma ist wie eine entmutigende schwarze Blase, speziell für dich geschaffen, damit du hindurch und mitten hineingehen und sie auflösen kannst. Diese Blasen sind ein »Phantom«, sie sind getränkt mit Furcht, Schrecken oder Sorgen. Aber sie vergehen als die schwachen Erscheinungen, die sie in Wirklichkeit sind, wenn du unmittelbar in sie hineingehst und dem Phantom gegenübertrittst. Die Belohnung ist das Bestehen jeder Prüfung. Das Karma löst sich nach und nach auf und verschwindet für immer aus deinem Leben.

Inmitten der Berge von Post hatte sich auch die Ladung zur Hauptverhandlung befunden, deren erster Tag verrückterweise auf das Datum meines Hochzeitstages fiel, nämlich den 3. Ok-

tober. Wieder wurde ich in der Früh in eine dieser schwarz gekachelten Abgangszellen gegenüber der Rampe geführt und
dann mit einem Kleinbus zum Münchner Justizzentrum in der
Nymphenburger Straße gebracht. Als Nichtraucher hatte ich
auch dort das Privileg einer Einzelzelle, was ich sehr gern
in Anspruch nahm, um den nervösen, pausenlos paffenden
und aufgeregt dummes Zeug redenden Mitgefangenen, die
ebenfalls heute Verhandlung hatten, zu entgehen. Ich wurde in
eine nackte Betonzelle gesperrt, die den Zellen des berüchtigten
Lubjanka-Gefängnisses des KGB in Moskau nachgebildet zu
sein schien. Sie war ungefähr vier Quadratmeter klein und es
gab weder ein Fenster noch eine Toilette, nur eine in die Wand
eingemauerte kleine Bank und einen fest verankerten Tisch. Ich
setzte mich auf die Bank, nahm meine Meditationshaltung
ein, schloss die Augen und reiste mit meinen Tieren. Irgendwann wurde die Tür geöffnet und zwei Vorführbeamte standen
davor.

»Es geht los, Herr Woitzig«, sagte der eine freundlich, »bitte
geben Sie mir Ihren Arm!«

Erstaunt sah ich ihn an, aber ich kam nicht drumherum. Zum
ersten Mal in meinem Leben legte sich eine stählerne Handfessel
um mein Handgelenk, und sie führten mich an einer sogenannten Vorführzange in den Gerichtssaal. Ein Blitzlichtgewitter von
zahlreichen Fotografen empfing mich und ich schloss geblendet
die Augen. Der Kontrast zwischen dem vier Quadratmeter kleinen, kargen Betonbunker, den ich gerade verlassen hatte, und
dem bis auf den letzten Platz besetzten großen Verhandlungssaal
hätte größer nicht sein können. Kameralinsen und Mikrofone
wurden auf mich gerichtet, Reporter riefen mir irgendwelche
Fragen zu und im vollbesetzten Zuschauerabteil des Gerichts-
saals herrschte ein lautes Gemurmel. Kameraleute mit Fernsehkameras übertönten den Geräuschpegel und schrien sich laut-
hals irgendwelche Blendenwerte zu.

Ein unglaubliches Tohuwabohu herrschte um mich herum, doch ich blieb absolut ruhig und gelassen. Weil ich wusste, dass mein wahres Selbst nicht betroffen war. Ich wurde daher zum Zeugen und Beobachter dieses Spektakels und nahm interessiert, aber leidenschaftslos wahr, was hier geschah.

Die beiden Vorführbeamten brachten mich zur Anklagebank, wo man mir die Vorführzange löste. Martino saß schon vor mir auf seinem Verteidigerplatz. In seiner schwarzen Robe wirkte er merkwürdig fremd. Er stand auf und begrüßte mich lächelnd. Der Gerichtssaal war seine Bühne, und er genoss das Blitzlichtgewitter, die Fernsehkameras und die große Anzahl Zuschauer. Er wirkte absolut ruhig und souverän.

»Hier, nehmen Sie die! Die werden Sie brauchen. Sie werden viel reden müssen und das hilft der Speichelbildung.« Er gab mir eine Handvoll Traubenzuckerbonbons. Ich schaute ihn erstaunt an.

Dann betraten drei Richter und zwei Schöffen den Saal und es ging los.

Der erste Verhandlungstag begann mit dem Verlesen der Anklageschrift durch den Staatsanwalt, was fast eine Stunde dauerte. Dann wurde ich gefragt, ob ich dazu etwas sagen möchte. Ich wollte. Drei Stunden lang monologisierte ich, ohne jede Vorlage oder einen Blick in die Akten. Ich stellte den Sachverhalt aus meiner Sicht dar und widerlegte die Anklageschrift Punkt für Punkt.

»Sehr beeindruckend, was der Woitzig da macht«, sagte der Staatsanwalt in einer Verhandlungspause zu Martino und meinte meine Stegreifrede. Doch es ging mir weder um seine Meinung noch um die des Gerichts. Nein, ich wollte aufarbeiten, ein für alle Mal, und dann dieses Kapitel meines Lebens abschließen. Nie mehr etwas von dieser Geschichte hören und lesen. Der Vorsitzende Richter, ein sehr erfahrener Mann, spürte das und ließ mich reden, ohne mich ein einziges Mal zu unterbrechen. Als ich fertig war, beendete er die Verhandlung und vertagte sie auf den nächsten Tag.

»Die Kammer muss das gerade Gehörte erst verarbeiten«, sagte er zur Begründung. Als ich in den Keller zurückgeführt wurde, dachte ich daran, dass achtundzwanzig Verhandlungstage mit über fünfzig Zeugen angesetzt waren. Ich fragte mich, wozu.

Am nächsten Tag ging es mit den ersten Zeugenvernehmungen weiter – und da wusste ich es. Während im Knast von den Inhaftierten kaum gelogen wird, weil die Wahrheit sowieso in kürzester Zeit herauskommt, wurde ich nun mit den Aussagen der ehrlichen Bürger konfrontiert, die logen, dass sich die Balken bogen. Selbst den gegen mich eingestellten Richtern wurde es zu viel, wenn wieder einmal behauptet wurde, mein Partner oder ich hätten traumhafte Renditen ohne jedes Risiko versprochen.

»Und die einseitige dickgedruckte Risikoaufklärung in den Verträgen? Was ist damit? Haben Sie die etwa nicht gelesen?«, wurden sie gefragt. Es folgten alle erdenklichen Ausreden. Ich sei so überzeugend gewesen, da hätten sie blind unterschrieben. Sie hätten meiner Kompetenz völlig vertraut. Mein Auftreten sei so souverän gewesen, da hätten sie keinen Zweifel gehabt. Ich hätte alles schlüssig und logisch nachvollziehbar anhand von plausiblen Beispielen so gut erklärt, dass sie die Risikoerklärung nur als eine gesetzlich vorgeschriebene Klausel angesehen, aber nicht ernst genommen hätten. Meine Rhetorik, mein Fachwissen und mein selbstbewusstes Auftreten wurden mir zum Verhängnis. All das, worauf ich dereinst einmal stolz gewesen war, schlug man mir jetzt um die Ohren.

Es musste etwa der zwanzigste Verhandlungstag gewesen sein, als Martino vor der Verhandlung in meine mir inzwischen sehr vertraute Betonzelle in den Katakomben des Justizzentrums gehetzt kam.

»Das Gericht schlägt einen Deal vor. Wir beenden das Verfahren heute, wenn Sie jetzt ein umfassendes Geständnis ablegen. Dann beantragt der Staatsanwalt fünf Jahre. Ich stimme zu, und Sie kommen morgen in die JVA Rothenfeld und dort in den Freigang. Ab übermorgen sind Sie ein freier Mann.«

Ich überlegte nicht lange. Ich hatte die Schnauze gestrichen voll von dem Theater.

»Also gut. Was muss ich sagen, damit es ein ›umfassendes Geständnis‹ wird?«

»Sie sagen gar nichts, ich werde eine Erklärung für Sie abgeben, die aus einem Satz besteht.«

»Umso besser, dann muss ich noch nicht einmal lügen.«

Er sah mich kurz prüfend an, dann wandte er sich achselzuckend zum Gehen.

»Gut. Also, bis gleich.«

Es geschah wie besprochen. Martino erklärte in meinem Namen, dass ich die in der Anklageschrift erhobenen Vorwürfe einräumen würde. Daraufhin beantragte der Staatsanwalt fünf Jahre und Martino schloss sich seinem Antrag an. Das Gericht zog sich zur »Beratung« zurück, kam nach fünf Minuten wieder in den Gerichtssaal und der Vorsitzende Richter verkündete das Urteil, das dem Antrag des Staatsanwalts und meines Verteidigers entsprach.

Es folgte eine kurze mündliche Begründung, der ich nicht mehr zuhörte. Der Fall war für mich erledigt und abgeschlossen. Das mir Monate später zugehende fast hundertfünfzigseitige schriftliche Urteil habe ich nie gelesen. Sowohl der Staatsanwalt als auch wir verzichteten auf Rechtsmittel, und damit war das Urteil rechtskräftig. Ich war zu fünf Jahren Haft wegen eines besonders schweren Falls des Betrugs verurteilt worden, wobei die mir zur Last gelegte Vermögensgefährdung von anfänglich sechshundert Millionen auf fünfunddreißig Millionen D-Mark reduziert wurde. Mit der Begründung, eine Gefährdung von

Vermögen begangen zu haben, ins Gefängnis geschickt zu werden, erschien mir genauso absurd wie alle sonstigen Begründungen von Urteilen und Wertungen meiner Mitmenschen.

KNASTKARRIEREN

Wie man scheinbar keine Chance
hat und sie doch nutzt

Alle Welten werden geboren, sie wachsen und sterben, nur um wiedergeboren zu werden. So ist es mit allem, alles schwingt von Aktion zu Reaktion, von Geburt zum Tod, vom Tod zur Neugeburt. Das Pendel schwingt vom Sommer zum Winter und zurück. Das Prinzip des Rhythmus gilt auch für alle Aspekte menschlicher Aktivitäten. »There is no success without a failure«, singt Bob Dylan. Es gibt keinen Erfolg ohne Misserfolg. Jeder Misserfolg beinhaltet einen Erfolg. Es gibt keine Niederlage, auf dem Boden der Zerstörung beginnt der Aufstieg.

Da das Urteil rechtskräftig war, war ich ab sofort in Strafhaft und wurde, wie Martino es vorausgesagt hatte, in die JVA Landsberg verlegt. Den ganzen nächsten Tag verbrachte ich mit Packen und Verteilen meiner überflüssigen Habe an Mitgefangene. Ich staunte nicht schlecht, dass ich schließlich trotzdem noch zwölf prall gefüllte Umzugskartons übrig behielt. Als ich mich beim Einschluss um sechzehn Uhr von meinen Weggefährten der letzten Monate verabschiedete, meinte Farid, ein sympathischer persischer Geschäftsmann, der wegen Steuerhinterziehung hier war: »Uwe, dein Platz wird leer sein.« Öppes, Gus und Otto sagten zum Abschied: »Jetzt hast du es hinter dir. Bis bald.«
Obwohl ich wusste, dass wir uns alle wiedersehen würden, hatte

ich einen Kloß im Hals. Am nächsten Morgen ging es wieder zu diesen schwarz gekachelten Abgangszellen gegenüber der Rampe und dann mit einem der mir schon vertrauten Transportbusse zur JVA Landsberg. Die Fahrt dauerte nur eine gute Stunde. In Landsberg war der Empfang bei Weiten nicht so freundlich wie in Weiterstadt. Mein gesamter Besitz in den zwölf Kartons wurde auseinandergerupft und man ließ mir nur wenige Bücher und Zeitschriften plus meinen Lebensmitteln, sodass ich letztendlich nur noch einen Korb mit meiner mir übergebenen neuen Habe und einen Umzugskarton mit meinen wichtigsten Büchern, meinem Tauchsieder, dem kleinen Radio und einigen Zeitschriften besaß. Meine gesamte Privatkleidung, meine über achtzig Aktenordner, zahllosen Bücher und Zeitschriften waren in neue Kartons verpackt worden und wurden auf der Kammer verwahrt. Ungewohnt war, dass ich ab sofort die blaue Anstaltskleidung tragen musste.

Nach der Aufnahmeprozedur wurde ich in eine Schubzelle mit festmontiertem Mobiliar, einer Stahltoilette, einem Stahlwaschbecken und unter der Decke angebrachten Milchglasscheiben gebracht, was mich alles sehr an meine erste Zelle in der Ettstraße erinnerte. Ich fing anscheinend wieder ganz von vorne an. Ich verbrachte eine ungemütliche Nacht, weil ich nicht wusste, wie es weiterging. Auf der Kammer hatte man mir zwar gesagt, dass ich in die JVA Rothenfeld verlegt würde, die die Außenstelle der JVA Landsberg für den offenen Vollzug sei. Aber das Wann stehe noch nicht fest. Das würde morgen früh entschieden, wenn mein Vollzugsplan erstellt würde. Bis dahin müsste ich in der Zugangsabteilung bleiben. Diese Ungewissheit und die kargen Zellen hatten die Jungs gemeint, wenn sie von den fürchterlichen Zuständen während eines Transportes sprachen. Jetzt wusste ich es. Doch zu meiner großen Erleichterung wurde mir am nächsten Morgen bei der Frühstücksausgabe von einem Beamten mitgeteilt, dass ich schon heute nach Rothenfeld fahren würde.

Kurz darauf wurde ich von einem Beamten und einem Hausarbeiter mit meinen beiden Kisten zu einem Kastenwagen gebracht, dem nichts Polizeimäßiges anzusehen war. Er wurde von einem wohlbeleibten Beamten gefahren, der mich aufforderte, meine Sachen hinten einzuladen und neben ihm auf dem Beifahrersitz Platz zu nehmen. Das war unsere einzige Konversation. Die Fahrt von Landsberg nach Rothenfeld war ein einziger Genuss für mich. Ich hatte keine Lust, ihn mit belanglosem Geschwätz zu beeinträchtigen. Gierig nahm ich die idyllische Landschaft zwischen Landsberg und dem Ammersee in mich auf und erfreute mich an den kleinen malerischen Dörfern, durch die wir fuhren.

Als ich den in der Sonne daliegenden Ammersee mit den vielen Segelbooten darauf erblickte, lächelte ich glücklich. Noch mehr erfreute mich der Anblick des majestätisch alles überragenden Klosters Andechs. Ich hatte keine Ahnung, dass ich schon bald dort herumlaufen würde. Gierig saugte ich die klare Waldluft in meine Lungen, als wir ein paar Kilometer durch einen dichten grünen Mischwald fuhren.

Kurz hinter dem Örtchen Andechs auf der Straße nach Starnberg bogen wir rechts in eine Abzweigung ein, die in einen anderen Wald hineinführte, und bogen schließlich am Ende dieser Straße in einen Hof vor einem gelbgestrichenen Klostergebäude ein. Die Anlage bestand aus drei Häusern. Das Haupthaus wurde von einem kleinen Kirchturm überragt und wirkte ausgesprochen heimelig. Ich sah nirgendwo Mauern, nur einen kleinen Jägerzaun. Der dicke Fahrer parkte direkt vor dem Eingang des Haupthauses, stellte den Motor ab und stieg erstaunlich behände aus. Ich blieb sitzen, weil ich dachte, er habe hier etwas zu erledigen. Nach der zwölfmonatigen U-Haft hinter den Mauern von Stadelheim und dem Kurzaufenthalt hinter den Gittern der JVA Landsberg konnte ich mir nicht vorstellen, dass ein mitten im Wald gelegenes Kloster ohne Mauern und Natodraht ein Gefängnis sein könnte.

»Herr Woitzig, brauchen Sie eine schriftliche Einladung? Wir sind da, das ist Ihr neues Zuhause. Steigen Sie aus!«, rief mir der

Dicke energisch zu und ging ohne sich umzublicken ins Haus. Zögernd öffnete ich die Beifahrertür und sprang aus dem Wagen. Seit meinem Abflug in Paris vor über einem Jahr stand ich das erste Mal allein und ohne Aufsicht vor einem Gebäude, ohne dass mich Mauern und hohe Zäune umgaben. Ich genoss diesen Augenblick und sah mich begeistert um. Ich konnte nicht glauben, was ich erblickte. Neben dem Hauptgebäude mit der Kirche war ein kleiner Park mit Sitzbänken und Kieswegen angelegt worden, die zu zwei weiteren Gebäuden führten, die wie gemütliche Landwohnhäuser aussahen. Wie ich später erfuhr, wohnten in dem unscheinbareren der beiden einige Beamte.

Das andere war das Freigängerhaus, in dem maximal dreißig Gefangene lebten, die tagsüber außerhalb der Anstalt arbeiteten. Alles wirkte sauber und gepflegt. Aber vor allem: Es gab Bäume und grüne Wiesen, die ich so lange entbehrt hatte, und es herrschte absolute Stille. Nur lebhaftes Vogelgezwitscher war zu hören. Ich schaute in die andere Richtung und erblickte einen Tennisplatz. Unfassbar. Doch dann sagte ich mir, dass ich gerade das Gesetz von Ursache und Wirkung erlebte. Hatte ich nicht zwölf Monate wie ein Mönch gelebt? War es deshalb nicht logisch, dass ich jetzt in einem echten Kloster landete? »Der Mensch erntet, was er sät«, dachte ich schmunzelnd. Eine Gruppe von fünf Hausarbeitern in blauer Anstaltskleidung schlenderte heran, um das mit dem Wagen angekommene Essen auszuladen und die silbernen Essenskübel in die Küche zu tragen.

»Bist du der neue Hausarbeiter?«, fragte mich ein Weißhaariger mit einem militärischen Kurzhaarschnitt und einer befehlsgewohnten, ruppigen Stimme, der mit seinen markanten gebräunten Gesichtszügen und seinen blauen Augen aussah wie das Musterbeispiel eines preußischen Generals.

Ich erwachte aus meiner tiefen Verzückung. Unwirsch erwiderte ich: »Ja, bin ich, wieso?«

»Weil du dann gleich mithelfen kannst, die Essenskübel in die Küche zu bringen, deshalb«, erwiderte er grinsend. Das gefiel mir ganz und gar nicht. Andere Gefangene schafften hier an?

»Ach, und das entscheidest du?«

»Ja. Ich heiße Richard und du bist der Uwe, nicht wahr? Mir untersteht sozusagen die Küche hier. Ich bin übrigens auch dein Zellengenosse, du ziehst zu mir in Zelle 6, dorthin kannst du später deine Habe bringen.«

Mit diesem Offizierstyp in eine Zelle zu ziehen gefiel mir überhaupt nicht, und der Zauber und die Freude, die ich gerade noch empfunden hatte, zerflossen wie Schnee in der Sonne. »Gibt es hier keine Einzelzellen?«, fragte ich bestürzt. Die Zeit des Einschlusses nach sechzehn Uhr, diese Gewissheit, dass mich nichts und niemand bis sieben Uhr morgens mehr stören würde und ich meinen Frieden vor der Welt hatte, war einfach zu kostbar gewesen. Und das sollte jetzt weg sein?

»Die einzige Einzelzelle in beiden Häusern hier hat der Hausarbeiter im Freigängerhaus. Diese Stelle ist aber besetzt. Sonst gibt es nur Zweimann- und Dreimannzellen, doch sie sind ziemlich groß.«

Das war Knastrealität pur. Für alles, was du bekommst, musst du bezahlen. Man gibt dir ein bisschen äußerliche Freiheit, nimmt dir aber dafür etwas von deiner inneren. Offensichtlich begann ein neues Kapitel. Der Knast trifft dich immer da, wo es wehtut. Unvorbereitet und präzise. Meine zum Schluss mit Bildern von Klösterinnenhöfen, Brunnen und Bergen tapezierte und mit Büchern vollgestopfte, durchaus gemütliche Einzelzelle war Geschichte. Die in der Untersuchungshaft aufgebauten Freundschaften waren in alle Winde verstreut und meine heilige Meditationszeit schien mir auch genommen zu werden. Ich war in einer Gruppe mir vollkommen Unbekannter gelandet, von denen einer sich auch noch als Chef aufspielte, unter dem ich arbeiten und mit dem zusammen ich in einem Haftraum leben sollte. Ottos Bilder von der Palme und dem Wasser und die Worte meines Löwen fielen mir ein und sofort verschwand meine kurze Frustration. Warum denn nicht, sagte ich mir. Vergiss deine Egospiele und dein Sandkastenverhalten! Du willst doch keine erstarrten Situationen, keine Routine mehr. Ein neuer Abschnitte beginnt, akzeptiere ihn und lass die Vergangenheit los. Lebe im Hier und Jetzt. Sei offen für neue Erfahrungen und dankbar für alles, was dir hier widerfahren wird. Welche Arbeit dir hier auch zugewiesen wird, sie ist deine Meditation. Die Arbeit ist nicht nur Arbeit, sie ist ein »device«, ein Teil deines inneren Wachstums. Wenn du dich der Arbeit total hingeben kannst, ereignet sich inneres Wachstum in Riesenschritten. Wenn du dich der Arbeit ganz hingibst, hat dein Kopf keine Zeit mehr, in alten Mustern zu denken.

Lächelnd ergriff ich einen der Essenskübel und fragte Richard: »Und – wohin damit?«

»Geh einfach den anderen nach«, sagte er, diesmal schon deutlich freundlicher. Na also, geht doch, dachte ich und folgte den anderen Hausarbeitern, von denen jeder einen der schweren Kübel schleppte, dessen Gewicht mir dank des Trainings der letzten Monate nicht das Geringste ausmachte. Kurz darauf blickte ich in einen Essraum, der den meisten bayerischen Gasthäusern an Geschmack und Gemütlichkeit deutlich überlegen war. Ich hatte den Essenskübel in der daran angrenzenden, geräumigen, blitzblank geputzten und zum Speiseraum offenen Küche abgestellt und schaute mich erfreut um. Die Tische und Stühle waren aus hellem Kiefernholz, locker im Raum verteilt. Dazwischen standen diverse Grünpflanzen, die prachtvoll zu gedeihen schienen. Durch die großen Fenster, die eine runde Nische bildeten, fiel mein Blick in einen weiteren Park, der wohl auf der anderen Seite des Hauses lag.

»Uwe, du kannst jetzt deine Habe ausladen und dich dann ein bisschen umsehen«, unterbrach Richard die Inspektion des neuen Arbeitsplatzes, »aber sei in fünfundzwanzig Minuten wieder hier, dann ist Essensausgabe.«

Ich lief zurück zum Transporter und trug meinen Korb und meine Umzugskiste in die mir von Richard benannte Zelle Nr. 6, die sich als ein etwa fünfundzwanzig Quadratmeter großer, lichtdurchfluteter Raum mit zwei großen Fenstern ohne Gittern, zwei kompletten Möblierungen bestehend jeweils aus einem Bett, Stuhl, Schrank, Tisch und Regal, einer separaten Toilette und zwei Waschbecken entpuppte. Sogar gelbe Vorhänge und einen Holzfußboden gab es. Das ganze Zimmer wirkte gemütlich und freundlich, sodass jeder Student begeistert gewesen wäre, ein solches zu bewohnen. Allerdings war es etwas steril, weil Richard die erwartete penible Ordnung hielt, wie ich an seinem perfekt gemachten Bett und seinem militärisch ordentlich eingeräumten Regal sofort erkennen konnte. Das konnte noch lustig werden, denn ich war in puncto Ordnung eher Bohemien als Soldat. Doch in diesem Ambiente konnte ich durchaus zu zweit leben. Ich musste mich nur daran gewöhnen, abends und nachts nicht mehr allein zu sein.

Ich stellte meine Sachen auf meinem Bett ab und lief in den Park, den ich soeben durch die Fenster des Speiseraumes gesehen hatte. Es war ungewohnt, aber schon nach wenigen Minuten völlig normal, ohne einen Beamten frei im Haus herumlaufen zu können. Erstaunlich, wie schnell der Mensch Dinge akzeptiert, die ihm Wohlbehagen bereiten. Warum sollte es bei scheinbar unangenehmen nicht genauso sein? Ich trat in den Hof hinaus. Zwei der Jungs, die auf den Bänken saßen und auf die Essensausgabe warteten, fingen an zu singen.

»Willkommen in der Traumfabrik«, schmetterten sie mir fröhlich entgegen. Einer von ihnen sang schräg und falsch, was mir bekannt vorkam. Ich schaute genauer hin und erkannte, dass es mein Freund Maximilian und Ernst waren, der ebenfalls im Neubau gewesen und dessen Fall von dem berühmten bayerischen Kabarettisten Gerhard Polt zu dem Bühnenstück *Diri Dari* (mundartlich für Geld) verarbeitet und in den Münchner Kammerspielen erfolgreich aufgeführt worden war. Erfreut ging ich zu ihnen und stellte fest, dass sie im Vergleich zur Zeit in Stadelheim noch besser aussahen. Sie waren beide braun gebrannt, schlank und wirkten sehr fit. Wir umarmten uns herzlich. Begeistert erzählten sie mir, dass sie als Freigänger im Kloster Andechs arbeiteten und jedes Wochenende nach Hause durften. Wenn meine Probezeit vorbei sei, sollte ich auf jeden Fall versuchen, zu ihnen zu kommen. Es wäre mit Abstand der beste Job, den es in Rothenfeld gäbe. Sie seien den ganzen Tag im Klostergelände unterwegs und hätten täglich andere Aufgaben. Außerdem sei das Essen hervorragend. Dann klärten sie mich über die wesentlichen Modalitäten des Lebens in der JVA Rothenfeld auf. Das für mich Wichtigste war, dass jeder während der Mittagspause und nach der Arbeit in den Hofpark neben dem Haupthaus gehen oder sich frei im Haus bewegen konnte. Duschen war immer möglich und Tennisspielen auch, vorausgesetzt der Platz wäre frei. Es gäbe einmal im Jahr ein organisiertes Tennisturnier, die »Rothenfeld Open«, erzählten sie mir fröhlich. Das Essen hier sei gut, schmackhaft und reichlich. Das Haupthaus werde abends um acht Uhr zugesperrt, die Zellen um neun Uhr. Im Freigängerhaus, in das ich nach meiner kurzen Probezeit übersiedeln würde, seien die Zimmer überhaupt nicht mehr zugesperrt, sondern nur noch die Haustür. Als Freigänger wohnten sie beide dort. Ausnahmsweise seien sie schon von der Arbeit zurück und müssten heute mal wieder in Rothenfeld essen.

Das klang alles wunderbar in meinen Ohren. Ich schien mich der äußeren Freiheit mit Riesenschritten zu nähern. Gutgelaunt ging ich zur Küche zurück, wo mich Richard schon ungeduldig erwartete.

»Na, da bist du ja endlich«, fuhr er mich an, »und jetzt ziehst du dir sofort deine weiße Jacke an, setzt das Käppi auf und nimmst die mittlere Position der Essensausgabe am Küchentresen ein. Du bist zuständig für die Ausgabe vom Fleisch und vom vegetarischen Fleischersatz und der Beilage.« Ich schaute ihn verdutzt an, sagte aber nichts, sondern zog mir die für mich bereithängenden Sachen an und nahm meine Position zwischen den bereits dort stehenden zwei Kollegen ein. Richard drückte mir zwei Schöpflöffel in die Hand und entfernte die Deckel der in heißem Wasser schwimmenden Essensbehälter, aus denen ich das Fleisch oder den vegetarischen Ersatz und die Kartoffeln schöpfen und auf die Tabletts der Gefangenen portionieren sollte. Gerade noch rechtzeitig – denn schon stürmten die ersten Jungs, die im Stall der zu Rothenfeld gehörenden Stierzucht und auf den Feldern der Landwirtschaft arbeiteten, in den Speiseraum. Es bildete sich eine Schlange von etwa achtzig Männern vor unserem Küchentresen, die alle schnell ihr Essen wollten, damit sie sich anschließend im Garten in der Sonne liegend ausruhen konnten. Ich kam ganz schön ins Schwitzen, meisterte aber die Aufgabe und sah, dass Richard, der ganz rechts von mir stand und den Jungs lässig plaudernd ihren Nachtisch anreichte, zufrieden mit mir war. Auch ich war zufrieden und dachte, als wir jeden Insassen mit Essen und Nachschlag versorgt hatten, dass der Job ganz in Ordnung sei.

Ich zog meine Jacke aus, um in den Hof zu gehen.

»Halt, wo willst du hin?«, stoppte mich Richard, als ich die Küche verlassen wollte, »jetzt kommt doch erst deine wirkliche Arbeit. Du ziehst dir jetzt eine Gummischürze an, stellst dich dort an den Spülbottich und wäscht das Geschirr ab.«

Ich erstarrte. Hatte ich richtig gehört?

»Los, los, worauf wartest du, das erste Geschirr ist schon da.«

Er zeigte auf einen großen Metallbottich, aus dem Wasserdampf aufstieg.

Vom Millionär zum Tellerwäscher, dachte ich. Also gut: Surrender! Hingabe! Ich trat an den Bottich und zog mir die danebenliegende Gummischürze und Gummihandschuhe an. Von da an stand ich ungefähr eine halbe Stunde gebückt an dem Ding und wusch händisch das Besteck und die zurückgegebenen Tabletts ab, die mir ein Kollege, nachdem er die Essensreste von ihnen entfernt hatte, in den Bottich warf. Ein Hammerjob, der nicht nur wegen der gebückten Haltung ins Kreuz ging, sondern bei dem ich wegen der aufsteigenden Wasserdämpfe schwitzte wie verrückt. Wie immer im Knast gab es eine strenge Hierarchie und den Letzten bissen die Hunde. Nur mit Glück, Diplomatie und Geschick kann man die Arschkarte, die man immer als Erstes zieht, wieder loswerden.

Als wir nach zwei Stunden die Küche geputzt und aufgeräumt hatten, waren wir fix und fertig.

»Wann essen eigentlich wir Hausarbeiter?«, fragte ich Richard.

»Tja, das hast du heute wegen deines Hofspazierganges verpasst. Wir essen natürlich vor den anderen ganz gemütlich im Speisesaal. Hier, ich habe dir eine Portion aufgehoben. Pass nur auf, dass du im Speisesaal nicht wieder alles versaust.«

Als ich kurz darauf ganz allein in dem gemütlichen Speisesaal saß, in den Park hinausschaute und mein Essen genoss, fing ich an, den Schock über meinen neuen Job zu verdauen. Ein weiser Mensch ist wie eine weiße Wolke, die sich am Himmel bewegt, machte ich mir klar, nicht wissend wohin, aber voller Vertrauen. Unbesorgt, denn wohin auch immer der Wind Sie treibt, dort wird das Ziel sein. Überall ist das Ziel, du musst es nur zulassen. Jeder Augenblick ist Höhepunkt, du musst es nur zulassen. Einfach zulassen … loslassen … dich hingeben. Alles geschieht zu seiner richtigen Zeit.

Als mir diese Worte eines erleuchteten Meisters einfielen, musste ich lächeln. Also, warum denn nicht auch Spülen als Höhepunkt erleben? Ist es nicht in Wirklichkeit sogar einer, denn das hast du vorher noch nie gemacht?, sagte ich mir.

Und was dein aufgeblähtes Ego dir einflüstert, interessiert dich doch schon lange nicht mehr, oder?

Gesättigt und zufrieden betrat ich unseren Haftraum, in dem Richard am Tisch sitzend Zeitung las.

»Du hast dich gar nicht so ungeschickt angestellt, wie ich es ehrlich gesagt erwartet hatte«, brummte er ohne aufzusehen. Ich lächelte. Sein Lob freute mich.

»Und wie lange muss ich diesen Job jetzt machen?«, fragte ich ihn.

»So lange, bis ein neuer Hausarbeiter nachrückt oder du ins Freigängerhaus umziehst. Das kann ein paar Tage, aber auch ein paar Wochen dauern. Je nachdem, ob einer von den anderen Küchenhausarbeitern entlassen wird oder eine Freigängerstelle erhält.«

»Gibt es hier noch andere Freigängerstellen als die im Kloster Andechs?«

»Bevor du Freigänger werden kannst, musst du erst einmal einen Ausgang und dann einen Urlaub genehmigt bekommen haben«, erklärte er mir geduldig, »ein Ausgang dauert acht Stunden und ist generell die erste Haftlockerung, die du erhältst. Dazu brauchst du jemanden, der dich abholt und wieder herbringt. Danach musst du einen ersten Urlaub erhalten haben und wieder zurückgekommen sein. Beim ersten Mal bekommst du maximal zwei Tage genehmigt. Du musst beides beantragen, das geht nicht automatisch. Erst dann kannst du Freigänger werden und einen Freigängerjob erhalten. Vom Knast angeboten werden drei. Da gibt es eine Molkerei in Andechs, die Freigänger von hier beschäftigt. Da stehst du am Fließband und beobachtest, wie Joghurtbecher abgefüllt werden. Sehr eintöniger Job, was ich so gehört habe. Dann ist da eine Firma, die Freigänger in einer kleinen Halle hier in Rothenfeld Elektroteile zusammengebasteln lässt. Auch nicht gerade spannend. Am besten ist, du arbeitest im Kloster Andechs. Da bist du den ganzen Tag an der frischen Luft und hast jeden Tag andere Aufgaben. Die Jungs, die dort arbeiten, sind alle sehr zufrieden, auch weil sie dasselbe gute Essen bekommen wie die Mönche dort.«

»Ja, das habe ich vorhin im Hof schon erfahren. Aber was ist mit eigenen Jobs?«, fragte ich nach.

»Die werden sehr selten genehmigt und du brauchst gute Argumente. Ist nicht ganz einfach«, wiegelte Richard ab.

»Aber möglich?«, ließ ich nicht locker.

»Theoretisch schon, aber es ist wirklich schwierig. Du musst dich auf jeden Fall einige Zeit in einem der von der Anstalt angebotenen Jobs bewährt haben, bevor sie dir einen eigenen genehmigen.«

»Nun, wir werden sehen«, erwiderte ich, setzte mich an den Tisch und schrieb einen der im Knast für alle Anliegen zu benutzenden Antragszettel.

»Was bist du denn für 'ne Type?«, fragte Richard mich erstaunt, »da biste gerade mal drei Stunden hier und schon schreibste einen Antrag wegen eines eigenen Jobs?«

Ich lachte.

»Nicht ganz, ich versuche erst mal, meinen ersten Ausgang zu erhalten.«

»Eins muss ich dir lassen, du lernst verdammt schnell und setzt es auch noch sofort um.«

Er schaute mich wohlwollend an. Ich grinste ihn an und wusste, dass wir uns gut verstehen würden. Dann verließ ich die Zelle, warf den Antragszettel in den dafür vorgesehenen Briefkasten und verbrachte den ganzen Nachmittag im Hof in der Sonne liegend. Wir hatten den Rest des Tages nämlich nichts mehr zu tun, denn unsere Hauptaufgabe war die Essensausgabe und das Kücheputzen.

Zum Abendbrot ging Richard, der einen eigenen Schlüssel hatte, mit mir in die Küche. Wir kochten uns aus den vorhandenen Zutaten Spaghetti mit Tomatensauce, setzten uns in den Speisesaal und plauderten beim Essen entspannt über unser Leben. Richard erzählte mir, dass er Oberst bei der Bundeswehr gewesen war und zuletzt Industrieanlagen in aller Welt gebaut und verkauft hatte. Über seinen Fall wollte er nicht sprechen. Ihm ging es wie mir. Dieser Lebensabschnitt war beendet. Er hatte kurz vor seiner Verhaftung noch einmal geheiratet.

Seine Frau war sechsunddreißig Jahre jünger als er. Richard war zweiundsiebzig und vor einem halben Jahr im Knast Vater geworden. Er lebte trotzdem sehr glücklich mit seiner Frau und seinem kleinen Söhnchen, weil er sich als Küchenchef einen Freigängerstatus erkämpft hatte und jedes Wochenende nach Hause durfte. Ich horchte auf. Man konnte in Rothenfeld arbeiten und Freigänger werden? Das wäre ja ideal. Küchenchef zu werden war allerdings nicht mein Ding. Da hatte ich eine Idee.

»Meinst du, es ist möglich, als Hausarbeiter im Freigängerhaus einen Freigängerstatus zu erhalten?«, fragte ich ihn. Er sah mich ungläubig an.

»Du bist einmalig. Du willst die einzige Einzelzelle, die es hier gibt, mit einem Freigängerstatus versehen. Das wäre eine eins mit Sternchen, wenn du das hinbekommst.«

Ich lächelte. Jetzt wusste ich, woran ich arbeiten würde. Ich hatte ein ganz konkretes Ziel und bisher hatte ich in meinem Leben noch jedes konkrete Ziel erreicht.

»Wie lange ist der jetzige Freigänger-Hausarbeiter noch hier?«

Richard überlegte kurz.

»Wenn es wahr ist, was er erzählt, wird er in Kürze Freigänger in dieser Molkerei in Andechs. Dann könntest du seine Hausarbeiterstelle übernehmen und dein Plan könnte gelingen. Sprich gleich morgen mit dem für uns Hausarbeiter zuständigen Beamten, ob er dich als Nachfolger des Freigänger-Hausarbeiters vormerken kann. Mit dem wirst du gut klarkommen, der kommt auch aus dem Ruhrgebiet.«

Wir säuberten die Küche und gingen in unseren Haftraum zurück. Ich schrieb noch ein paar Briefe, die hier nicht mehr kontrolliert und ganz normal befördert wurden, und warf sie in den hauseigenen Briefkasten. Kurz nachdem unsere Zelle versperrt worden war, legte ich mich ins Bett und schlief mit dieser guten Perspektive im Hinterkopf zufrieden ein.

Am nächsten Morgen sprach ich tatsächlich mit dem zuständigen Beamten, einem gemütlichen Dicken aus Wuppertal, der mit einer Ente zum Dienst kam, darüber, dass ich gern Hausarbeiter im Freigängerhaus werden würde.

»Ich habe nichts dagegen und werde Sie vormerken«, erwiderte er sofort, »aber erst muss die Stelle frei werden. So lange müssen Sie noch warten.«

Es sollte noch einige Zeit dauern, bis es soweit war. Erst nach zwei Monaten erhielt ich meinen ersten Ausgang genehmigt. Ich durfte telefonisch meine Frau verständigen und sie war einverstanden, mich abzuholen und mich nach acht Stunden wieder zurückzubringen.

Als ich mich an einem warmen Sonnentag morgens um halb zehn zur Kammer begab, war ich verdammt aufgeregt. Ein grüner Kleidersack mit meinen Privatklamotten wurde geöffnet und ich durfte mich umziehen. Dann bekam ich einen Ausgangsschein, damit ich bei einer eventuellen Polizeikontrolle beweisen konnte, dass ich nicht geflohen war.

Als ich auf die Ankunft meiner Frau warten wollte, sagte der mich abfertigende Beamte, das wäre nicht nötig. Ich könnte ihr entgegengehen. Die Tür öffnete sich und ich war das erste Mal seit sechzehn Monaten wieder unter freiem Himmel. Wie gewaltig sich meine Ansichten und Erkenntnisse über das Leben verändert hatten. Oder doch nicht? Waren vielleicht nur die immer schon in mir schlummernden Wahrheiten an die Oberfläche geholt worden? Tief in Gedanken versunken marschierte ich in Richtung der Bundesstraße, die Andechs mit Starnberg verbindet, als plötzlich ein kleiner Peugeot auf mich zufuhr und neben mir hielt. Viktoria war gekommen, aber sie war nicht allein. Sie hatte ihre Freundin Melanie mitgebracht. Als ich ihre »Anstandsdame« und das Understatement-Auto erblickte, das der Philosophie ihrer Familie, niemals etwas von ihrem immensen Reichtum nach außen zu zeigen, entsprach, war mir blitzartig klar, dass sie sich für ihre Familie entschieden hatte und unsere Ehe vorbei war.

Wir begrüßten uns steif.

»Wo möchtest du hin«, fragte Viktoria förmlich.

Ich hatte keine Lust, ihr etwas vorzuspielen.

»Ehrlich gesagt, am liebsten sofort wieder zurück. Aber ich brauche diesen Ausgang aus formellen Gründen. Deshalb schlage ich vor, ihr fahrt mich an den Ammersee und wir treffen uns in sieben Stunden wieder, damit du mich pünktlich abliefern kannst. Sollte ich zu spät kommen, hätte das verheerende Konsequenzen. Also bitte ich dich, pünktlich zu sein. Das ist übrigens das Einzige, worum ich dich noch bitten werde.«

Die beiden Frauen schauten mich verdutzt an. Diesen Ton hatten sie nicht erwartet. Aber sie sagten nichts, sondern blickten sich nur kurz erleichtert an. Irgendwie waren sie froh, dass ich das gesagt hatte. Anscheinend scheuten sie sich, sich mit mir in der Öffentlichkeit zu zeigen.

»Wie du meinst«, sagte meine Frau, nachdem ich eingestiegen war. Von da an herrschte eisiges Schweigen, was mir nur recht war. Ich ließ mich vor einem Café absetzen und schärfte ihnen noch einmal ein, pünktlich um siebzehn Uhr an genau dieser Stelle zu erscheinen. Dann ging ich in das Café direkt am Seeufer und bestellte mir einen Eiskaffee und ein Glas Weißwein. Alkoholgenuss war mir zwar streng verboten worden, doch der Weinalkohol würde in acht Stunden längst abgebaut sein. Zufrieden saß ich in der Sonne und arbeitete in Gedanken meine Ehe auf. Es schmerzte viel weniger, als ich gedacht hatte, weil ich es sowieso schon lange gewusst hatte. Heute war nur die Bestätigung erfolgt. Dennoch dachte ich wehmütig an all die außergewöhnlichen Reisen in alle Teile dieser Erde, die ich mit Viktoria unternommen hatte, und die zahlreichen fröhlichen Feste und gelungenen Einladungen, die wir veranstaltet oder besucht hatten. Unsere jährlichen Besuche des Opernballs in Wien fielen mir ein.

Die Sommernächte, die wir unter dem Sternenhimmel im Jimmi'z, nach dem Rotkreuzball und dem Ball de la Rose, in Monte Carlo durchtanzt hatten, zogen noch einmal an meinem geistigen Auge vorüber. Unsere Flüge zum Karneval in Venedig mit dem Maskenball am Faschingsdienstag auf dem Markusplatz, der an diesem Abend zum schönsten Ballsaal der Welt wurde. Unser kulturelles Leben mit den vielen Musicals in London und in New York, Open-Air-Konzerten in aller Welt, Theaterabenden in Berlin und Opernbesuchen in Salzburg.

Ich dachte auch an unser Hollywoodhaus mit seinem ungeheuren Luxus, das wir in Grünwald bei München bewohnt hatten und zu dem ein Schweizer Geschäftsfreund mal gesagt hatte: »Besser neureich als nie reich.«

Ich wurde ein wenig melancholisch. Doch dann fragte ich mich, was meine Frau eigentlich zum Gelingen unserer Ehe beigetragen hatte.

Nun ja, sie war eine gute Gefährtin gewesen und hatte alles mitgemacht, das stand fest. Sie war von allen meinen Geschäftspartnern und Freunden respektiert und akzeptiert worden. Aber wann hatte ich von ihr jemals einen Satz gehört, über den ich hätte nachdenken müssen? Der mich aufgerüttelt hätte? Oder erheitert? Wann hatte sie mich zum Lachen gebracht? Ich gestand mir selbst, dass ich das auch gar nicht erwartet hatte.

Mein damals auf absolute Höchstleistung getrimmter und dauernd bis an die Grenzen seiner Leistungsfähigkeit arbeitender Verstand, der immerhin drei Firmen gleichzeitig führen musste, von denen jede ein Kriegsschauplatz war, wollte Zuhause nicht auch noch eine messerscharfe Intellektuelle antreffen, die ihn mit bohrenden Fragen nach dem Sinn seiner Existenz malträtierte, wenn er sich einfach nur ausruhen wollte. Oder abends dauernd mit lustigen Sprüchen bombardierte, während er tagsüber krampfhaft versuchte, seine Firmen zu retten und er kaum noch Luft zum Atmen bekam. Diese stressige Zeit war aber endgültig vorbei. Ich wusste, dass ich mich mit meiner Frau unter den neuen Gegebenheiten sehr langweilen würde.

»Der Knast wirkt wie Scheidewasser«, hatte Öppes mal gesagt, »er trennt die unedlen von den edlen Beziehungen. Nur die letzteren bleiben dir erhalten.«

Also ist unsere Ehe der ersteren Kategorie zuzurechnen, dachte ich und betrachtete versonnen die bunten Segel der Boote, die auf der spiegelglatten Wasserfläche des Ammersees dahindümpelten.

Eine hübsche Bedienung stellte den Eiskaffee und den Weißwein vor mir ab und sah mich mit ihren blauen Augen strahlend an.

»Haben Sie noch einen Wunsch?«, fragte sie mich lächelnd.

Ich bemerkte plötzlich dieses leichte Funkeln in ihrer Iris, das mir schon immer das Interesse einer Frau signalisiert hatte, und schaute sie mir genauer an. Sie gefiel mir. Lange schwarze Haare, kleine feste Brüste, schlanke Beine. Und ein knackiger Po.

Mein persönlicher Rekord zwischen Auf-der-Straße-Ansprechen und Im-Bett-Landen lag bei knapp fünf Minuten. Heute hatte ich noch sieben Stunden Zeit.

Sollte ich es riskieren? Aber klar. Warum denn nicht!

Ich lächelte zurück.

»Ja, habe ich. Aber das geht nicht hier. Wann haben Sie Feierabend?«

Sie sah mich prüfend an. Dann lächelte sie wieder und zeigte mir ihre strahlend weißen Zähne.

»In einer halben Stunde habe ich Mittagspause. Können Sie so lange warten?«

»Auf dich habe ich genau dreizehn Monate gewartet, da macht diese halbe Stunde auch nichts mehr aus«, gab ich dreist zurück.

»Na dann, bis gleich.«

Tatsächlich saß ich wenig später in ihrem BMW-Cabrio und

sie fuhr mit mir zu ihrer Wohnung. Ich hatte meine Hand auf ihren Oberschenkel gelegt.

Es bedurfte keiner Worte mehr. Wir wollten es beide.

Ich war ein wenig aufgeregt, wie es werden würde. Ein bisschen wie bei meiner Entjungferung, vermutete ich. Sie parkte vor einem Mehrfamilienhaus am Seeufer und wir stiegen aus. Sie nahm meine Hand und führte mich zu einem Lift. Im Aufzug küssten wir uns und ich bekam einen Ständer. Ich war beruhigt. Es funktionierte noch.

Wir betraten engumschlungen ihre gemütlich eingerichtete Dachgeschosswohnung. Während wir uns immer leidenschaftlicher küssten, zogen wir uns aus und sie dirigierte mich mit sanftem Druck ihres an mich geschmiegten Beckens in Richtung des Schlafzimmers. Wir ließen uns auf ihr schwarzrot bezogenes Doppelbett fallen und hatten Sex in allen erdenklichen Variationen. Immer wieder, immer intensiver. Ich wurde zum Tier und genoss jede Sekunde. Die Stunden verflogen.

Irgendwann wurde ich unruhig und sah verstohlen auf meine Uhr. Sie merkte es. »Hast keine Lust mehr?«, fragte sie frech.

»Lust schon, aber keine Zeit mehr. Ich muss zurück.«

Sie sah mich verwundert an.

»Zurück? Wohin zurück? Wo kommst du her?«

»Aus Rothenfeld«, erwiderte ich wahrheitsgemäß. Sie wusste sofort Bescheid und lachte.

»Also so was. Wie ein Knacki siehst du wirklich nicht aus. Wann musst du denn dort sein?«

Ich sah auf die Uhr. Es war kurz vor fünf Uhr. »Um sechs.«

»Da haben wir doch noch viel Zeit, wir sind in zehn Minuten dort. Oder soll ich dich nicht hinfahren?«

»Nichts lieber als das, doch dummerweise unterliege ich Zwängen. Die Person, die mich abgeholt hat, muss mich auch wieder abliefern.«

»Ach, und wer hat dich abgeholt? Deine Frau etwa?«

Sie richtete sich auf und sah mich kühl an. Ich kannte diesen Blick. Ärger lag in der Luft.

»Schon, aber wir leben quasi in Scheidung. Deshalb hat sie mich bei eurem Café abgesetzt und sich gleich verdünnisiert. Ich habe ihr gesagt, dass sie mich um fünf wieder abholen und zurückfahren soll. Ich hatte ja keine Ahnung, dass wir uns begegnen würden.«

»Unverhofft kommt oft«, meinte sie spöttisch, aber sie sah beruhigt aus.

»Na gut, dann wollen wir mal los.«

Schnell zogen wir uns an und brausten zum Café zurück. Unterwegs notierte ich mir ihre Adresse und Telefonnummer. Sie hieß Karin und wollte mich unbedingt wiedersehen. Ich war mir da nicht so sicher. Erfahrungsgemäß ist die Wiederholung einer solchen Nummer eher fad, weil sie ohne Emotionen zu einer gymnastischen Übung wird. Als wir an dem Café ankamen, warteten meine Frau und ihre Freundin schon. Wir hielten direkt neben ihnen. Karin küsste mich zärtlich zum Abschied. Es war mir völlig egal, ob die beiden es mitbekamen oder nicht. Sie hatten es mitbekommen. Als ich bei ihnen einstieg, sah mich Melanie kalt an und Viktoria fragte spitz: »Wer war das denn?«

»Keine Ahnung«, log ich, weil ich keine Lust auf irgendeine Konfrontation hatte, »ich bin ein bisschen spazieren gewesen und dann bin ich hierher zurückgetrampt. Sie hat mich mitgenommen.«

Meine Frau sah mich zweifelnd an, sagte aber nichts. Auch ich schwieg den Rest der Fahrt. Wir waren alle froh, als wir endlich in Rothenfeld ankamen und vor dem Hauptgebäude parkten.

»Muss ich noch mit reinkommen und dich abgeben?«, fragte Viktoria. Ich fühlte, wie unangenehm ihr die Situation war.

»Ich weiß es nicht«, antwortete ich wahrheitsgemäß, »warte mal, ich geh fragen.«

Ich lief ins Haus und fragte an der Torwache nach. Als der diensthabende Beamte verneinte, ging ich noch mal zu ihrem Auto und verabschiedete mich von ihr.

»Danke, dass du mir heute geholfen hast. Ich glaube, das war's dann, oder? Wenn du willst, kannst du die Scheidung einreichen. Ich bin einverstanden.«

Melanie grinste triumphierend, doch Viktoria schaute mich erstaunt an. Ich bildete mir ein, dass ihre Augen feucht wurden, aber ich konnte mich täuschen.

»Wenn du es auch willst, werde ich es machen. Pass auf dich auf und alles Gute«, sagte sie mit belegter Stimme. Sie wollte noch etwas hinzufügen, doch dann überlegte sie es sich, gab Gas und fuhr los. Unsere mit einer feierlichen Trauung auf dem Standesamt von Venedig begonnene Ehe war soeben auf dem Parkplatz der JVA Rothenfeld beendet worden.

Ich drehte mich um und ging zur Torwache. In der Kleiderkammer zog ich wieder meine Anstaltskleidung an und sah zu, wie meine Privatsachen in dem grünen Kleidersack verschwanden, der verplombt wurde. Ich unterschrieb auf einer dazugehörigen Karteikarte. Damit war die erste Zeile ihrer ersten Seite ausgefüllt. Bei meiner Entlassung waren beide Seiten von insgesamt drei Karteikarten voll mit meinen Unterschriften. Sie signalisierten, wie oft ich außerhalb des Knastes gewesen war.

Richard saß wie üblich lesend am Tisch, als ich unsere Zelle betrat.

»Na, wie war's?«, fragte er.

»Erzähl ich dir später. Jetzt leg ich mich in den Hof, ich muss das alles verdauen.«

Richard sah mich aufmerksam an, sagte aber nichts. Ich nahm mir ein Buch aus meinem Regal und ging in den Hof, um zu lesen und mich abzulenken. Doch dort kam Michi, ein ehemaliger Bauunternehmer, der wegen Steuerhinterziehung hier war, auf mich zu und zeigte mir einen Schlüssel.

»Schau mal, ich habe den Kirchenschlüssel. Ich gehe Orgel-spielen, willst du mitkommen?«

Das Angebot kam mir gerade recht.

»Sehr gern«, erwiderte ich.

Wenig später lauschte ich am Abend dieses denkwürdigen Ta-ges auf der Empore der kleinen Kirche der JVA Rothenfeld dem Orgelspiel von Michi und schaute mir zu einem mit Inbrunst ge-spielten Oratorium von Bach den farbenprächtigen Sonnenun-tergang über dem Ammersee an.

Eine Szene aus dem großartigen Film *Spiel mir das Lied vom Tod* fiel mir ein. Charles Bronson packt nach dem Duell mit Henry Fonda seine wenigen Sachen und will das Haus verlassen. Als er an Claudia Cardinale vorbeigeht, sagt sie leise: »Clearwater wartet auf dich.« Ohne in seinem Gang innezuhalten und sie anzusehen erwidert er: »Irgendjemand wartet immer«, und verlässt das Haus.

Wenn du deine Mission erfüllt hast, musst du weiterziehen. Jedes Festhalten an alten Beziehungen und Gewohnheiten bedeutet, einen Kompromiss zu machen, der dich wieder mit deiner Ver-gangenheit verbindet und deine Fließgeschwindigkeit behindert. Ein wirklich Suchender ist immer allein unterwegs, weil er jeder-zeit bereit sein muss, alles aufzugeben und alles loszulassen. Selbst sein Leben.

Als Musashi, der unbesiegbare Samurai und Zen-Meister, ein-mal vom chinesischen Kaiser gefragt wurde, was das Geheimnis seiner Schwertkunst und seiner Lehre sei, antwortete er:

»Weil wir alle aus Stein sind.« Der Kaiser sah ihn fragend an. Musashi lächelte und rief einen seinen Schüler zu sich. »Begehe sofort Seppuku!«, befahl er ihm.

Ohne zu zögern zog der sein Schwert aus der Scheide und wollte es sich in sein Sonnengeflecht rammen. Im letzten Mo-ment hielt Musashi seine Klinge zwischen die Schwertspitze und den Körper des Schülers.

Musashi wandte sich dem Kaiser zu, der die Szene fassungslos beobachtet hatte. »Wir haben keine Angst vor dem Tod. Das ist das Geheimnis.«

Jeder Abschied ist ein kleiner Tod. Auf der Empore der kleinen Kirche von Rothenfeld nahm ich an diesem Abend endgültig Abschied von meiner Frau.

Später am Abend lagen Richard und ich auf unseren Betten und besprachen meinen Ausgang.

»Deine Erlebnisse heute klingen auf den ersten Blick aufregend und beeindruckend. Du erinnerst mich an Simplizius Simplizissimus, der unbedarft und rein in diese Welt der Täuschung, der Arglist und des permanenten Krieges hineintapert. Dein Enthusiasmus über die Gesetze der hermetischen Philosophie und den ›lectures‹ von Osho in allen Ehren. Aber ich habe meine Zweifel, ob du damit auf den Marktplätzen dieser Welt zurechtkommen wirst. Dort musst du dich gegen allerlei Ungeziefer behaupten, und das alte Jesus-Wort, auch die linke Wange hinzuhalten oder wie Buddha noch einmal darum zu bitten, angespuckt zu werden, weil er dadurch seine Egolosigkeit überprüfen konnte, könnte zu erheblichen Problemen führen.

Hüte dich vor deinen emotionalen Achterbahnfahrten. Du bist gefühlsmäßig wieder zu einem kleinen Kind geworden, das in jeder Begegnung etwas Neues und Aufregendes sieht.

Pass gut auf dich auf und werde – wie du immer so schön sagst – zum bewussten Beobachter, ganz speziell wenn du Frauen begegnest. Denn sie sind nicht alle von der Hamburg-Mannheimer. Das heißt, sie führen nichts Gutes im Schilde. Einige sind vermutlich nur hinter deiner Kohle her, die du ja irgendwo noch gebunkert hast. Das wollte ich dir nur als Rat geben. Aber wer bin ich, dass ich dir raten könnte?«

LOCKERUNGEN

Wie man seine wiedergefundene Freiheit erlebt

Der Körper ist nur ein Mantel, der die unsichtbare Essenz, unsere wahre Identität, repräsentiert. Sie ist die Ansammlung von Gefühlseinstellungen, unser wahres Selbst, das im Innern unserer Verkörperung wohnt.

Was lieben wir an einer anderen Wesenheit? Ist es der Körper? Nein, es ist die Essenz des anderen, die wir lieben, das wahre Selbst, das hinter den Augen wohnt. Wir lieben in einem anderen diese unsichtbare Essenz, die den Körper funktionieren lässt. Sie ist es, die die Augen zum Leuchten bringt und die Stimme melodisch klingen lässt. Sie gibt dem Haar seinen Glanz und den Händen die Fähigkeit, zärtlich zu berühren. Ohne die Masken, die wir tragen, ohne den Panzer der Hartherzigkeit sind wir alle im Innersten unseres Wesens Gott, der niemals außerhalb von uns gewesen ist. Denn was hinter unseren Augen wohnt, unter unseren feinen Strukturen, jenseits der Illusion unseres Gesichts ist die unsichtbare Wirkungskraft des Gedankens, das wahre Selbst genannt, das uns zu dem macht, was wir sind. Das ist die ungeheure Macht in uns, die uns Glaubwürdigkeit und die ungeheure Macht des Schöpfertums verleiht. Liebe ist die wundervolle Lebenskraft, die unser Leben für immer und immer erhält.

Zwei Wochen später erhielt ich meinen ersten eintägigen Urlaub genehmigt. Diesmal musste mich niemand abholen. Ich musste lediglich eine Wohnadresse angeben, an der ich mich aufhalten würde, was gar nicht so einfach war. Denn mein Haus in Grünwald war inzwischen verkauft worden und die Adresse meiner Frau wollte ich nicht angeben. Was, wenn dort von der Polizei nachgeprüft würde, ob ich tatsächlich dort wäre? Farid fiel mir ein, jener persische Steuerhinterzieher, der inzwischen gegen Zahlung seiner Steuerschulden entlassen worden war. Ich schrieb ihn an. Er schrieb sofort zurück und erklärte sich nicht nur bereit, mir seine Adresse als Urlaubsort zur Verfügung zu stellen, sondern wollte mich sogar in Rothenfeld abholen.

Die regulären Urlaube begannen dort immer um achtzehn Uhr. Wieder zog ich mich auf der Kammer um, erhielt meinen Urlaubsschein und verließ das Haupthaus. Farid erwartete mich mit seinem schweren Mercedes auf dem Parkplatz.

»Willkommen in der sogenannten Freiheit«, begrüßte er mich. Als wir kurz darauf durch Starnberg in Richtung München fuhren, hatte ich ein mulmiges Gefühl im Bauch. Was würde mich dort erwarten? Sicher nichts Gutes.

Am besten, du gehst in ein Hotel und verlässt bis morgen Abend dein Zimmer nicht mehr, dachte ich bei mir. Doch Farid hatte andere Pläne.

»Ich schlage vor, wir gehen zum Käfer und genehmigen uns einen Willkommensdrink. Einverstanden?«

Mir wurde fast übel.

»Das ist keine gute Idee. Was ist, wenn mich jemand dort sieht und die Anstalt informiert?«

»Junge, du hast Urlaub, das heißt, du bist kein Gefangener mehr. Bis auf Straftaten kannst du tun und lassen, was du willst.«

Ich überlegte kurz und dachte an das Stichwort: sich wie Wasser an jede Situation anpassen.

»Käfer, warum nicht«, sagte ich forsch. In Wirklichkeit hatte ich ein sehr flaues Gefühl, als wir die mit dickem Teppich belegten Stufen der Treppe zum Restaurant hinaufstiegen. Ich dachte daran, mit wem ich hier schon alles gewesen war und wem ich hier wohl begegnen würde. Denn schließlich war Käfer eines der Stammlokale von fast allen meinen Münchner Geschäftspartnern. Farid dachte anscheinend keine Sekunde darüber nach, sondern steuerte zielstrebig die kleine Bar des Restaurants an, an der ich so oft die Souveränität der wunderschönen Maria bewundert hatte, die die Chefin dieser Bar war und selbst im größten Trubel ruhig und gelassen blieb und lächelnd alle Bestellungen erledigte. In ruhigen Momenten hatten wir oberflächliche, kurze Gespräche geführt und ich war ein bisschen in sie verliebt gewesen.

Als wir die kleine, aber feine Bar mit dem schwarzen Bechstein-Flügel betraten, war niemand dort. Enttäuscht, doch auch erleichtert sah ich Farid an.

»Komm, lass uns wieder gehen. Ich kenne da ein nettes Lokal in Grünwald.«

In diesem Augenblick kam Maria mit einem Kübel voll Eis um die Ecke gewirbelt.

»Farid«, begrüßte sie meinen Freund freundlich. Dann erkannte sie mich und erstarrte für den Bruchteil einer Sekunde. »Na, Sie sehen aber ziemlich angegriffen aus. Waren Sie im Krankenhaus?«

Beides war ziemlich dreist. Zum einen sah ich dank des mönchischen Knastlebens ohne Sex und Alkohol, des täglichen Trainings und meiner Meditationen wirklich blendend aus, und zum anderen wusste sie natürlich, wo ich war. »Angegriffen schon, jedoch nicht besiegt«, gab ich zurück, »und Sie wissen doch ganz genau, wo ich gerade bin.«

Sie lachte. »Schon, doch ich bin ein feinfühliger und diskreter Mensch.«

Ihr Lachen bezauberte mich sofort. Mich ritt der Teufel. Warum denn nicht?

»Sagen Sie, was machen Sie am Samstag? Da habe ich nämlich wieder Urlaub. Haben Sie Lust mit mir zu Mittag zu essen? Zum Beispiel im Boettners, meinem Lieblingslokal in der Innenstadt?«

»Samstag habe ich frei. Ja, sehr gern. Wann?«

Ich schlug mit klopfendem Herzen ein Uhr vor.

»Das passt mir gut. Ich freue mich«, antwortete sie und strahlte mich an. Bevor ich etwas erwidern konnte, erschien eine Gruppe neuer Gäste und sie wandte sich ihnen zu.

Farid sah mich schräg von der Seite an.

»Du vergeudest keine Zeit, wie?«

»Stimmt, ich lebe im Hier und Jetzt. War anscheinend doch eine gute Idee, hierherzukommen.«

Nachdenklich nippte ich an dem Glas Champagner, das Maria mir hingestellt hatte. Was war denn das jetzt für ein Einfall des Schicksals, mir ein Rendezvous mit einer von mir seit Langem begehrten Frau zu schenken, die zu den schönsten der Stadt gehörte? Doch wie heißt es? Das Leben wird vorwärts gelebt und rückwärts verstanden.

Langsam füllte sich die Bar und Maria bekam zu tun, sodass sie keine Zeit mehr für uns hatte. Farid und ich plauderten gutgelaunt vor uns hin. Ich erwartete zwar bei jedem neuen Gast, einen ehemaligen Geschäftspartner zu erkennen, der wütend auf mich losgehen würde, doch irgendwie erhöhte diese innere Anspannung die Intensität des Augenblicks. Der Abend schritt fort, aber nichts dergleichen geschah. Ich erzählte Farid die Verhaftungsgeschichte von Sahim, einem türkischen Journalisten, der wegen Drogenhandels festgenommen wurde, als er seine Geliebte besuchte.

»Sahim ist ein rundlicher, sehr gemütlich aussehender Journalist, der allerdings ziemlich Feuer in den Lenden hatte«, erklärte ich Farid. »Er war verheiratet, hatte aber mehrere Frauen, die er der Reihe nach wöchentlich besuchte. Eine der Ladys wollte immer ein bisschen Koks haben, bevor sie mit ihm ins Bett ging, was er ihr auch brav jedes Mal mitbrachte. Was er allerdings nicht wusste, war, dass sie für die Münchner Drogenpolizei arbeitete. Eines Tages war es wieder soweit. Sahim spitz wie Nachbars Lumpi läutete bei ihr Sturm und wurde per Summer eingelassen. Er hörte Geräusche aus dem Bad und ihre Stimme rief: ›Moment, ich komme gleich, Liebling. Mach's dir schon mal bequem.‹ Fröhlich nahm Sahim den mitgebrachten Koksbeutel aus seiner Hosentasche, ließ die Hose runter und zog sich splitternackt aus. Als er sich an seinem mächtigen Ständer ergötzte, stürzte sich plötzlich aus allen Ecken der Wohnung ein SEK-Kommando auf ihn. Ehe er sich versah, lag er mit Handschellen gefesselt am Boden. Als er mir das erzählte, meinte er, er müsse wohl das dümmste Gesicht der Welt gemacht haben, denn die Beamten des SEK-Kommandos brüllten vor Lachen und gaben sich immer wieder gegenseitig die ›five‹, weil sie das für die komischste Festnahme des Jahres hielten.«

Farid und ich lachten ebenfalls, als plötzlich Viktoria in Begleitung eines gut aussehenden Jünglings die Bar betrat.

Sie war strahlend schön, trug ein dunkelblaues Paillettenkleid und dazu den sündteuren Schmuck, den ich ihr damals in Athen geschenkt hatte.

Mir verging das Lachen und ich fühlte Wut in mir aufsteigen. Ich habe kein Dach über dem Kopf, muss mir ein Hotelzimmer nehmen und mir Geld von einem Freund leihen, während sie mit irgendeinem Typen in von mir gekauften Klamotten und Pretiosen herumläuft, dachte ich. Doch ich entgegnete mir selbst: Egon – so pflege ich bei meinen Selbstgesprächen mein Ego anzusprechen – regt sich auf, nicht du!, antwortete ich mir selbst und wurde sofort wieder zum Beobachter der Szene, die ich plötzlich als sehr komisch empfand. Ich lächelte Viktoria freundlich an, die mich wie ein Gespenst völlig verwirrt anschaute und leicht errötete. Sie zögerte einen Moment. Doch dann kam sie auf mich zu und gab mir scheu die Hand.

»Was machst du denn hier?«

Sie konnte es anscheinend nicht begreifen, dass ich statt bei Wasser und Brot leidend hinter Gittern zu sitzen an der Käfer-Bar Champagner trank.

»Ich habe Urlaub und genieße den Abend mit meinem Freund. Das ist übrigens Farid, Farid das ist Viktoria, meine Frau«, stellte ich sie einander vor. Farid sah mich mit einem unergründlichen Blick an und begrüßte meine Frau routiniert herzlich. Das verwirrte Viktoria noch mehr. Natürlich konnte sie sich denken, dass der äußerst gepflegt und gut situiert aussehende Farid eine Knastbekanntschaft war. Ihr Weltbild geriet ins Schwanken.

»Und was machst du hier? Und wer ist der Knabe?«, fragte ich und überging ihre offensichtliche Verwirrung.

»Wir waren im Prinzregententheater. Das ist Franz, der Freund von Melanie.«

»Hallo Franz«, begrüßte ich den Burschen, der mich misstrauisch ansah. Ich glaubte ihr kein Wort. Aus den Augenwinkeln registrierte ich, dass Maria, die meine Frau sehr gut kannte, hinter ihrer Bar etwas zu sorgfältig Gläser spülte, um die Szene beobachten und belauschen zu können.

»Franz hat gerade Abitur gemacht und da wollten wir zwei ein bisschen feiern, weil Melanie heute keine Zeit hat«, erklärte Viktoria. Sie goss damit Öl in mein gerade verglimmendes Feuer. Ich wurde wieder sauer, sah mir den Knaben genauer an und schätzte ihn auf Anfang zwanzig.

»Ganz schon lange gebraucht fürs Abi. Anscheinend nicht der Hellste, dein Franz. Aber besser spät als nie, oder?«

Viktoria sah mich wütend an.

»Er ist nicht *mein* Franz. Und jedenfalls ist er nicht so dumm, um im Knast zu landen!«, fauchte sie zurück.

Ich lachte herzhaft.

»Das, meine Liebe, hat nicht das Geringste mit Dummheit zu tun, sondern ist in Wirklichkeit eine wundervolle Fügung des Schicksals. Doch das wirst du niemals begreifen. Und jetzt genieße den Rest des Abends. Da ich zuerst hier war, schlage ich vor, dass du mit deinem Abiturienten woanders hingehst und ihr dort weiterfeiert, einverstanden?«

Sie sah mich betroffen an. Wie schon auf dem Parkplatz in Rothenfeld meinte ich zu bemerken, wie ihre Augen leicht feucht wurden. Mich überkam ein Impuls, sie in den Arm zu nehmen. Doch dann dachte ich an ihr Verhalten während meines Ausgangs und vor allem an die uns immer noch beobachtende Maria und unterdrückte ihn.

»Ich glaube, wir gehen besser«, sagte sie plötzlich entschlossen zu ihrem Begleiter, und die beiden verließen die Bar.

»Geben Sie mir bitte einen Whisky«, bat ich Maria, »das muss ich verdauen.«

Tatsächlich hatte ich ein flaues Gefühl im Magen und mein Herz raste. Zwar hatte ich mit meiner schnippischen Antwort im tantrischen Sinne nur meine authentische Wut zugelassen, aber hatte Viktoria mein Verhalten wirklich verdient? Immerhin war sie während meiner U-Haft nicht nur alle vierzehn Tage, sondern auch bei zahlreichen Sonderbesuchen zu mir in den Knast gekommen, hatte jedes Mal die unsägliche Warteprozedur auf sich genommen, mir meine Wäsche gewaschen und frisch mitgebracht, mir Pakete mit Nahrungsmitteln gesandt und auch sonst alles für mich getan, was sie in dieser Situation für mich tun konnte. Vielleicht hatte ich das alles und noch viel mehr verdrängt, weil ich nicht daran erinnert werden wollte, was sie für ein wertvoller und wundervoller Mensch war, um den Schmerz über die anstehende Scheidung und endgültige Trennung von ihr zu betäuben. Andererseits fragte ich mich, ob mein authentisches Verhalten an der Nasenspitze des Gegenübers enden sollte.

Lieber einen faulen Kompromiss machen als eine Verletzung des anderen und eine negative Reaktion zu riskieren? Nein, diese Zeiten sind endgültig vorbei, sagte ich mir und dachte an das Verhalten des Schülers Musashis.

»Ganz schön turbulent Ihr Leben, wie?«, riss Marias Stimme mich aus meinen Gedanken, »gibt es da immer solche Überraschungen?«

»Ich hoffe, dass es sich bald beruhigt«, seufzte ich und hatte keine Ahnung, wie sehr ich mich irrte.

Sie stellte mir ein Glas Scotch hin, das ich auf ex leerte.

Nachdem Farid gezahlt hatte, flüsterte ich der uns verabschiedenden Maria ins Ohr: »Bis Samstag ein Uhr. Ich freue mich sehr.«

Sie nickte zustimmend, und wir verließen die Bar.

Farid brachte mich zum Hilton, lieh mir ein bisschen Geld und versprach, mich am nächsten Tag pünktlich nach Rothenfeld zurückzubringen.

Ich bedankte mich herzlich bei ihm, stieg aus und checkte ein.

Kurz darauf saß ich allein an der Theke der Bar auf dem Dach des Hotels und ließ meinen Blick über das Lichtermeer Münchens gleiten. Sollte ich wirklich hierher zurückkehren und einfach so weitermachen wie bisher?

Niemals, sagte ich mir, du wirst höchstens noch als Gast ab und an diese Stadt besuchen. Leben wirst du entweder am Meer oder in den Bergen. Das ist alles nicht mehr deine Welt.

Mir war klar, dass ich gerade Abschied von München nahm.

Am nächsten Abend saß ich wieder mit Richard an unseren zusammengeschobenen Tischen in unserer Zelle.

»Der Unterschied zwischen unserem Haftraum und dem luxuriösen Zimmer des Hilton, in dem ich gestern Nacht war, ist nur graduell«, beendete ich meinen Bericht und Richard lachte.

»Irgendwie hast du sogar Recht. Aber sag mal, willst du dir jetzt bei jedem Urlaub die Seele mit einer anderen aus dem Leib vögeln? Ich dachte, du hättest auch in dieser Hinsicht was dazugelernt?«

»Keine Sorge, habe ich auch. In Wirklichkeit will ich allein leben. Doch diese Maria, weißt du, für die schwärme ich heimlich seit Jahren. Du müsstest sie sehen, riechen, erleben.«

Richard grinste.

»Junge, kann es sein, dass du verliebt bist?«

Daran hatte ich überhaupt noch nicht gedacht. Ich schwieg und wurde nachdenklich.

»Wie auch immer, denke daran, was ich dir gesagt habe. Du bist wie Simplizius Simplizissimus!«

Die Tage bis Samstag vergingen quälend langsam. Diesmal hatte ich einen zweitägigen Urlaub erhalten, der von Freitagabend bis Sonntagabend dauern sollte. Ein mit mir gut befreundetes Ehepaar in Grünwald hatte sich angeboten, mich in ihrem Gästezimmer wohnen zu lassen. Ihre achtzehnjährige Tochter holte mich am Freitagabend ab, und wir verbrachten einen vergnüglichen Abend mit heiteren Gesprächen in ihrem luxuriösen Haus.

Als ich mich am nächsten Morgen nach dem opulenten Frühstück verabschieden wollte, sah mich Ulla, die Dame des Hauses, prüfend an.

»Du hast doch nicht etwa ein Rendezvous«, fragte sie mit dem untrüglichen Instinkt der Frauen.

»Doch«, gab ich zurück und fügte hinzu, »mit jemand ganz Besonderem.«

Ulla, die mit Viktoria und ihrer Familie eng befreundet war, runzelte die Stirn.

»Du kannst mein Auto nehmen, dann bist du flexibel«, bot sie mir an und gab mir ihre Schlüssel, »viel Spaß.«

Mit klopfendem Herzen saß ich kurz darauf in dem mit dunklem Holz getäfelten, eleganten Speiseraum des Boettners.

Es war kurz nach eins, und Maria war noch nicht da.

Würde sie überhaupt kommen? Schließlich war ich in der ganzen Stadt berüchtigt, und um sich mit mir in der Öffentlichkeit zu zeigen, brauchte es Mut und Souveränität. Oder totale Ahnungslosigkeit wegen absoluter Ignoranz gegenüber allem Geschehen außerhalb des eigenen Lebens.

Bei Maria traf alles zu. Doch das ahnte ich natürlich nicht, als sie schließlich das Lokal betrat, in der halb geöffneten Tür stehen blieb und sich suchend umsah. Sie zog alle Blicke auf sich, denn sie sah einfach atemberaubend aus mit ihrem klassisch schönen Gesicht, den geschickt hochdrapierten blonden Haaren und ihrer makellosen Figur, die von ihrem weißen Seidenkleid hervorragend zur Geltung gebracht wurde. Jeder Mann, aber auch jede Frau in dem Lokal starrte sie fasziniert an. Irgendwo hatte ich mal gelesen, dass wahre Schönheit ein Blinzeln Gottes ist, und begeistert beobachtete ich die Reaktionen darauf.

Doch Maria achtete nicht auf die anderen Gäste, weil sie deren bewundernde Blicke ihr Leben lang gewohnt war. Sie erblickte mich, winkte kurz und kam lächelnd auf mich zu. Ich stand auf und rückte ihr den Stuhl zurecht. Um mein wild schlagendes Herz zu beruhigen, plauderte ich gleich munter drauflos, während sie mich mit ihren braungrünen Augen fasziniert ansah. Befeuert durch ihre Aufmerksamkeit erzählte ich ihr humorvoll meine Geschichte, und Maria hörte einfach zu. Nur einmal, nachdem ich sie wieder einmal zum Lachen gebracht hatte, strich sie mir zärtlich über meine Unterarmbehaarung und meinte:

»Ich finde, wir sollten uns jetzt duzen, meinst du nicht?«

Mir wurde warm ums Herz und ich küsste sie sanft auf die Wange.

»Selbstverständlich einverstanden. Auf uns!«, prostete ich ihr zu.

Von da an saßen wir händchenhaltend am Tisch und genossen unsere Nähe und das vorzügliche Menü.

Der Rest des Tages verlief wie im Traum. Nach dem Essen fuhr ich mit ihr in Ullas Cabriolet zu meinem Lieblingslandgasthof bei Straßlach. Dort verbrachten wir den Nachmittag mit heiteren Gesprächen, zärtlichen Küssen und viel Prosecco.

Am Abend fuhr ich sie nach Hause, ohne daran zu denken, dass mir jede Alkoholkontrolle zum Verhängnis werden konnte.

Sie dirigierte mich zu ihrer Wohnung und schließlich standen wir vor ihrer Haustür. Während sie aufsperrte, fiel mir eine Bäckerei im Erdgeschoß ihres Hauses auf. Ich las das kleine Messingschild mit dem Namen des Inhabers und fiel aus allen Wolken: Es war die Bäckerei von Öppes! Kaum zu glauben, aber Maria wohnte zwei Etagen über seinem Geschäft, das seine Lebensgefährtin während seiner Knastzeit für ihn führte und von dem er mir so oft erzählt hatte. Da ich nicht an Zufälle glaubte, nahm ich das als ein sehr gutes Omen für mein Verhältnis zu Maria.

Kurz darauf betraten wir ihre geschmackvoll mit Antiquitäten eingerichtete Zweizimmerwohnung mit Blick auf den Viktualienmarkt. Wir küssten uns leidenschaftlich und landeten sofort auf der Felldecke, die ihr rundes Bett bedeckte.

Wie selbstverständlich zogen wir uns aus. Ich genoss den Anblick ihrer vollen Brüste, ihres birnenförmigen Hinterns. Mein Schwanz reagierte und wurde hart. Aber es lief nicht wie gewünscht. Wie immer, wenn ich gefühlsmäßig involviert bin, wenn ich ahne, dass sich eine längere Beziehung entwickeln könnte. Unser Sex war nicht besonders aufregend, sondern schnell und routiniert. Doch ich hatte das merkwürdige Gefühl, dass sie nicht enttäuscht, sondern fast froh war, dass es so schnell vorbei war. Aber ich entschuldigte es damit, dass ich mir einredete, dass wir beide zu viel getrunken hätten, zu überhastet und nicht einhundert Prozent bei der Sache gewesen wären. Mir waren tatsächlich Gedanken an meine gerade gescheiterte Ehe und ob ich wirklich schon wieder ein neue Beziehung wollte im Kopf herumgespukt und hatten mich abgelenkt. Meine längst besiegt geglaubte Vernunft hatte sich mächtig in meine Gefühle eingemischt. Ich begriff, dass es ein gewaltiger Unterschied war, allein in meiner Zelle zu liegen und meditativ meine Gefühlsschwankungen auszugleichen oder das Gleiche in den Armen einer Frau zu versuchen. Um das Geschehene verarbeiten zu können, beschloss ich, die Nacht nicht bei Maria zu verbringen. Sie schien mein Vorhaben zu erahnen, denn sie stand plötzlich wortlos auf und ging ins Bad. Als sie ins Bett zurückkam, küsste ich sie sanft und sagte ihr, dass ich nun gehen müsse. Ihr schien das recht zu sein. Sie hielt mich nicht zurück. Ich zog mich an und fuhr spät in der Nacht nach Grünwald.

Beim Aufwachen am nächsten Morgen war ich schweißgebadet und hatte einen Mordskater. Ich dachte an Richards Worte, an den sonderbaren Zufall mit Öppes' Bäckerei und meine Zweifel bezüglich einer neuen Beziehung. In mir herrschte das totale Gefühlschaos und mein Schädel brummte wie ein Bienenschwarm. Um einen klaren Kopf zu erhalten, duschte ich ausgiebig und kalt.

Mein Besuch in den Uffizien in Florenz fiel mir ein, der mein Frauenbild revolutionierte. Gelangweilt schlenderte ich durch die Riesensäle, an deren Wänden ein Meisterwerk neben dem anderen hing, die mich alle nicht interessierten. Plötzlich zog mich ein Kolossalgemälde in der Mitte eines Raumes magisch an. Es war die Venus von Botticelli. Fasziniert blieb ich stehen. Tief in mich versunken ließ ich das gewaltige Bild auf mich wirken, in dem ein Meister es auf den Punkt gebracht hatte: Alle Frauen sind wie das Meer, aus dem sie geboren wurden. Unergründlich und unberechenbar, in Sekunden von spiegelglatter See zum Tsunami werdend. Der kleinste Windhauch bringt die Oberfläche zum Kräuseln und löst eine Flutwelle aus. Wie Venus präsentieren sie sich in einer Muschel: weiß, glänzend und verlockend die eine, aber schwarz, rau und abstoßend die andere, verborgene Seite, unter der sich Seeungeheuer und Nymphen eben-so wie Haie und Delfine tummeln.

Um die widernatürliche Zeremonie der Heirat den Narren die-ser Welt schmackhaft zu machen, umschreibt die gerissene ka-tholische Kirche die Hochzeit mit der verlogenen Metapher des »In-den-Hafen-der-Ehe-Einlaufens«. Was für eine Chuzpe! Vor Gericht, auf dem Meer und in einer Beziehung zu einer Frau weißt du nie, wo du landest.

Ich seufzte, trocknete mich ab und traf meine Entscheidung: Ich würde dem Wink des Schicksals und meinen Gefühlen ver-trauen, alle Bedenken meines Verstandes fallen lassen, Maria wiedersehen und mich erneut auf eine Frau und das Meer in ihr einlassen.

Wie sagt Osho: Je tiefer die Liebe geht, desto stärker wird die Angst vor dem Unbekannten, vor dem, was geschehen könnte. Aber wahre Liebe ist kopflos, und wenn sich ein Abgrund auftut und Angst aufkommt, hineinzufallen, dann fass dir ein Herz und springe!

Ulla sah mich erwartungsvoll an, nachdem ich mich lächelnd an den von ihr liebevoll gedeckten Frühstückstisch gesetzt hatte.

»Na, alles bestens gelaufen?«, fragte sie scheinheilig.

»Sieht so aus. Ich glaube, das könnte sogar eine ernste Ge-schichte werden«, erwiderte ich.

Natürlich wollte sie Einzelheiten wissen, aber ich erzählte ihr nur, wo wir überall gewesen waren und verriet nicht, wen ich getroffen hatte.

Nach dem Frühstück fuhr ich auf gut Glück zu Maria und hoff-te, dass sie zu Hause wäre. Die Haustür neben der Bäckerei stand offen und ich rannte die Treppen zu ihrer Wohnung hoch. Maria war sichtlich überrascht, als sie mir auf mein stürmisches Läuten ihre Tür öffnete.

»Ich habe nicht gedacht, dass du noch mal vorbeikommen würdest«, begrüßte sie mich.

Statt zu antworten, küsste ich sie und trug sie aufs Bett. Diesmal liebten wir uns wild und leidenschaftlich und als wir später erschöpft nebeneinander lagen, war ich mir sicher, die richtige Entscheidung getroffen zu haben. Ich verabschiedete mich am späten Nachmittag, da Maria weder Auto noch Führerschein besaß. Sie hatte mir erzählt, dass sie in drei Wochen wieder das Wochenende frei hätte und mich dann in Rothenfeld per Taxi abholen könnte. Sie würde mir auch schreiben. Das freute mich sehr, und über diese Perspektiven sehr glücklich fuhr ich nach Grünwald und ließ mich von Ulla nach Rothenfeld fahren.

Diesmal hatte ich keine Lust, mit Richard alles Geschehene zu besprechen.

Er merkte es und fragte diskreterweise auch nicht nach. Wir spielten einige Partien Schach und alberten fröhlich herum, bevor ich nach meiner Abendmeditation lächelnd einschlief.

Wahre Liebe ist der Sieger der Zeiten. Sie ist das Verbindende des Universums und das Geheimnis hinter deinen Theorien von Einheit. Sie ist bedingungslos und einzigartig. Sie bringt Frieden, wo keiner war. Sie ist weise. Sie ist die Sonne in der Sonne. Sie ist die einzige Quelle der Freude. Es gibt nichts Großartigeres als die Liebe. Sie ist dein, wenn du sie annimmst und zulässt.

RESOZIALISIERUNG

Wie man zum Tänzer jenseits der Normen der Gesellschaft wird

Wir erschaffen unser Leben durch unsere Gedankenprozesse. Alles, was wir denken, werden wir auch fühlen, und alles was wir fühlen, manifestiert sich und schafft so unsere Lebensbedingungen. Wir haben jeden Augenblick und alle Umstände unseres Lebens selbst erschaffen. Wir selbst haben gewählt, der zu sein, der wir sind. Wir haben unser Aussehen geschaffen. Wir haben unsere Lebensweise vollkommen selbst gestaltet und bestimmt. Das ist das Privileg des Gott-Menschen, für alles, was er je gewesen ist, getan oder erlebt hat, voll verantwortlich zu sein, weil er es selbst erschaffen hat. Wenn wir uns nur einen Augenblick lang einen Glückszustand ausmalen, wird unser ganzer Körper sofort von Freude erfüllt sein. Wir brauchen nur einen Moment, um nicht mehr zu urteilen und die Schönheit aller Dinge zu fühlen. Während wir aus einer Laune heraus ein Gefühl in unserem Innern erzeugt haben, hat sich um uns herum nichts verändert. Aber all das, was wir sind, hat sich verändert. Wir sind demnach genau das, was wir denken und fühlen. So wie wir denken, wird unser Leben sein. Unsere Zukunft wird durch Gedanken erschaffen. Unser Morgen wird durch Gedanken des heutigen Tages entworfen. Denn jeder Gedanke, den wir erwägen, jede Fantasie, die wir haben, ruft in unserem Körper ein Gefühl hervor, dass in unserer Seele aufgezeichnet wird. Dieses Gefühl will sich manifestieren und schafft die Lebensumstände, die es dazu braucht, um sich immer wieder erleben zu können. Und jedes Wort, das wir sprechen, schafft unsere künftigen Tage. Denn Worte sind nur Laute, die die Gefühle in unserer Seele ausdrücken, die aus den Gedanken geboren wurden. Niemand ist ein Opfer des Willens eines anderen. Alles, was uns widerfährt, haben wir mit unseren Gedanken und Gefühlen in unser Leben gebracht. Alles, was geschieht, ist ein absichtlicher, durch Gedanken und Emotionen festgelegter Akt, der unserem Wachstum dient. Alles.

Am nächsten Tag erhielt der Freigänger-Hausarbeiter seinen Freigängerstatus. Ich wurde sein Nachfolger und durfte ins Freigängerhaus umziehen. Teils sehr froh, dieses Etappenziel erreicht zu haben, aber teils auch wehmütig, weil mir unsere abendlichen Gespräche fehlen würden, verabschiedete ich mich von Richard und packte mein Zeug zusammen. Richard nahm unseren Abschied gelassen und meinte nur, dass wir uns nach wie vor regelmäßig sehen würden, weil ich mittags immer noch bei der Essensausgabe mithelfen müsste. Allerdings war ich meinen Spüljob los und konnte nach dem Austeilen der Nachspeise, die nun mein Ressort war, die Kiste mit dem Abendessen für die Freigänger nehmen und sofort wieder zurück ins Freigängerhaus gehen. Den Rest des Tages hatte ich dann frei, was ich zu ausgiebigem Sonnenbaden im Garten des Freigängerhauses nutzte, das nicht umsonst als das Sahneschnittchen des bayerischen Strafvollzuges bezeichnet wurde. Im ganzen Haus gab es einen dunkelbraunen Parkettfußboden, zu dem die grünen Vorhänge vor den großen, gitterlosen Fenstern perfekt harmonierten, die zudem jedem Haftraum etwas Urgemütliches verliehen. Die auf den Boden abgestimmte Einrichtung, die wie üblich aus Bett, Tisch, Schrank und Stuhl bestand, fügte sich ins geschmackvolle Ambiente.

Da die acht Toiletten ausgelagert und jederzeit zugänglich waren, war die Fläche meiner Hausarbeiterzelle, die ich allein bewohnte und von deren Fenster ich jeden Abend die Farbexplosionen der Sonnenuntergänge über dem Ammersee anschauen konnte, die größte, die ich bis dato gehabt hatte. Begeistert war ich auch, als ich zu dem ausgebauten Dachspeicher des Hauses hochstieg und dort einen gemütlichen Aufenthaltsraum mit einem großen Fernseher und einem gut ausgestatteten Fitnessraum entdeckte. Die beiden mit Kühlschränken und Elektroherden ausgerüsteten großen Holzküchen mit ihren zwei Sitzecken auf den unteren beiden Etagen gefielen mir ebenfalls. Nach der Hausinspektion führte ich innerlich einen Indianertanz auf, so wohl fühlte ich mich vom ersten Augenblick an in diesem Haus. Am besten aber fand ich den hinter dem Haus liegenden kleinen Garten, den ich nach getaner Arbeit unbegrenzt zum Sonnenbaden und Lesen benutzen konnte.

Als ich wieder einmal mein Sonnenbad unterbrechen und zum Duschen ins Haus gehen musste, kam mir die Idee, im Garten eine Dusche installieren zu lassen. Ich schrieb den dazu obligatorischen Antrag und begründete meinen Vorschlag damit, dass dann die Bewohner des Hauses die Duschen im Haus nicht mehr mit ihrem Sonnenöl verunreinigen würden. Der Antrag wurde genehmigt, und wenige Tage später rückte Werner mit seinem Bautrupp an, um die Gartendusche zu installieren. Werner war ein gelernter Maurer, der unter Aufsicht eines Beamten in Rothenfeld sämtliche Bauarbeiten leitete und für seinen Fleiß und seine sauberen Arbeiten berühmt war. Alles, was ihm aufgetragen wurde, erledigte er mit einer Sorgfalt, als würde er an seinem eigenen Haus arbeiten.

Während Werner die erforderlichen Erdarbeiten durchführte und Rohre zum Haus verlegte, erzählte er mir, dass er am Montag zum Zweidrittelzeitpunkt entlassen würde. Er sagte das ohne jeglichen Funken der Freude, und ich vermeinte, sogar Trauer und Resignation zu vernehmen.

»Das ist ja großartig«, beglückwünschte ich ihn, ohne weiter darauf Bezug zu nehmen, »dann wird die Dusche also deine letzte Arbeit hier, oder?«

»Scheint so«, erwiderte er sybillinisch, und dann wendeten wir uns anderen Themen zu.

Am Freitagabend sollte Werner wie üblich um sechs Uhr abends seinen Urlaub antreten, doch er erschien nicht. Stattdessen arbeitete er konzentriert im Garten an der Fertigstellung der Dusche. Erst als er endlich um sieben Uhr den Duschhahn aufdrehte und ein kräftiger Wasserstrahl herausschoss, war er zufrieden. Er duschte, zog sich um und trat seinen letzten Urlaub vor seiner Entlassung an. Dachten wir zumindest. Denn als am Sonntagabend alle Freigänger aus ihren Urlauben zurückgekehrt waren und wir wie üblich auf den Bänken im Park saßen, fragte plötzlich jemand: »Wo ist eigentlich Werner?«

Wir schauten in seiner Zelle nach, doch da war er nicht. Er war auch nicht beim Fernsehen oder sonst wo im Haus.

»Na, er wird direkt nach Landsberg gegangen sein, denn von dort wird er morgen ja entlassen«, meinte sein Mitbewohner. Das machte Sinn, und damit waren alle beruhigt. Jedes Mal, wenn wir während des Sonnens im Garten duschten, dachten wir dankbar an ihn zurück.

Am darauffolgenden Freitag fragten mich Maximilian und Ernst, außer mir die einzigen, die ebenfalls noch im Haus waren, ob ich nicht Lust hätte, ihnen am Samstag bei ihrer Arbeit im Kloster Andechs zu helfen. Ich ging ins Haupthaus und fragte bei dem zuständigen Beamten nach und der gab mir unbürokratisch sofort die Erlaubnis. Gegen acht Uhr am nächsten Morgen holte uns ein gemütlich aussehender, sehr korpulenter Urbayer mit einem blauen VW-Bus ab. Ernst flüsterte mir zu, dass das der Verwalter des Klosters wäre, der zuständig für die Rothenfelder sei. Kurz darauf setzte uns der Dicke im Klosterhof ab und wies uns an, dass wir uns jeder einen Plastikeimer holen und dann in dem

Obstgarten des Klosters Pflaumen ernten sollten. Dann fuhr er davon. Ich war vollkommen verblüfft.

»Sind wir hier völlig unbeaufsichtigt?«, frage ich die beiden.

»So gut wie,« erklärten sie mir, »der Dicke weiß aber ziemlich genau, wie lange man für die uns aufgetragenen Jobs braucht, und dann taucht er immer zu der Zeit auf, um nachzuschauen, ob wir tatsächlich fertig sind.«

Wir besorgten uns die Eimer. Geschickt kletterten wir mit ihnen auf die mit Pflaumen überladenen Bäume, die in einer kleinen Wiese direkt neben der Treppe zum Biergarten des Klosters standen. Drei Kälber lagen im Gras und dösten friedlich vor sich hin. Die Sonne stand am wolkenlosen Himmel und ich saß gemütlich in meinem Pflaumenbaum in einem Obstgarten von Bayerns berühmtestem Kloster. Ich ließ meinen Blick über die sanfte Hügellandschaft zu den in der Ferne liegenden, mit Schnee bedeckten Berggipfeln schweifen. Eine tiefe innere Ruhe erfüllte mich und mein Geist schwebte davon. Wie in Trance pflückte ich die Pflaumen. Eine aß ich, eine warf ich in den Eimer. Plötzlich stieg eine unbändige Heiterkeit in mir hoch und ich fing an, in mich hineinzukichern. Lachwellen erschütterten mich, das Wasser lief mir in Strömen aus den Augen.

»Was ist denn mit dir los?«, fragte mich Ernst.

»Ich habe mir gerade überlegt, dass sie uns drei mit internationalen Haftbefehlen um den ganzen Globus gejagt haben, weil wir ja ach so böse Buben sind«, stieß ich mühsam zwischen meinen Lachanfällen hervor, »und wie sieht jetzt unsere Strafe aus? Wir sitzen in Obstbäumen und klauen Pflaumen.«

Auch Ernst fing an zu glucksen.

»Wir sind unrettbar verloren für die Gesellschaft! Da vertrauen sie ausgerechnet uns, die wir doch zusammen weit über eine Milliarde D-Mark veruntreut haben sollen, an diesem heiligen Ort ihre kostbaren Pflaumen an. Und was machen wir? Eiskalt essen wir ihnen die Hälfte weg! Ich finde, wir sind hoffnungslose Fälle. Nicht mehr zu resozialisieren!«

Bei der Vorstellung mussten wir alle drei schallend lachen, bis mir der volle Eimer mit den Pflaumen vom Baum fiel. Begleitet von witzigen Kommentaren der beiden stieg ich herab und sammelte sie unter den erstaunten Blicken der Kälber fluchend wieder ein. Mein erster Tag als Freigänger-Aushilfsarbeiter in Andechs gefiel mir. Als wir nach dem Pflaumenernten auch noch ein ausgezeichnetes Mittagessen serviert bekamen, beschloss ich, mich als Freigänger für Andechs zu bewerben.

Als ich wenige Tage später zur Essensausgabe ins Haupthaus kam, wartete Richard auf mich. Sein Gesichtsausdruck verriet mir, dass etwas Besonderes in der Luft lag. Ich sollte mich nicht irren.

»Dein ehemaliger Partner kommt morgen. Er wird mit uns als Hausarbeiter zusammenarbeiten«, sagte Richard in seiner direkten, militärischen Art und sah mich prüfend an. Ich schluckte. Seit dem Prozess, der für mich eine Ewigkeit zurücklag, hatte ich nichts mehr von Klaus gehört. Keinen Gedanken hatte ich mehr an ihn verschwendet und ihn völlig vergessen. Durch den üblichen Knasttratsch hatte ich allerdings erfahren, dass er nach dem Urteil zuerst in die JVA Landsberg in den geschlossenen Vollzug gekommen war. Weil das Gericht darauf gewartet hatte, dass man ihn fasste oder er sich stellte, um uns gemeinsam den Prozess machen zu können, hatte ich fast vierzehn Monate in U-Haft verbracht und war deshalb sofort im offenen Vollzug gelandet. Aber jetzt sollte auch er hierher verlegt werden.

»Hm, eine interessante Herausforderung für mich, findest du nicht?« fragte ich Richard.

Er schwieg und sah mich nur an.

»Wie üblich wird er als unser neuer Hausarbeiter den Spüldienst übernehmen und unseren jetzigen Spüler ablösen, nicht wahr?« fuhr ich fort. »Das heißt, morgen Mittag werde ich ihm dabei zusehen dürfen, wie er schwitzend und keuchend über dem dampfenden Spültrog gebeugt das schmutzige Geschirr händisch reinigen wird. Wenn wir diese Situation im großen kosmischen Zusammenhang sehen, wie würdest du sie beurteilen?«

»Das ist nicht so wichtig, Uwe. Viel wichtiger ist, wie du mit ihr umgehst.«

»Das weiß ich noch nicht«, antwortete ich nachdenklich.

Am nächsten Mittag standen wir wie üblich in unseren weißen Küchenjacken im Hof und warteten auf den Transporter, der täglich das Essen aus Landsberg anlieferte und der im Knastjargon »Suppenpanzer« genannt wurde. Unsere Aufgabe war es, die in schweren Metallbehältern befindliche Nahrung so schnell wie möglich zu der mit heißem Wasser gefüllten Ausgabetheke in die Küche zu bringen.

Ich hatte mich etwas abseits der anderen Hausarbeiter an einen Baum gelehnt und genoss mit geschlossenen Augen die warme Sonne auf meinem Gesicht. Auf einmal hörte ich ein langsam näherkommendes Motorengeräusch. Blinzelnd öffnete ich die Augen. Der Suppenpanzer rollte an mir vorbei und ich erkannte die vertraute Silhouette meines ehemaligen Partners auf dem Beifahrersitz. Ich löste mich von dem Baum und trat zu Richard.

»Lass mich heute die Einweisung des Neuen machen, okay?«

Richard schaute mich ernst an. Dann lächelte er plötzlich.

»Ich vertraue dir. Einverstanden.«

Ich drehte mich um und sah Klaus aus dem Führerhaus herausspringen. Er blickte sich suchend um, erblickte uns und kam mit seiner massigen Gestalt schwerfällig auf uns zugestampft.

»Hallo, ich bin der neue Hausarbeiter. Der Beamte, der mich hergefahren hat, hat mir gesagt, du würdest mich in alles einweisen und mir auch meine Zelle zeigen?« fragte er den neben mir stehenden Richard, wobei er beflissentlich an mir vorbeischaute und mich zu ignorieren versuchte.

Aber ich hatte nicht die Absicht, noch einmal irgendeins seiner Spiele zu dulden.

»Zu deiner Zelle kommen wir später«, schaltete ich mich mit schneidender Stimme ein. »Als erstes hilfst du uns, die Zuber vom Bus zur Essensausgabe in die Küche zu tragen.«

Er sah mich erstaunt und verwirrt an. Dann schaute er fragend zu Richard, doch der nickte nur bestätigend. Ohne ihn weiter zu beachten winkte ich einen der anderen Hausarbeiter zu uns, die neben dem Transporter standen und die Entwicklung der Situation gespannt beobachteten. Jedem von ihnen war klar, was sich hier gerade abspielte.

»Wolfgang, hilf unserem Neuen einen der Behälter herabzuheben und dann schleppt ihr das Ding in die Küche«, sagte ich zu meinem Kollegen.

Der Angesprochene sprang auf die Ladefläche und schob einen der Essenströge so herum, dass ein Tragehenkel von unten ergriffen werden konnte. Klaus schielte mich sichtlich beeindruckt von der Seite an. Er war völlig überrascht, dass ich hier das Kommando zu haben schien. Dann ging er zu dem Transporter, packte den Griff und hob das schwere Teil zusammen mit Wolfgang vom Wagen. Ich sah ihnen nach, wie sie unter der Last schwankend die Treppe zur Küche hinunterstiegen. Die anderen Hausarbeiter packten sich die restlichen Gefäße und trugen sie im Gänsemarsch zur Küche. Nachdem alle schweren Warmhaltebehälter aus dem Transporter entladen waren, holten Richard und ich uns die erheblich leichteren Plastikkörbe, in denen die Brotzeiten für die Abendessen angeliefert wurden, aus dem hinteren Teil des Laderaums und gingen langsam hinter ihnen her. Wir ließen uns absichtlich Zeit und erreichten die Küche erst, nachdem die Essensbehälter in die Heißwassertheke gewuchtet worden waren und jeder Hausarbeiter die ihm zugewiesene Position bei der in Kürze stattfindenden Essensausgabe eingenommen hatte.

Nur Klaus stand noch verloren und unsicher in dem großen Raum, weil er keine Ahnung hatte, was er tun sollte. Er war von dem Tragen und Platzieren der schweren Kübel bereits in Schweiß gebadet und runzelte missbilligend die Stirn, als er Richard und mich mit den leichten Brotkörben zwischen uns eintreten sah. Ich registrierte, dass er sich nur mühsam beherrschen konnte und wartete auf einen seiner mir noch bestens bekannten Wutausbrüche. Doch er war sich vollkommen klar, wo er war und riss sich zusammen.

»Wo ist meine weiße Jacke?« fragte er Richard mit gepresster Stimme, als wir an ihm vorbeigingen. Wieder versuchte er, krampfhaft an mir vorbeizusehen. Aber wieder machte ich ihm einen Strich durch die Rechnung.

»Weiße Jacke? Für dich?« fragte ich mit einem schmallippigen Lächeln zurück, jede Sekunde dieses speziellen Augenblicks auskostend. »Wie kommst du denn darauf? Für dich haben wir natürlich etwas ganz Besonderes im Angebot. Komm mit.«

Sein Blick verriet mir die gesamte Bandbreite der Gefühle, die ihn gerade durchströmten. Ohne ein weiteres Wort setzte ich mich in Bewegung und lief an ihm vorbei. Er folgte mir wie ein junger Hund in den hinteren Bereich der Küche, in dem der dampfende Spültrog stand, der mit heißem Wasser und säurehaltigen Spülmittel gefüllt war. Dichter Wasserdampf waberte über ihm. Neben dem Bottich hingen an in die Wand eingelassenen Eisenhaken eine schwere Gummischürze, zwei dicke Gummihandschuhe und eine große Bürste. Ich drehte mich zu Klaus um und sah ihm direkt in die Augen.

»Das hier ist deine Arbeitskleidung. Die ziehst du jetzt an! Der Junge an der Annahme nimmt die Tabletts mit dem benutzten Geschirr entgegen. Seine Aufgabe ist es, nur die Tabletts zu säubern, nachdem er die schmutzigen Teller und das benutzte Besteck in den Spültrog geworfen hat. Deine Aufgabe ist es, das alles zu waschen. Dazu ziehst du die Gummihandschuhe an und fischt die Teller und das Besteck aus dem mit Spülmittel vermischten heißen Wasser. Zum Säubern benutzt du dann die Bürste, die neben den Gummihandschuhen hängt. Alles klar? Wenn nicht, Dein Partner an der Tablettannahme erklärt es dir gerne noch einmal. Und jetzt entschuldige mich, ich muss am Tresen den Nachtisch ausgeben.«

Für den Bruchteil einer Sekunde entgleisten ihm die Gesichtszüge. Dann drehte er sich wortlos um, zog sich die Schürze und die Handschuhe an und stellte sich mit der Bürste in der Hand wartend an den dampfenden Trog. Ich würdigte ihn keines Blickes mehr und nahm meine Position an der Ausgabetheke ein. Wenig später erschienen die ersten hungrigen Gefangenen, die in der Landwirtschaft und den Wäldern der JVA gearbeitet hatten, und hielten uns ihre Tabletts entgegen. Während ich routiniert und von flapsigen Sprüchen begleitet den einen Becher Joghurt, den es heute als Nachtisch gab, auf jedes mir entgegen gehaltene Tablett stellte, glaubte ich den Blick von Klaus körperlich in meinem Rücken zu spüren. Dieses Becher-aufs-Tablett-Stellen war alles, was ich zu tun hatte. Und ich wusste, dass Klaus das völlig überriss.

Kaum hatte der letzte Gefangene sein Essen abgeholt, fingen die ersten schon an, ihr benutztes Geschirr zurückzugeben. Der Hausarbeiter an der Annahme nahm die Tabletts entgegen und schabte die auf den Tellern befindlichen Essensreste in einen neben ihm stehenden Kübel aus Hartgummi, der später im Schweinestall entleert werden musste.

Nach dem oberflächlichen Säubern der Teller warf er routiniert das schmutzige Geschirr in den Spültrog. Klaus zögerte eine Sekunde. Dann beugte er sich vor und fing wie ihm von mir aufgetragen an, die Teller und das Besteck herauszufischen und mit der Bürste zu säubern. Aus eigener Erfahrung wusste ich, dass ihm bald der Rücken höllisch schmerzen und der ihm ins Gesicht steigende Wasserdampf Atembeschwerden verursachen würde. Außerdem waren die Gummihandschuhe löchrig und etwas von dem heißen Spülwasser drang ein und verbrannte die Haut.

Nachdem ich den letzten Joghurtbecher ausgegeben hatte, ließen Richard und ich uns an einem der frei gewordenen Tische nieder. Wir begannen, unser am Vorabend liebevoll gekochtes und jetzt aufgewärmtes Essen zu genießen. Absichtlich saß ich so, dass ich Klaus beobachten konnte. Er schaffte es, eine erstaunlich lange Zeit in der gebückten Haltung zu verweilen und den nicht abreißenden Strom schmutzigen Geschirrs aus dem Wasser zu fischen, sauber zu bürsten und auf einem neben dem Trog stehenden Tisch zu stapeln. Fasziniert schaute ich ihm zu und genoss jede Sekunde, in der ich ihn sich so quälen sah.

Plötzlich konnte er nicht mehr. Er gab seine gebückte Haltung auf, streckte sich und sein hochrotes, schweißüberströmtes Gesicht tauchte über dem dichten Wasserdampf auf. Einen winzigen Moment lang kreuzten sich unsere Blicke – und ich las in seiner Seele: glasklar erkannte ich, wie gedemütigt und verzweifelt er sich gerade fühlte. Tiefes Mitleid überkam mich. Mein Zorn über alles, was ich mit ihm erlebt hatte, vermischte sich mit den zur Decke driftenden Schwaden über dem Trog und löste sich auf. In diesem Moment machte ich meinen Frieden mit ihm. Unser gemeinsamer Lebensabschnitt war für mich endgültig beendet. Obwohl ich noch nicht ahnte, dass dieser ganz besondere Augenkontakt tatsächlich unsere letzte Begegnung gewesen war.

Nachdem er sich den Schweiß abgewischt hatte, bückte er sich langsam wieder hinab in den Trog, um weiter zu spülen. Als er wieder komplett von dem Dunst umhüllt wurde und fast nicht mehr zu sehen war, sagte ich leise zu Richard: »Komm, lass uns unsere Plätze tauschen. Mein Ausblick gefällt mir nicht mehr.«

Richard begriff sofort, stand wortlos auf und ich setzte mich auf seinen Stuhl. Jetzt hatte ich den schuftenden Klaus in meinem Rücken.

»Viel besser so«, sagte ich leise.

»Das finde ich auch«, antwortete Richard. Sanft ergriff er meine auf dem Tisch ruhende Hand und schüttelte sie lächelnd.

Als ich nach unserem Mittagessen an der Torwache vorbeilief, rief mich der diensthabende Beamte zu sich.

»Ab morgen sind Sie Freigänger«, teilte er mir mit. Sofort dachte ich, dass mein Antrag für eine Freigängerstelle im Kloster Andechs bewilligt worden wäre.

Doch das Leben im Knast ist kein Wunschkonzert und als Gefangener bist du letztendlich immer der relativ unbegrenzten Entscheidungswillkür der Anstalt unterworfen. Da ich mich nun für den Freigängerjob in Andechs beworben hatte, wurde mein erster Antrag, als Hausarbeiter des Freigängerhauses einen Freigängerstatus zu erhalten, abgelehnt. Dann wurde auch meine Bewerbung für Andechs verworfen und ich wurde stattdessen als Freigänger der Molkerei zugeteilt, wo ich auf keinen Fall hingewollt hatte.

Mein erster Tag dort war genauso, wie ich es erwartete: In einer lauten, säuerlich stinkenden Produktionshalle mit lärmenden Fließbändern, auf denen dauernd Flaschen klirrend zusammenstießen, sollte ich den ganzen Tag irgendwelche stupiden Handgriffe machen. Am Abend hatte ich genug von dem Job und verfluchte mich, so blöd gewesen zu sein, meine Hausarbeiterstelle aufgegeben zu haben. Ich überlegte fieberhaft, wie ich aus dieser Nummer wieder herauskommen konnte, aber mir fiel nichts ein. Frustriert legte ich mich ins Bett und verbrachte eine unruhige Nacht.

Am nächsten Morgen sollten alle in der Molkerei Beschäftigten mit einem klapperigen Renault Kastenwagen abgeholt werden. Der Fahrer öffnete die hinteren Türen des alten Kombis und forderte uns auf, uns auf die blecherne Ladefläche zu legen. Während die anderen folgsam einstiegen, witterte ich meine Chance und setzte alles auf eine Karte.

»In das Ding steige ich nicht ein. Das ist verkehrsgefährdend, hinten fünf Leute ohne Sitzbänke und ohne Sicherheitsgurte zu transportieren«, erklärte ich dem Fahrer. Der sah mich erstaunt an, stieg wortlos ein und fuhr mit den mich verwirrt anschauenden Kollegen davon. Ich ging ins Haus zurück und schrieb sofort eine Beschwerde über den nicht verkehrssicheren Transport zu meinem Arbeitsplatz und gleichzeitig einen Antrag, nach Andechs versetzt zu werden. Dabei war mir vollkommen klar, dass ich ein verdammt gefährliches Spiel spielte. Denn wenn ich mit meiner Argumentation nicht durchkommen würde, würde mir die Anstalt Arbeitsverweigerung unterstellen, mir meinen Freigängerstatus nehmen und mich nach Landsberg in den geschlossenen Vollzug zurückholen. Auch meine Urlaube und die Entlassung zum Halbstrafenzeitpunkt wären ernsthaft gefährdet, weil ich dann ein sogenannter Lockerungsversager wäre, der die ihm gewährten Vergünstigungen nicht gewürdigt und missbraucht hatte. Bei der Abgabe meiner Beschwerde und meines Antrags an der Torwache wurde mir siedendheiß bewusst, wie hoch ich gerade pokerte. Der diensthabende Beamte sah es genauso.

»Die Molkerei hat schon angerufen. Die wollen Sie nicht mehr«, teilte er mir mit. Und fügte hinzu: »Ganz schön riskant, was Sie da gerade machen.«

Ich zuckte mit den Schultern und ging zum Mittagessen.

Ein Zurück war sowieso nicht mehr möglich.

Die nächsten beiden Tage verbrachte ich in vollkommener Ungewissheit und hatte keine Ahnung, wie die Sache ausgehen würde. Mein Urlaubsantrag für das geplante Wochenende mit Maria war auch noch nicht beschieden. Was kein gutes Zeichen war, denn normalerweise dauerte es nur zwei Tage, bis der Urlaubsschein da war.

Am dritten Tag nach dem Vorfall musste ich zur Anhörung zum Leiter der JVA Rothenfeld, einem mir durchaus sympathischen Psychologen. In dem Moment, als ich sein Besprechungszimmer betrat, wurde ich die Ruhe selber und beschloss, mich tantrisch zu verhalten und alles so anzunehmen, wie es kommen würde. Aber ich wusste, dass sich in den nächsten Minuten nicht nur mein Schicksal der nächsten Monate, sondern sogar der nächsten Jahre entscheiden würde.

Der Anstaltsleiter sah mich wie immer prüfend an, nachdem ich ihm gegenüber Platz genommen hatte. Dann blätterte er in seinen Akten, um die Spannung zu erhöhen. Endlich räusperte er sich und sagte leise:

»Wir haben Ihre Beschwerde überprüft und sind zu dem Ergebnis gekommen, dass das Fahrzeug der Molkerei tatsächlich nicht geeignet war, Personen zu befördern. Ihre Verweigerung, in den PKW einzusteigen, war also begründet.«

Mir fiel ein Stein vom Herzen.

»Sie werden nach Andechs versetzt, wenn dort ein Platz frei wird.«

Innerlich schnaufte ich begeistert, wurde allerdings sofort misstrauisch. Zwei gute Nachrichten ohne Wenn und Aber? Und schon kam es.

»Allerdings wird dort frühestens in einer Woche ein Platz frei. Diese Woche werden Sie im Wald arbeiten«, fuhr er fort und grinste mich tückisch an.

Im Wald! Ausgerechnet. Das war mit Abstand der körperlich schwerste Job, den es in Rothenfeld gab. Die vier Jungs, die ihn verrichteten, waren durchtrainierte Muskelpakete. Sie hatten mir erzählt, dass der Beamte, der die Waldarbeit leitete, ständig mit einer schweren Motorsäge herumrannte, mit der er den ganzen Tag gefällte Baumstämme zersägte. Die Jungs schleppten dann von früh bis spät die einen Meter langen, schweren Holzstücke quer durch den Wald zu von dem Beamten willkürlich festgelegten Sammelplätzen, die je nach seiner Laune dicht bei oder weit entfernt von den von ihm zurechtgesägten Baumteilen lagen.

Ich hatte mich oft mit ihnen über die Details unterhalten und wusste, dass ich jetzt mächtig in der Scheiße saß. Ich ließ mir meine Betroffenheit aber nicht anmerken. Es war mir klar, dass nur das geringste Aufmucken übelste Konsequenzen haben würde. Ich strahlte den Anstaltsleiter an, als hätte er mir gerade meine Entlassung verkündet.

»Oh, das ist fein. Ich bin sehr gern im Wald.«

Mein Gegenüber verzog seinen Mund zu einem dünnlippigen Lächeln. »Na dann viel Spaß«, wünschte er mir zynisch.

Ich stand auf, um zu gehen.

»Moment, hier ist Ihr Urlaubsschein«, sagte er und händigte mir den von allen Knackis begehrten gelben Zettel aus. Da wurde mir noch einmal klar, dass er nur darauf gewartet hatte, dass ich die Waldarbeit verweigern würde, um mich sofort aus dem offenen Vollzug zu entfernen und mir meine Urlaube zu streichen. Kurz darauf stand ich im Gang vor seiner Tür, atmete tief durch und hatte weiche Knie. Das war verdammt knapp gewesen.

Als ich an der Torwache vorbeigehen wollte, hielten sie mich auf. Natürlich wussten sie über alles Bescheid.

»Sie fangen morgen im Wald an, deshalb müssen wir Sie neu einkleiden«, sagte einer der Beamten grinsend, »bitte kommen Sie mit.«

Er nahm mich mit zur Kammer und verpasste mir sieben blaue Overalls, mehrere Paar grobe Arbeitshandschuhe und ein Paar schwere Gummistiefel. Mir schwante Übles, diese Ausrüstung bestätigte meine Befürchtungen. Offensichtlich brauchte ich jeden Tag einen neuen Overall, weil der alte vollkommen verdreckt sein würde. Aber ich sagte nichts, nahm das Zeug und ging zurück ins Freigängerhaus.

Dort war der Spott groß, als die Jungs mich mit einem Arm voller Klamotten durch den Park gehen sahen und ich ihnen das Ergebnis der Anhörung mitteilte.

»Jetzt muss er doch tatsächlich das erste Mal wirklich arbeiten. Also so ein Pech«, waren noch die harmlosesten Kommentare.

»Was soll's«, dachte ich und überlegte die Alternativen, denen ich haarscharf entgangen war, »die Woche stehst du auch noch durch.« Allerdings war ich mir gar nicht so sicher, ob es wirklich bei dieser Woche bleiben würde und sie mich nicht viel länger dort schuften lassen würden.

Am nächsten Tag wurden meine schlimmsten Vorahnungen noch übertroffen. Offensichtlich war der Waldbeamte angewiesen worden, mich fertigzumachen. Denn er schwirrte pausenlos um mich herum und achtete darauf, dass ich acht Stunden lang nicht zur Ruhe kam. Sobald ich einen der Holzstämme zum Sammelplatz geschleppt und dort abgelegt hatte, brüllt er auch schon meinen Namen und schickte mich zu dem nächsten. Da ich die ersten Baumteile dummerweise auf meine Schulter gewuchtet und getragen hatte, schmerzte diese nach kurzer Zeit wie verrückt und so war ich gezwungen, die Stumpen zu umarmen und über den Waldboden zu zerren. Das kostete nicht nur Kraft, sondern ging auch ins Kreuz. Es war einer der härtesten Tage meines Lebens, aber auch der ging vorbei. Völlig erschöpft, von Kopf bis Fuß verdreckt, aber innerlich sehr stolz auf mich, schlich ich am Abend zurück ins Freigängerhaus. Langsam stieg ich die Treppen hoch, jeder Schritt bereitete mir Mühe. Ich zog mir die Gummistiefel und den Overall aus und schaffte es mit letzter Kraft unter die Dusche. Der kräftige Wasserstrahl gab mir meine Lebensgeister zurück und lockerte meine verkrampften Muskeln.

Etwas wiederbelebt streifte ich mir meinen Jogginganzug über und ging hinunter in den Hof. Trotz meiner langsam einsetzenden Muskelschmerzen lief ich lächelnd eine Runde, um den dort Herumlümmelnden zu zeigen, wie fit ich noch war. Doch meine Kollegen von der Waldkolonne hatten anscheinend schon berichtet, wie ich heute geschlaucht worden war und dass ich mich tapfer geschlagen hätte, denn einer der Jungs rief mir lachend zu:

»Es reicht, Uwe. Wir wissen, was du heute durchgemacht hast. Ruh dich aus für morgen! Soll ich dir einen Tee kochen?«

Sofort hörte ich auf zu traben und hinkte auf ihn zu.

»Verdammt, das war wirklich hart heute«, keuchte ich, »und ja, ein Tee wäre toll, weil ich völlig fertig bin und es vermutlich nicht mehr schaffe, die Treppen zur Küche hochzusteigen.«

Später lag ich auf meinem Bett und spürte jeden Knochen in meinem Leib. Ich sprach mir selbst Mut zu und redete mir ein, dass es nun jeden Tag besser werden würde. Mit diesem tröstlichen Gedanken schlief ich ein. Doch ich sollte mich gründlich irren.

Am nächsten Morgen regnete es in Strömen. Ich hatte kurz die Hoffnung, dass wir im Haus bleiben dürften, aber das war natürlich ein Irrtum. Der Verrückte mit der Motorsäge stand pünktlich um sieben Uhr vor dem Haus und ließ uns ausrücken. Dieser Tag wurde die Hölle. Denn durch den Regen hatten sich die Baumstämme mit Wasser vollgesogen und wogen das Doppelte wie am ersten Tag. Außerdem waren sie glitschig und kaum zu fassen. Dennoch zerrte ich ununterbrochen die mir von dem Beamten zugewiesenen Teile durch den Wald. Als der Regen aufhörte, stürzten sich auch noch Milliarden von Mücken auf mich und stachen in jeden Körperteil, den sie erwischen konnten. Da ich vor Anstrengung schwitzte wie ein Bär und vom Regen völlig durchnässt war, merkte ich nicht, wenn sie auf meiner Haut landeten, sondern fühlte erst den Einstich. Ich hielt ständig einen Baumstamm in den Händen, konnte noch nicht einmal zuschlagen und war ihren Attacken schutzlos ausgeliefert. Nur der Gedanke, dass diese Tortur noch maximal drei Tage dauern würde und daran, dass ich heute Abend würde duschen können, hielt mich aufrecht. Ich biss die Zähne zusammen und schuftete klaglos weiter. Als ich am Abend zerstochen und zerschlagen mit

Maximilian auf einer der Bänke im Park saß und ihm ausführlich schilderte, was ich da gerade für eine Fronarbeit verrichtete, meinte er: »Im Knast musst du dich immer erst durch den Reisberg fressen, bevor du ins Schlaraffenland kommst. Und du hast doch selbst immer gesagt, der Schwung des Pendels in die eine bedingt den Schwung in die andere Richtung. Demzufolge warten auf dich wohl goldene Zeiten.«

Ich sah ihn skeptisch an und hoffte, dass er Recht behalten würde.

Tatsächlich wurde Maximilians Prophezeiung wahr. Ab dem dritten Tag hörte der Beamte auf, mich pausenlos zu schikanieren, und wegen meiner spürbar gewachsenen Kraft fing ich an, das Herumschleppen der Baumteile als reines Krafttraining anzusehen. So vergingen die letzten Tage der Woche wie im Flug. Als er uns am Freitagabend von der Schicht zum Haus zurückbrachte, grinste mich der Beamte an und meinte:

»So, das war Ihr letzter Tag im Wald. Wie ich gehört habe, sind Sie ab Montag Freigänger in Andechs.«

Wir verabschiedeten uns mit einem kräftigen Händedruck, und als ich in seine lächelnden Augen sah, wusste ich, dass er mit seinen positiven Berichten über meine Arbeitsleistung dazu beigetragen hatte, dass ich mein Ziel so schnell erreichen konnte.

An der Torwache erhielt ich einen Brief von Maria, die mir schrieb, dass sie es kaum erwarten könne, mich am nächsten Freitag abzuholen. Fröhlich und bestens gelaunt stand ich kurz darauf singend unter der Dusche und dachte darüber nach, warum ich bei meinen geschäftlichen Erfolgen nie dieses authentische Glücksgefühl erlebt hatte, das mich gerade durchströmte.

Die Arbeit im Kloster erschien mir nach der Woche im Wald wie ein Kinderspiel. Am frühen Morgen säuberten wir zu fünft die Säle der Bierhochburg und räumten anschließend den Biergarten auf. Um neun Uhr war Frühstückspause und wir konnten uns ein opulentes Frühstück am Buffet der Speiseausgabe abholen, das ich immer allein im Biergarten sitzend mit Blick auf das Alpenvorland und die schneebedeckten Gipfel im Hintergrund genoss.

Schon in den ersten Stunden hatte ich begriffen, dass der beste Job der des Pickup-Fahrers war. Der Mitgefangene, der ihn innehatte, fuhr den ganzen Tag mit dem Ding auf dem Klostergelände herum, und während wir ihm seine Ladeflächen beluden, saß er entspannt in der Sonne. Ich wusste, dass ich diesen Posten bekommen würde, und schon nach drei Tagen ergab sich die Gelegenheit. Unser dicker Verwalter suchte einen Freiwilligen, der auf einem der Äcker des Klosters »Steine klauben« sollte. Ich hatte keine Ahnung, was das war, meldete mich aber sofort. Daraufhin fragte er mich, ob ich einen Führerschein hätte. Ich bejahte, und er nahm mich mit zu dem Pickup. Er fragte mich, ob ich mit Anhänger fahren könne. Hatte ich zwar noch nie gemacht, doch mit Fahrzeugen aller Art habe ich noch nie ein Problem gehabt. Also bejahte ich erneut. Daraufhin erklärte er mir, wo der zu bearbeitende Acker lag, schmiss mir eine Mistgabel auf die Ladefläche und wies mich an, damit alle auf dem Acker liegenden Steine auf die Ladefläche des Pickup zu werfen und dann an einer bestimmten Stelle, deren Lage er mir ebenfalls genau beschrieb, wieder abzuladen.

Es war ein herrlicher Sommertag. Fröhlich startete ich das Fahrzeug und fuhr zu dem mir bezeichneten Acker. Dort angekommen stellte ich erfreut fest, dass der riesig war und ich hier bestimmt mehrere Tage zu tun haben würde. Also zog ich mein Hemd aus, brachte den Pickup neben mir in Position und fing an, Furche um Furche von Steinen zu säubern, indem ich sie mit meiner Mistgabel aufklaubte und mit Schwung auf die blecherne Ladefläche des Trucks warf.

Es machte mir großen Spaß, mit der warmen Sonne auf dem Rücken ganz allein auf dem Feld zu arbeiten und das donnernde Geräusch zu hören, das ich mit den auf die blecherne Ladefläche geworfenen Steinen erzeugte.

Vergnügt pfiff ich vor mich hin und arbeitete, bis beide Lade-flächen des Trucks voll waren. Dann legte ich mich an den Rain des Ackers und döste entspannt in der Sonne. Maximilian hatte Recht gehabt. Das Gesetz über den Schwung des Pendels fing an zu wirken.

LIEBE IST EINE BLUME DER FREIHEIT

Wie man die Sonne in sein Herz lässt

Das Wort »Energie« ist so undefinierbar wie der Begriff »Gott«. Wenn deine Energie in Harmonie ist, in einem Zustand des Tanzes, dann passt plötzlich der Schlüssel ins Schloss und verschlossene Türen öffnen sich. Die Energie beginnt zu fließen. Wenn du dich wirklich bewegst, schwingst, tanzt, dich nicht zurückhältst, sondern dich deinem Meister und der Liebe ganz anbietest, dich vollkommen entleerst, dann wirst du hören und fühlen, wie der Schlüssel sich im Schloss bewegt und die Tür aufgeht. Dann fängt dein Leben an, eine neue Farbe zu gewinnen. Durch gesellschaftliche Konditionierung ist unsere Energie in der linken Gehirnhälfte eingeschlossen, das ist die weltliche, die zweckbestimmte, die des Marktplatzes. Sie rechnet und argumentiert, sie ist schlau, gewalttätig und männlich. Weil einhundert Prozent deiner Energie in der linken Hemisphäre des Gehirns eingeschlossen sind, müssen fünfzig Prozent in die rechte Seite bewegt werden. Diese ist die künstlerische, kreative, emotionale, weibliche. Wenn es gelingt, stellen sich Gleichgewicht und Harmonie ein. Das Ego, die Idee, dass ich von den anderen getrennt bin, ist auch in der linken Gehirnhälfte verwurzelt. Löse es auf und werde zu einem Teil der Flut zwischen den Gehirnhälften.

Sei wie die kleinen Kinder, die in der Sonne tanzen. Vergiss dein Ego. Sei!

Der Tag meines Urlaubs war gekommen und immer noch klaubte ich auf meinem Acker fröhlich pfeifend Steine. Durch die Arbeit der letzten drei Tage in der starken Nachmittagssonne war ich tiefbraun gebrannt und sah aus wie nach einem Karibik-Urlaub. Die harte Arbeit im Wald und das Steineklauben der letzten Tage hatten mir eine gewachsene Kraft und einen austrainierten Körper ohne ein Gramm Fett beschert. Kurz, ich fühlte mich wie ein junger Gott und war gespannt, wie Maria mein Äußeres wahrnehmen und kommentieren würde.

Endlich war es achtzehn Uhr, und als ich äußerlich gelassen, aber innerlich aufgeregt zu dem Parkplatz vor dem Hauptgebäude schlenderte, haute es mich um. Maria stand lächelnd neben einem Taxi und hielt drei rote Luftballons in Herzform in der Hand, auf denen »Ich liebe dich« stand. Sie hatte sich ein schwarzes Kopftuch gegen den einsetzenden Regen umgebunden und sah aus wie Julie Christie als Lara in *Dr. Schiwago*.

One moment in time, dachte ich. Vielleicht ist das jetzt die Belohnung für alles, was du hinter dir hast.

Zur Begrüßung küssten wir uns und die Welt um mich herum löste sich auf. Als wir ins Taxi stiegen, sah ich, dass sie eine Flasche Champagner mit zwei Gläsern mitgebracht hatte. Ich konnte es kaum glauben, und nachdem ich die Flasche geöffnet hatte und wir uns händchenhaltend zuprosteten, fasste ich den spontanen Beschluss, sie zu heiraten. Ohne etwas von meiner soeben getroffenen Entscheidung zu ahnen, sah Maria mich prüfend an.

»Hast du abgenommen?«, fragte sie mich.

»Etwas«, lächelte ich, und dann erzählte ich ihr während der Fahrt nach München von meinen Erlebnissen der letzten drei Wochen.

»Ganz schön wild, dein Leben im Knast«, sagte sie nachdenklich.

»Ja, sicher, aber deswegen auch sehr intensiv und voller tiefer Gefühle«, gab ich zurück. »Aber jetzt vergessen wir den Knast und genießen unser Wochenende.«

Wir lebten unseren Rausch. Alles Wissen um das zwangsläufige Ende desselben interessierte mich nicht.

Liebe ist eine Blume der Freiheit, und sie braucht einen absoluten Freiraum, in den sich der andere nicht einmischen darf. Wenn unsere Beziehung zu einem Menschen auf dem Verständnis beruht, dass der andere die Freiheit hat, zu sein, was immer er ist, und wir ihn nicht in Besitz nehmen, dann kann sich seine innere und äußere Schönheit immer mehr entfalten. Wenn wir den anderen nicht in Besitz nehmen, erfühlen wir seine Schönheit.

Weil wir uns diese Freiräume ließen, weil wir uns beide nicht »brauchten« und uns gegenseitig nicht in Besitz nahmen, gedieh und wuchs unsere Beziehung bei jeder Begegnung. Meine Erfahrungen des vergangenen Jahres hatten mich gelehrt, dass ich glänzend allein mit mir zurechtkam. Deshalb sah ich Maria als Bereicherung, als Luxus und als Geschenk an und wollte mit ihr jeden Augenblick unbeschwert genießen.

So dachte ich wenigstens und vergaß dummerweise das Gesetz des Pendels. Ich übersah sämtliche Alarmzeichen und verdrängte auch mein Wissen über die Dualität des Seins. Glück und Leid einer Beziehung liegen dicht beieinander, deshalb lebt der Weise allein. Denn natürlich war Maria keineswegs so unkompliziert und abenteuerlustig strukturiert, wie ich sie zunächst einschätzte. Sie war als Sternzeichen doppelte Jungfrau, ein Erdzeichen also, und ich als Schütze musste zwangsläufig größte Probleme mit ihrem angstbesetzten Sicherheitsdenken bekommen, das sich nach und nach offenbarte. Entweder verbrennt das Feuerzeichen das Erdzeichen oder letzteres erstickt das Feuer, sagt die Astrologie. Auch das wusste ich, doch ich verdrängte diese uralte Erkenntnis. Denn ich interessierte mich nicht für die Zukunft, sondern lebte nur im Hier und Jetzt.

Als die Scheidung von Viktoria ausgesprochen wurde, machten wir einen Riesenfehler:

Nach dem Scheidungstermin, für den ich einen Sonderurlaub erhielt, gingen wir in ein Juweliergeschäft und ich kaufte zwei Verlobungsringe, in die wir »Daisy und Gustav« gravieren ließen. Kurz darauf heirateten wir im Standesamt in der Mandelstraße während eines mir dafür gewährten Sonderurlaubs und feierten zwei Tage mit unseren engsten Freunden unsere Hochzeit in Garmisch. Während meiner verbleibenden Haftzeit war alles wunderbar, weil wir unsere Freiräume beibehielten. Doch nach meiner Entlassung wurde es schwierig, weil wir anfingen, uns in Besitz zu nehmen. So lange Maria mir nicht täglich zur Verfügung stand und an mich gekettet war, war sie eine große Herausforderung und ich war begeistert von ihrer Schönheit und übersah alle ihre Mängel. Aber nach meiner Entlassung während unseres täglichen Zusammenseins traten unsere Defizite hervor. Ich entdeckte ihre tief sitzenden Ängste und Blockaden, und sie lernte meine Abenteuerlust und meine ständige Risikobereitschaft kennen und fürchten. Dennoch war ich der festen Überzeugung, ihr bei der Überwindung ihrer Ängste helfen und ihr Selbstbewusstsein stärken zu können. Ich hatte mich für die Ehe entschieden, weil ich meinte, Maria so akzeptieren zu können, wie sie war. Und weil ich sie aus Dankbarkeit für die vielen wundervollen Stunden, die ich mit ihr während meiner Haftzeit erlebt hatte, mit einem außergewöhnlichen Leben an meiner Seite belohnen wollte.

Doch das ging schief. Denn Maria genoss zwar das urgemütliche Ambiente, in dem wir lebten, unsere vielen Reisen und Gourmetessen in den besten Restaurants Europas, konnte aber mit meiner Mentalität des In-den-Tag-Hineinlebens nicht das Geringste anfangen. Sie hatte im Gegensatz zu mir ein Leben lang gearbeitet und brauchte eine Aufgabe und einen geregelten Tagesablauf. Ich hingegen lebte von Augenblick zu Augenblick, entschied spontan aus dem Bauch heraus, was ich jetzt gern tun würde, und war ein Meister des »Dolcefarniente«, weil ich in die Existenz vertraute und wusste, dass ich immer beschützt und behütet war. Entscheidend war auch, dass sie unter der finanziellen Abhängigkeit von mir zu leiden begann. Sie war ihr Leben lang unabhängig gewesen und sie empfand diese Abhängigkeit von mir als Sklaverei, für die sie sich zu rächen versuchte, indem sie systematisch mit ihrer schlechten Laune und Nörgelei unsere Harmonie zerstörte. Vergeblich versuchte ich, diese völlig konträren Weltbilder und Verhaltensweisen in Einklang zu bringen.

Ich wusste, dass ich und unsere Ehe gescheitert waren, als sie mir einige Jahre später auf der Terrasse unseres Bauernhauses unter einem klaren Sternenhimmel sitzend leise sagte: »Du holst mir die Sterne vom Himmel. Aber du hältst sie nicht fest.«

Doch das alles lag noch in ferner Zukunft. Noch erlebten wir eine unbeschwerte Zeit der Zärtlichkeit, die aber wie alles im Leben nicht ganz vollkommen war. Kurz nach unserer Hochzeit ging es los. Da in Marias Bar unter anderem auch Münchens berühmteste Klatschkolumnistin verkehrte, bekam diese Wind von unserer Heirat. Als ich wieder einmal ein Urlaubswochenende bei Maria verbrachte und wie immer am Samstagmorgen in Öppes Bäckerei frühstückte, legte mir der inzwischen Entlassene wortlos, aber mit vielsagendem Blick die Wochenendausgabe der *Abendzeitung* auf meinen Tisch. Fassungslos erblickte ich ein ganzseitiges Foto von Maria und mir auf der Titelseite, über dem die balkendicke Überschrift prangte:

»Die Münchner Schickeria schäumt. Er geht spazieren, er hat geheiratet – so also sieht sein Knastleben aus.«

Und dann folgte auf der Rückseite ein ebenfalls ganzseitiger Artikel über unsere angebliche Hochzeit hinter Gittern, die irgendein Reporter sich fantasievoll ausgemalt hatte. Als ich Maria wenig später die Zeitung zeigte, zuckte sie nur mit den Schultern.

»Keine Ahnung, wer das verbreitet hat. Nun, jetzt ist es eben raus und wir müssen damit leben.«

Ihre coole Reaktion gefiel mir. Weniger begeistert war ich, als ich mir vorstellte, wie der Knast wohl auf diesen Artikel reagieren würde. Schon nach meinem ersten Urlaub hatte ich zu einer Anhörung gemusst, weil irgendjemand die Anstalt informierte und sich darüber empörte, dass ich im angeblichen Luxushotel Hilton am Tucherpark übernachtet hatte. Damals hatte mich der Leiter von Rothenfeld ermahnt, mich während meiner Urlaube »von der Öffentlichkeit fernzuhalten«. Und jetzt lächelte ich mit Maria an der Hand von der Titelseite der Wochenendausgabe des größten Münchner Boulevardblattes. Mehr Öffentlichkeit ging wohl nicht.

Bereits am Tag nach meiner Rückkehr musste ich zu der erwarteten Anhörung zum Anstaltsleiter. Auf dem Tisch lag die Abendzeitung, und der Psychologe schaute mich grimmig an.

»Habe ich Ihnen nicht gesagt, sich von der Öffentlichkeit fernzuhalten?«, fauchte er mich an. »Wie kommen Sie dazu, vor einer Kamera zu posieren und sich für einen Zeitungsartikel ablichten zu lassen?«

»Habe ich gar nicht«, erwiderte ich empört, »das Foto muss heimlich mit einem Teleobjektiv geschossen worden sein. Ich habe gar nicht gemerkt, wie es gemacht worden ist.«

»Wir werden das überprüfen«, grummelte er.

Aber weil er wusste, dass ich ihn noch nie belogen hatte, glaubte er mir jetzt schon und entließ mich ohne irgendeine Disziplinarmaßnahme.

Zwei Wochen später nahm ich fünf Tage Urlaub aus meinem Kontingent von einundzwanzig Tagen pro Jahr, weil Maria eine Hochzeitsreise nach Sylt organisiert hatte.

Wir flogen mit der Lufthansa nach Hamburg und dann mit einer kleinen Linienmaschine nach Sylt weiter und verlebten dort unbeschwerte Tage.

Bei meiner Rückkehr von meinem Urlaub grinste mich der diensthabende Beamte an.

»Na, wie war es auf Sylt?«

Verblüfft starrte ich ihn an und hatte nicht die geringste Ahnung, woher er von meinem Trip dorthin wusste.

Zurück im Freigängerhaus fand ich dann ein Exemplar der *Abendzeitung* auf meinem Bett, auf dem erneut ein Foto von Maria und mir beim Verlassen des Flugzeuges auf Sylt auf der Titelseite prangte. Überschrift diesmal: »Und so sieht seine Hochzeitsreise aus: Mit dem Privatjet flog er mit seiner Frau nach Sylt.«

Scheiße, dachte ich, wie sollst du das denn erklären?

Bei der wiederum schon am nächsten Tag stattfindenden Anhörung brauchte ich das aber gar nicht. Offenbar hatten sie diesmal recherchiert und erfahren, dass man uns wieder heimlich mit einem Teleobjektiv fotografiert hatte und dass es sich auch nicht um einen Privatjet, sondern um ein ganz normales Linienflugzeug handelte. Wieder wurde ich ermahnt, und wieder gab es keine Konsequenzen, da ich ja nichts Verbotenes getan hatte. Doch der stete Tropfen höhlt bekanntlich den Stein, und von da an beschloss ich, mich wirklich nicht mehr in München oder sonst wo blicken zu lassen. Ich bat Maria, uns einen Wohnsitz in den Bergen zu suchen. Sie fand tatsächlich ein wunderschönes Domizil in einem von einer Freundin von ihr komplett restaurierten und liebevoll umgebauten ehemaligen Bauernhof oberhalb von Garmisch.

Sie gab ihre Wohnung und ihren Job auf und zog dorthin, wo wir von nun an zurückgezogen unsere Wochenenden und viele Stunden während der Woche verbrachten.

Denn mir war ein weiterer bedeutender Schritt gelungen:

Ich hatte schließlich doch einen eigenen Job als Freigänger erhalten.

Die Arbeitsstelle hatte mir meine Landsberger Vollzugsanwältin Anita in der Firma eines ihrer Freunde am Ammersee besorgt, der mich nach einem kurzen Kennenlerntermin bei der Anstalt angefordert und pro forma bei sich als Fahrer und Unternehmensberater eingestellt hatte, sodass ich sogar einen Firmenwagen zur Verfügung gestellt bekam.

Von nun an sah mein Tagesablauf im offenen Vollzug wie folgt aus:

Um sieben Uhr morgens verließ ich das Freigängerhaus und stieg in meinen auf dem Parkplatz stehenden Opel Commodore. Dann fuhr ich kurz zu der Firma an den Ammersee und fragte nach, ob es irgendetwas zu tun gäbe. In der Regel war das nicht der Fall. Also fuhr ich weiter zu Maria nach Garmisch.

Oder sie kam mir entgegen und wir verbrachten den Tag an irgendeinem idyllischen Ort. Gegen siebzehn Uhr setzte ich mich wieder ins Auto, fuhr noch einmal bei der Firma vorbei, um mich nach eventuellen Vorkommnissen zu erkundigen, und kehrte nach Rothenfeld zurück. Dort genoss ich den Abend, indem ich mit den Jungs Schach oder Tennis spielte, kochte oder einfach im Park auf einer der Bänke sitzend herumblödelte.

Offensichtlich hatte ich es geschafft. Es war mir gelungen, die im bayerischen Strafvollzug größtmögliche Freiheit zu erreichen und der Fremdbestimmung fast gänzlich zu entkommen, indem ich das System akzeptierte und innerhalb der vorgegebenen Spielregeln »mein Ding« machte. Nicht ohne hart dafür zu arbeiten. Philosophisch betrachtet hatte ich in den Grenzen der Determination meinen freien Willen eingesetzt und mir die beste aller möglichen Welten erschaffen.

Doch auch, weil ich mich aktiv mit mir und meiner »Schuld« auseinandergesetzt und den Strafvollzug nicht als Sühne, sondern als Wirkung einer von mir gesetzten Ursache angenommen hatte. Anders als Woody Allen, der über das Christentum zu sagen pflegt, das es »lebe jetzt und zahle später« bedeute, hatte ich sofort meine Rechnung bezahlt.

Ich empfand den Knast nicht als Sühne, denn im säkularen Bereich wird Sühne weithin als Vergeltung verstanden. Im biblischen Sinne bedeutet »Sühne« Versöhnung – Versöhnung Gottes mit dem Menschen, die dem zukommt, der sich dieser Versöhnung öffnet. Aber auch Versöhnung des Unrechtstäters mit der Gesellschaft und mit sich selbst. Solche »Sühne« kann nicht erzwungen werden. Sie setzt die Aktivität des »Schuldiggewordenen« voraus. Ich lehnte diesen Begriff zwar ab, aber mit meiner Anteilnahme am Schicksal anderer, meinen Meditationen und meiner schonungslosen Selbstreflexion hatte ich etwas gesät, dessen Früchte ich jetzt erntete.

Doch meine Abenteuerlust war ungebrochen. Tollkühn oder verrückt (oder auch beides), wie ich war, wollte ich noch mehr. Nämlich mit dem System »spielen«. Vielleicht aber, weil ich wissen wollte, was passiert, wenn Gefühl auf Macht trifft. Oder weil ich leichtsinnigerweise meinte, den Stier jetzt reiten zu können, nachdem ich ihn besänftigt hatte. Getreu dem Motto: »Geh in die Extreme, denn nur dann findest du den Mittelweg!«

Es sollte ein ungeheuer riskantes Abenteuer werden, bei dem plötzlich alles von mir Erreichte und selbst meine anstehende vorzeitige Entlassung auf dem Spiel stand. Dabei fing es ganz harmlos an. Weil ich meine einundzwanzig Tage Jahresurlaub verbraucht hatte und ich meine Sonderurlaube nur unter der Woche nehmen konnte, musste ich in der letzten Zeit meiner Haft immer ein Wochenende pro Monat in Rothenfeld verbringen, weil ich als Freigänger nur drei Wochenenden Urlaub erhielt.

Maria zwei Wochen nicht zu sehen, war mir ein viel zu langer Zeitraum, und wegen dieser egoistischen Sehnsucht meldete ich mich an den Wochenenden, an denen ich keinen Urlaub hatte, freiwillig zur Aushilfsarbeit nach Andechs. Dann ließ ich Maria, die inzwischen ihren Führerschein gemacht und der ich einen Range Rover gekauft hatte, während unserer samstäglichen Mittagspause dorthinkommen. Ich hatte einen idyllischen, moosbedeckten Platz direkt an einem kleinen Wasserfall im Klosterwald entdeckt, und dort trafen wir uns, während die anderen Jungs beim Essen waren.

Wir liebten uns und genossen die von Maria wie Rotkäppchen in einem Korb mitgebrachten Käfer-Köstlichkeiten, die wir immer mit einer Flasche Champagner herunterspülten. Der Alkoholgenuss war normalerweise kein Problem, da ich noch den ganzen Nachmittag arbeiten musste und bis zur abendlichen Rückkehr nach Rothenfeld der Blutalkohol abgebaut und ich wieder stocknüchtern war. Die ersten dieser Treffen verliefen ohne Probleme. Dennoch hatte ich eine Vorsichtsmaßnahme eingebaut und Maximilian gebeten, mich durch Warnrufe zu alarmieren, sollte eine Inspektion durch Rothenfelder Beamte stattfinden oder sonst ein unerwartetes Ereignis eintreten.

Nachdem wir uns an einem sonnigen Samstag im September wieder einmal an unserem Wasserfall auf dem weichen Moos geliebt und eine Flasche Schampus geleert hatten, hörte ich plötzlich Maximilian laut meinen Namen in den Klosterwald rufen. Blitzschnell zog ich mich an, weil ich wusste, dass Feuer am Dach war. Ich rannte trotz des vielen Alkohols wie von Furien gehetzt zurück zu unserem Aufenthaltsraum, vor dem mich ein völlig aufgelöster Maximilian erwartete.

»Junge, der Dicke war gerade da. Er hat uns erklärt, dass er heute Nachmittag keine Arbeit mehr für uns hat und uns nach unserem Mittagessen zurückfahren wird. Deine Abwesenheit hat er nicht bemerkt. Aber was machst du jetzt? Du bist ja vollkommen besoffen!«

Mir wurde übel. Alkohol- oder Drogengenuss während der Arbeit war neben einer erneuten Straftat so ziemlich das Schlimmste, was man sich als Freigänger leisten konnte. Der mit Alkohol oder Drogen erwischte Gefangene wurde sofort aus dem offenen Vollzug entfernt und verlor seinen Freigängerstatus. Sämtliche Lockerungen wie Urlaube und Sonderurlaube wurden gesperrt. Auch eine vorzeitige Haftentlassung war ernsthaft gefährdet, weil ein schwerwiegender Vertrauensbruch vorlag und eine Haftaussetzung auf Bewährung, die eine günstige Sozialprognose, also Vertrauen, voraussetzt, sehr unwahrscheinlich wurde. Ich wusste das selbstverständlich alles und verfluchte meinen Egoismus und Leichtsinn. Insgeheim hoffte ich, dass wir doch erst am Abend zurückgebracht würden. Doch der dicke Verwalter erschien und fuhr uns sofort nach Rothenfeld. Dort ließ er uns aussteigen, und ich musste mit meinen glasigen Augen und meiner Fahne an der Torwachenkontrolle vorbei.

»Gott schützt die Liebenden«, dachte ich, als ich die Stufen zu dem Beamtenbüro hochstieg.

Und wirklich, mein Schutzengel leistete Schwerstarbeit. Denn ausgerechnet der mir von Anfang an wohlgesonnene und die Küche leitende Beamte hatte Dienst. Er sah mich kurz an und wusste sofort, was los war.

»Sie sehen ja vollkommen erschöpft aus. Was ist los mit Ihnen?«, fragte er und mir stockte der Atem.

Jetzt kommt es. Er spielt ein bisschen mit dir und dann wird er dich in sein Alkometer blasen lassen. Und das war's dann mit Freigang, Urlauben und vorzeitiger Entlassung, dachte ich.

Doch er fuhr lächelnd fort: »Am besten, Sie gehen jetzt sofort ins Bett. Und dann will ich Sie den Rest des Tages nicht mehr sehen!«

Ich drehte mich wortlos rum, schwankte die Treppen der Torwache hinunter, rannte zum Freigängerhaus und tat, wie mir geheißen. Ich legte mich ins Bett und schlief meinen Rausch aus.

Erst am späten Abend stand ich wieder auf und ging in die Küche. Ernst und Maximilian saßen dort und sahen mich streng an.

»Du weißt, wie haarscharf das heute Mittag war. Wenn nicht dein spezieller Freund Dienst gehabt hätte, wärst du weg gewesen. Wir hoffen, dass war dir eine Lehre. Lass in Zukunft den Scheiß, du hast es nicht mehr nötig, solche Risiken einzugehen«, ermahnte Maximilian mich und Ernst pflichtete ihm nickend bei.

Ich wusste, dass sie Recht hatten, und stimmte ihnen zu.

Von da an verzichtete ich auf meine heimlichen Wochenendtreffen mit Maria in Andechs und vermied jedes weitere unnötige Risiko.

Ich verbrachte sowieso jeden Tag voller »Love and Peace« entweder in unserem Bergbauernhof oder in einer guten Gastwirtschaft, an einem See oder auf einer Alm in den Bergen und war nur noch zum Schlafen in Rothenfeld. Deshalb empfand ich meine Zeit dort wie einen langen Urlaub, und ich kann aus tiefster Überzeugung sagen, dass diese Monate, die ich tagsüber voller Verliebtheit an den schönsten Plätzen Bayerns und abends voller Heiterkeit in Rothenfeld erlebte, zu den glücklichsten meines Lebens zählen.

Nach dem Gesetz von Ursache und Wirkung erzeugt kein Ereignis ein anderes Ereignis. Es ist einfach ein Glied in der großen, geordneten Kette von Abläufen, die aus der schöpferischen Energie des Alls hervorgehen. Es gibt eine Kontinuität zwischen allem, was war und allem, was kommt. Stell dir eine Zugstrecke vor, die in einem riesigen Kreis verläuft. Darauf ist ein kleiner Zug unterwegs, der sich ununterbrochen und mit fast gleichbleibender Geschwindigkeit bewegt. Die Schienen stellen deinen linearen Zeitrahmen dar, der Zug bist du selber in einer linearen Zeitbewegung. Du bewegst dich ständig vorwärts, von dort, wo du warst, dorthin, wo du sein wirst. Da das Universum die Schienen gelegt hat, weiß es genau, wohin die Schienen führen und welche Ereignisse bei deiner Fahrt dorthin auftreten werden. Das Universum weiß aber nicht, was du mit deinem Zug, den du selbst gebaut hast, auf der Strecke tun wirst. Wie viele Waggons wirst du an den Zug anhängen? Welche Farbe wird er haben? Wirst du ihn sauber halten? Wirst du ihn so fahren, dass er entgleist? Wirst du ihn zerstören? Wirst du ihn reparieren oder ihn verfallen lassen, bis er stehen bleibt? Oder wirst du mehr Energie erzeugen und dadurch seine Geschwindigkeit erhöhen?

Alle diese Möglichkeiten stehen dir offen.

DIE TÜR ÖFFNET SICH ...

Wie man lächelnd zu neuen Ufern aufbricht

Ein Fels wird aus einem Berghang gelöst und fällt im Tal durch das Dach einer Hütte. Auf den ersten Blick mag es wie ein Zufall aussehen, doch beim genaueren Hinsehen erkennen wir eine lange Reihe von Ursachen. Der Regen weichte den Boden auf, sodass der Felsen sich lösen konnte. Davor haben Sonne, Wind und Schnee sowie Temperatureinflüsse und Erdbewegungen im Laufe von Millionen von Jahren das Ihrige dazu beigetragen, den Felsen vom Gestein abzuspalten. Noch länger zurück war die Ursache für die Entstehung des Berges eine Aufstülpung der Erdkruste. Auch für die Entstehung des Regens und des Daches gibt es Ursachen, die zum Teil weit in die Vorzeit zurückreichen. Selbst bei scheinbar gewöhnlichen Ereignissen reicht die Kette von Ursachen weit in die Vergangenheit und offenbart die Verbundenheit der Geschehnisse. Diese Verknüpfung aller Dinge zeigt uns, dass es im Geist des Alls nichts Großes oder Kleines, nichts Wichtiges oder Unwichtiges gibt. Alles ist miteinander verbunden und bedingt sich.

Das bringt mich wieder zur Frage des freien Willens und der Vorherbestimmung, die ich mir damals in der Lobby des schottischen Landhotels gestellt habe. Der hermetischen Philosophie zufolge haben die Anhänger beider Theorien teilweise Recht: Nach dem Prinzip der Polarität sind es zwei Halbwahrheiten, zwei entgegengesetzte Polaritäten der Wahrheit, die miteinander verbunden sind wie Liebe und Hass. Das führt zu der Erkenntnis, dass die Menschen sowohl frei als auch durch Notwendigkeiten determiniert sind. Einige Menschen sind Sklaven ihrer Abstammung und Umgebung und genießen sehr wenig Freiheit.

Viktoria gehörte zu dieser Kategorie. Ihr einziger Ausbruchsversuch fand als fünfjähriges Mädchen statt, als sie eines Abends einen kleinen Rucksack packte, zum Fenster herauskletterte und davonlaufen wollte. Sie scheiterte, weil ihr Vater sie rascheln gehört hatte und unter dem Fenster auf sie wartete. Sie bekam die schlimmste Tracht Prügel ihres Lebens. Das wilde Kind in ihr war damit endgültig gezähmt.

Stark werden diese Menschen durch die Meinungen, Gebräuche und Gedanken der sie umgebenden Welt geprägt und von ihnen genauso beherrscht wie ihre Gefühle und Stimmungen. Doch behaupten sie trotzig, frei zu sein und tun zu können, was immer sie wollen, ohne sich über die Gründe im Klaren zu sein, warum sie jetzt genau dieses oder jenes tun oder haben wollen. Angepasst und unbewusst gehorchen sie den Wünschen und dem Willen der Menschen ihrer Umgebung, folgen äußeren Einflüssen und ihren inneren Stimmungen genauso wie der fallende Fels der Gravitation. Sie werden hin- und hergeschoben, innerlich wie äußerlich, wie Figuren in einem Schachspiel. Sie spielen ihre verschiedenen Rollen und werden beiseitegelegt, wenn das Spiel vorbei ist. Die Gummibaumgießer packen ihre groß gewordenen Pflanzen ein und werden in Rente geschickt.

Doch ein Meister versteht das Gesetz von Ursache und Wirkung und nutzt es zu seinen Gunsten. Er verbindet sich mit seinem wahren Ich, so wie es bereits über dem Eingangstor des Orakels von Delphi stand: Erkenne dich selbst! Und dadurch erhebt er sich über jedes Lebenskonstrukt, das ihm die im materiellen Leben Verhafteten auferlegen wollen. Von nun an steuert er seine Stimmungen, sein Energieniveau und seine Polaritäten. Er begreift das Wesen seines Wollens, lernt Wesentliches von Unwichtigem zu unterscheiden und das Zu- und Loslassen. Jetzt lenkt er die Menschen in seiner Umgebung und wird von der Schachfigur zum Spieler, zur Ursache statt zur Wirkung. Er wird zu einem bewussten Teil des Gesetzes, statt einfach sein blindes Instrument zu sein.

Kein Spatz fällt vom Himmel, ohne vom Geist des Alls bemerkt zu werden und seinen Gesetzen zu unterliegen. Selbst die Haare auf unserem Kopf sind gezählt. Nichts steht außerhalb des Gesetzes von Ursache und Wirkung und nichts geschieht im Widerspruch zu ihm. Es gibt keinen Zufall. Aber den hermetischen Lehren zufolge können Menschen das Gesetz des Alls benutzen, um die Moral, die Zwänge und die Gesetze der Menschen zu überwinden. Das Höhere beherrscht das Niedere. Ich erlebte es gerade.

Auf dieser Ebene währt nichts ewig. Alles ist vergänglich. Eines Tages im Dezember erhielt ich den Beschluss der Strafvollstreckungskammer, dass ich zum Halbstrafenzeitpunkt entlassen werden würde, der kurz vor Weihnachten lag und fast mit meinem Geburtstag zusammenfiel. Als ich den Beschluss in Händen hielt, fühlte ich eine große Erleichterung. Doch gleichzeitig überkam mich Wehmut. Ich dachte an alles, was mir widerfahren war, und fühlte verrückterweise so etwas wie Trauer, diesen mir lieb gewonnenen Platz in Bälde verlassen zu müssen. Wolf Dietrich Schnurre, der offensichtlich ebenfalls Knasterfahrung gemacht hatte, schrieb in seinen köstlichen *Aufzeichnungen des Pudels Ali*: »Die Tür öffnete sich, die Freiheit war zu Ende.«

Am Abend vor meiner Entlassung wurde ich noch einmal nach Landsberg gebracht, weil die Formalitäten immer in der dortigen Anstalt vorgenommen werden.

Ein letztes Mal verbrachte ich die Nacht in einer der kargen Zugangszellen und nahm dabei endgültig Abschied von diesem Etablissement.

Die Entlassung am nächsten Morgen verlief schnell und reibungslos. Ich erhielt mein Entlassungsgeld, das ich mir mit meinen Freigängerjobs verdient hatte, und musste beim Arzt eine Erklärung unterschreiben, dass ich mir keine schwerwiegende Krankheit zugezogen hatte. Nach dem Unterschreiben dieser Erklärung verließ ich das Arztzimmer und durch das Wartezimmer gehend erlebte ich eine Überraschung. Werner, der Maurer, saß dort. Jener Werner, der nach seinem letzten Urlaub vor seiner Entlassung nicht mehr in Rothenfeld aufgetaucht war. Als er mich sah, sprang er auf und umarmte mich.

»Was machst du hier?«, fragte er.

Ich erzählte ihm, dass ich gerade entlassen wurde, und fragte ihn entgeistert, ob er etwa ein neues Verfahren laufen habe.

»Nein, nein«, erwiderte er, »aber ich bin damals nach meinem Urlaub nicht am Sonntagabend, sondern erst am Montagmorgen sturzbetrunken hier nach Landsberg zurückgekommen. Sie hatten natürlich schon die Fahndung nach mir ausgelöst, doch ich habe mich freiwillig gestellt.«

Völlig verblüfft starrte ich ihn an.

»Was soll das denn heißen? Willst du mir erzählen, dass du selbst deine Entlassung verhindert hast? Warum denn das, um Gotteswillen?«

Er trat einen Schritt zurück.

»Weil ich im Knast meine Aufgabe habe und meine Arbeit anerkannt und respektiert wird. Ich bewohne eine für meine Bedürfnisse ausreichende Zelle, bekomme gutes Essen und lebe ohne Alkohol. Sobald ich draußen bin, muss ich ein Wohnheim beziehen, weil ich nicht genug Geld für eine eigene Wohnung habe. Dort wird dann von früh bis spät getrunken und ich habe keine Chance, einen Job zu bekommen. Also würde ich in Kürze nur noch dahinvegetieren. Deshalb habe ich damals beschlossen, nicht zurückzukehren, mir meine Zweidrittelentlassung ›spritzen‹ zu lassen und bis zur Endstrafe in sechzehn Monaten hierzubleiben. Nächste Woche soll ich wieder nach Rothenfeld verlegt werden. Dann kann ich die Bauarbeiten an der Kirche vollenden.«

Ich sah ihn fassungslos an. Doch dann überdachte ich das gerade Gehörte und meine eigenen Erlebnisse und hatte auf einmal Verständnis für sein Verhalten. Lächelnd verabschiedete ich mich von ihm.

»Grüß mir die Jungs!« Wir umarmten uns noch einmal und das war's dann. Ein Beamter führte mich, analog zu meiner damaligen Ankunft in Stadelheim Gitter und Türen auf- und zusperrend, zur Pforte.

Dort angekommen, schloss er mir die Tür nach draußen auf und wünschte mir »Alles Gute«. Ich sagte nur leise »Servus!« und durchschritt die schwere Holztür.

Langsam ging ich auf Gus zu, den ich gebeten hatte, mich abzuholen, und der mich lässig an seinen Porsche gelehnt auf dem Parkplatz erwartete. Als die Tür hinter mir schwer ins Schloss fiel, überlegte ich den Bruchteil einer Sekunde, ob ich mich umdrehen sollte. Es ist nämlich ein alter Knastaberglaube, dass jeder, der sich bei seiner Entlassung nach der hinter ihm zufallenden Tür umschaut, wiederkommt.

ANHANG

Tantra sagt, sei ein Nichts und alles ist erreicht. Stirb und du wirst zum Gott. Verschwinde und du wirst zum All. Klammere dich an nichts, nicht einmal an dich selbst. All deine Leben hast du nichts anderes getan. Hast dich festgeklammert in der Angst, dass du, wenn du dich nicht am Ego festhältst, den Boden unter den Füßen verlieren und in einen tiefen Abgrund stürzen wirst. Und so klammerst du dich an winzige, völlig bedeutungslose Dinge.

Dieses Klammern zeigt aber, dass auch du diese grenzenlose Leere in dir wahrnimmst und in Panik gerätst, in sie hineinzufallen. Also ist dir alles recht, um dich daran festzuhalten.

Aber sobald du loslässt und dich in den Abgrund fallen lässt, wirst du selbst zum Abgrund und du verlierst jegliche Angst. Auch die elementarste, die vor dem Tod. Dann gibt es nämlich keinen Tod mehr, denn wie kann ein Abgrund sterben? Dann gibt es kein Ende mehr, denn wie kann ein Nichts enden? Ein Etwas kann und muss enden – nur ein Nichts kann ewig sein.

Wenn du dich wirklich verändern und frei werden willst, dann fange an, jeden Augenblick zur Meditation werden zu lassen und gelöst und natürlich zu leben. Was heißt das, jeden Augenblick zur Meditation werden zu lassen? Es scheint so einfach zu sein: Gehe, wenn du gehst, iss, wenn du isst, und schlafe, wenn du schläfst. Doch während du gehst, schläfst du, während du schläfst, isst du und während du isst, gehst du.

Du bist nie im Augenblick, im Hier und Jetzt, sondern immer in der Vergangenheit oder Zukunft. Deshalb verpasst du neue

Erkenntnisse, die überall auf dich warten, und deine dazu eingerichteten Sinnesorgane werden schwächer und schwächer.

Die Zen-Meister benutzen einen Zen-Stab, mit dem sie einen bei der Meditation einschlafenden Schüler auf den Kopf schlagen, um ihn aufzuwecken.

Beobachte deine Gedanken und schlag dich selbst auf den Kopf oder kneif dich, wenn sie dich wieder einmal von einem Moment deines Lebens ablenken wollen.

Das ist schwierig genug, aber noch schwieriger ist es, im Sinne der tantrischen Philosophie gelöst und natürlich zu leben.

Was meint Tantra mit »gelöst und natürlich«?

Kämpfe nicht mit dir selbst, sei gelassen.

Du gibst dir keine Mühe, du lässt dich treiben, einfach, indem du »gelöst und natürlich« bleibst.

Yoga sagt: »Streng dich an!«

Aber Tantra sagt: »Streng dich nicht an!«

Zwinge dich nicht in eine Charakterstruktur und in einen Panzer aus Moral. Disziplinere dich nicht zu sehr, sonst wird aus deiner Disziplin eine Fessel. Schaffe dir kein eigenes Gefängnis, sondern bleibe locker.

Passe dich der Situation an und gehe auf die Situation ein.

Gehe nicht mit einer Zwangsjacke aus Charakter herum und belaste dich nicht mit fixen Einstellungen, Meinungen und Ideen.

Werde flüssig und geschmeidig wie Wasser, gefriere nicht zu Eis.

Bleibe beweglich und im Fluss, gehe furchtlos dorthin, wo dich die Natur und dein wahres Selbst hinschicken.

Sträube dich nicht, indem du dich irgendwo festhältst.

Bürde dir nichts auf und lass dich sein, wie du bist.

Lasse zu und lasse los.

Die gesamte Gesellschaft bringt dir bei, dich irgendwelchen Zwängen zu beugen: sei gut, sei moralisch, sei hilfreich und edel.

Tantra liegt jenseits aller Gesellschaft, Kultur und Zivilisation.

Tantra sagt, dass du mit zu viel Kultur alles Natürliche verlierst und zu einem starren Mechanismus wirst, der weder treiben noch fließen kann.

Zwing dir also keine Struktur auf, lebe von Augenblick zu Augenblick, sei wach und – lebe authentisch.

Warum liegt den Menschen daran, sich eine feste Struktur zu verschaffen? Damit sie nicht wach sein müssen.

Denn ohne einen Charakter, der dich zusammenhält, musst du sehr scharf aufpassen. Jeden Augenblick musst du eine neue Entscheidung treffen, weil du keine vorfabrizierten Verhaltensmuster und keine festen Einstellungen mehr hast.

Du musst dich ganz auf die gegebene Situation einlassen, und du bist vollkommen unvorbereitet.

Gehe mit völlig wachen Sinnen auf sie ein und sei gelöst.

Vergiss die Gewohnheiten, das sind Prägungen, aber keine Freiheit.

Zur Bewusstheit gehört Freiheit.

Sei gelöst, damit du mit jeder Situation mitfließen kannst.

Sei beweglich wie Wasser, das die Gestalt des Gefäßes annimmt, wenn es in ein Glas gegossen wird.

Wenn du gelöst bist, bist du von allein natürlich.

Ein moralischer Mensch aber ist niemals natürlich. Das kann er nicht sein.

Wenn er sich wütend fühlt, kann er seine Wut nicht zeigen. Wenn er sich liebend fühlt, kann er nicht liebend sein, denn keine Moral gestattet ihm das.

Alles was er tut, geschieht gemäß seiner Moral, nie gemäß seiner Natur.

Lass die Wut zu, aber sei dir völlig bewusst, was geschieht.

Bleibe entspannt, bewusst, natürlich und beobachte, was geschieht. Nach und nach wirst du erleben, wie vieles einfach verschwindet und nicht mehr geschieht – ohne dass du dich anstrengen musstest.

Wenn man bewusst ist, verschwinden nach und nach die Wut, die Gier und die Eifersucht. Sie sind einfach zu dumm geworden und du meidest sie, weil sie lächerlich geworden sind.

Für die Moral gibt es etwas »Gutes« und etwas »Schlechtes«, im natürlichen Sein gibt es etwas »Weises« und etwas »Dummes«, das dich auf Umwege führt, die aber auch ihre Bedeutung haben. Alles hat seine Zeit, und Zeit hast du genug. Deshalb vermeide jegliche Hast und Ungeduld.

Ein Mensch, der natürlich lebt, ist »weise«, nicht »gut«.

Wenn du weise bist, dann schadest du weder dir selbst noch anderen.

Es gibt keine Sünde, es gibt keine Tugend, nur Weisheit.

Andererseits gibt es die Dummheit.

Aber du kannst Dummheit, das heißt Unbewusstheit, in Weisheit, das heißt Bewusstheit, verwandeln.

Das ist die einzige Umwandlung, auf die es ankommt.

Nur erzwingen kannst du diese Transmutation nicht.

Sie geschieht nur, wenn du völlig locker bist und mit deinen alten Gewohnheiten brichst.

Dann wirst du vollkommen frei.